루만 개념사전

GLU: Glossar zu Niklas Luhmanns Theorie sozialer Systeme
by Claudio Baraldi · Giancarlo Corsi · Elena Esposito
Copyright ⓒ by Suhrkamp Taschenbuch Verlag.
Korean Translation Copyright ⓒ b-Books, 2022.

Korean edition is published by arrangement with Suhrkamp Taschenbuch Verlag through
GuyHong Agency.
All rights reserved.

루만 개념사전

GLU: Glossar zu Niklas Luhmanns Theorie sozialer Systeme

클라우디오 바랄디

지안카를로 코르시

엘레나 에스포지토

지음

심철민

옮김

도서출판 b

| 일러두기 |

1. 이 책은 Claudio Baraldi, Giancarlo Corsi, Elena Esposito, *GLU : Glossar zu Niklas Luhmanns Theorie sozialer Systeme*, Suhrkamp Verlag, 1997[1], 2019[9]를 완역한 것이다. 한편, 같은 저자들에 의해 개정 출간된 영역본인 *Unlocking Luhmann: A Keyword Introduction to Systems Theory*, trans. by Katherine Walker, Bielefeld University Press, 2021도 참조했다.
2. 본문에서 각 항목 및 개념 다음에 병기된 원어는 영어, 독어 순이다.
3. 차례에서 항목들의 배열은 가나다 순이다.

| 차 례 |

이 책은 본래 작업 도구로 사용되도록 고안되었다. 오늘날 지적 논쟁의 중심에 있는 니클라스 루만 이론에 대한 보조 텍스트를 마련한다는 다소 이례적인 발상은 몇몇 사정이 이 이론과 적절히 관계 맺는 것을 방해하고 있다는 저자들의 판단 에서 비롯되었다. 루만 이론의 독특한 특성 및 내력과 관련된 이러한 사정은 이 이론에 접근하는 것을 더욱 어렵게 만들고 있다. 이 점에서 이 개념사전이 시도하는 것은 루만 이론을 처음 접할 때에 마주하게 될 여러 장애를 경감시키는 일이다.

루만 이론을 논의하는 일의 어려움은 주로 그 이론의 내부 구조에 원인이 있다. 무엇보다도 이 이론은 매우 높은 수준의 복잡성을 특징으로 하는데, 이것은 한편으로 그 이론 내 여러 구별들의 상호작용에 대한 충분한 선이해가 요구되는 많은 개념들로 이루어져 있다. 다른 한편으로 — 이것은 이론적으로 흥미로운 측면이다 — 이러한 복잡성은 개념들 간의 다수의 관계 및 상호 의존성으로도 나타나 있다. 루만 이론의 모든 핵심 개념은 다른 개념들과 관련해서만 정의될 수 있다. 예를 들어 의미의 개념은 선택 및 우연성 개념과 결합된 복잡성의 개념을 고려하지 않고는 충분히 파악될 수 없다. 이러한 개념들은 의미의 개념을 전제하지만, 그러나 의미는 또한 (복잡성 격차를 통해 체계와 구별되어 있는) 환경에 대한 암묵적 지시 관계를 포함하는 체계의 개념과 무관하게 정의될 수 없다. 그리고 이러한 예는 이외에도 얼마든지 제시할 수 있다. 루만의 이론은 이처럼 각 추가 개념이 초기 개념들을 사용하고 또 상론하는 끊임없는 내부 지시구조로 작동한다. 구성의 이러한 순환성은 그의 이론 내에서 설명되고 정당화된다. 물론 이 순환성은 이론의 수행 능력의 기초 중 하나이지만 동시에 해당 범주들과의 첫 대면을 더 어렵게 만들기도 한다. 이것은 대체적으로 한 범주에 대한 완전한 이해가 다른 모든 범주에 대한 지식을 전제로 하는 한편, 다른 범주들은 지시 관계들의 무한한 순환 속에서도 초기 범주에 대한 지식을 필요로 하기 때문이다.

이론에 내재한 이러한 어려움은 상호 참조해야 할 두 번째 네트워크, 즉 루만의 다양한 저작들 간의 참조 네트워크에 의해 훨씬 더 복잡해진다. 상대적으로 자기완결적인 소수의 저작을 별도로 한다면, 그의 각 저서들은 이론 전체를 전제하고 따라서 이전 저작들에서 도입된 바 있는 여러 구별들을 그대로 전제하는 한편, 여기에서 더 나아가 특정 문제를 설명하기 위한 관점에서 몇몇 특정 구별들을 새로이 사용하고 있다. 따라서 일반적인 이론적 관련 틀에 대한 지식 없이는 특정 문제에 대한 루만의 논의 범위를 완전히 파악하는 것은 불가능하다. 물론 애당초 특정 전문 관심사에서 출발하여 루만의 성찰의 많은 영역들 중 어느 하나에 관련을 맺고자 하는 사람들한테서는 이러한 전체 얼개의 지식을 요구할 수 없다. 하지만 루만은 법, 교육, 인식론, 정치이론, 역사적 의미론, 경제, 종교, 예술, 리스크 이론 및 기타 많은 주제들에 대해 사회학적 관점에서 저술했으므로 이러한 각 영역에 대해 해당 주제의 전문가들과 분석을 수행하는 것은 흥미로운 일이 될 것이다. 다만, 해당 전문가들이 루만의 이론에 대한 충분한 지식을 보유하여 각자의 관심 분야에서 루만 이론의 장점을 파악하고 활용할 수 있을 것이라고 기대하는 것은 그다지 개연성이 높지 않다.

이러한 어려움을 적어도 부분적으로 극복하는 일이 이 개념사전의 목적이다. 비록 이 책이 루만의 저작을 직접 읽는 것을 대체할 수는 없지만, 그럼에도 (작업 도구로서) 사회적 체계들의 일반 이론에 접근하기 쉽게 만들고 (잠정적으로나마!) 유익한 이해를 방해하는 장애물을 제거해줄 것이다. 이 개념사전을 사용하는 첫 번째 방법은 이것을 루만의 저작들에 대한 보조 문헌으로 이해하는 것이다. 만약 이론의 다른 부분이나 다른 저술과 관련해서만 이해할 수 있는 용어를 텍스트의 독해 과정에서 마주하게 되는 경우, 이 개념사전을 참조하면 계속 읽을 수 있게 해주는 충분한 정보가 제공될 것이다. 한편, 이론 사회학과 관련을 맺지 않은 사람들의 경우에서도 특정 문제를 다룰 때 루만 이론의 장점과 특성을 더 쉽게 인식할 수 있다. 더욱이 이 개념사전은 사회학자들이 루만의 체계이론에 더 쉽게 관여할 수 있게 할 것이다. 특히 이 경우 이 개념사전에 수록된 정보들은 루만의 텍스트들을 좀 더 선별적으로 연구하여 보완될 필요가 있다. 이런 이유에서 우리는 독자가 추후 더 읽어나갈 수 있도록 각 항목 말미에 약간의 참고문헌을 제시했다. 경우에 따라서는 많은 참고문헌의 제시가 가능하지만 우리는 텍스트를 너무 무겁게 하지 않기 위해 항목당 최대 세 개까지로 제한했다.

위와 같은 이유로 개념사전의 구성, 즉 항목들의 배열이 이론의 순환성에 직면하여 애당초 어려움을 안고 있었음을 이해하리라 믿는다. 각각의 개념을 개별적으로 정의하는 일이 애초부터 어려운 작업이었다면, 개념 개념들을 이론 내에서 그 각각의 위치 부여로부터 독립적으로 제시하는 일은 더더욱 어려운 일이다. 많은 경우에 하나의 구별 또는 하나의 이론적 결정은 다른 하나의 개념 또는 다른 많은 개념들과의 연관 하에서 비로소 해명될 수 있지만 이때 각 선택은 그때마다 동등하게 임의적이 될 뿐이다. 그래서 각 핵심 개념에 대한 관련 범주들의 논의를 반복하는 것은 분명 견딜 수 없는 중복을 초래했을 것이며 궁극적으로 (이론의 순환성으로 인해) 책 자체 내에서 무한 반영을 가져왔을 것이다.

　이렇게 하는 대신 우리는 타협을 하기로 했다. 즉 우리는 이 개념사전에서 선택적 참조 항목들의 체계를 사용하고자 했다. 그래서 각 항목 내에서 그 항목을 이해하는 데 꼭 필요하다고 생각되는 개념들을 본문 속에 함께 지시해두었다. 이 첫 번째 유형의 참조 항목들은 본문에 예컨대 '(「……」 참조)'로 표시되어 있다.

　본문 내 참조 항목들의 이러한 안내에 더해 우리는 개념들 간의 특별히 중요한 결합을 나타내고 개별 개념의 설명과 전체 개념사전 사이의 연결을 제공하는 「이 책을 읽는 방법」을 보충하고자 했다. 이 「읽는 방법」을 제공한 목적은 무엇보다도 특정 개념들 간의 긴밀한 상호 의존성을 강조하는 데 있으며, 이를 통해 이 책을 개별 항목들로 나누는 인위적 측면에 적어도 부분적으로나마 대처하는 데 있다. 「읽는 방법」은 서로 밀접하게 결합된 항목들의 군群을 통해 제시된다. 각 군 별로 일련의 항목을 순서대로 정독한다면, 자기준거나 사회분화와 같은 특정 주제 내의 내적 연관성에 대한 비교적 완전한 그림을 얻을 수 있을 것이다.

　이와 동시에 「읽는 방법」은 이 개념사전의 두 번째 목적인 자율적 텍스트가 되게끔 하는 데 기여한다. 이 책은 「읽는 방법」의 구조에 의거하여 특정 문제 영역들로 구분된 일종의 루만 체계이론 입문서로도 활용될 수 있다. 이 경우 「읽는 방법」에서 제시한 각 군群들은 이 책의 각 장에 해당될 수 있다 — 다만, 각 군들이 (자연스럽게 서로 결합되어 있지만) 상대적으로 독립적인 통일성들을 이루고 있으므로 반드시 제1군부터 순서대로 읽을 필요는 없다. 각 군들은 이 이론이 특정 문제의 특정 관점에 따라 고찰될 수 있고 또한 거기에서 시작하여 다른 구성 요소들이 하나의 전체적 틀로 결합될 수 있다는 의미에서 이 이론에 대한 모듈식 접근을 허용한다.

자율적인 텍스트로서도 이 책은 개념사전의 모든 특징, 즉 어느 정도의 단편성, 주제들의 다소 인위적인 분리, 그리고 원칙적으로 무비판적인 논법을 나타낸다. 이 책의 목적은 루만 이론의 중심 개념들을 가능한 한 명확하게 하는 것이지 저자들의 개인적 고려 사항이나 그들의 이의 제기 또는 개선을 위한 제안을 개진하는 데 있지 않다. 이것이 실제로 완전히 가능하지 않은 경우에도 저자들은 항상 배후에 머물러 있고자 하며 이론의 중립적 서술을 제공하는 역할만 하고자 한다.

그러나 항목들 및 본문 내 참조 항목들의 구성과 관련해서는 저자들의 결정이 무엇보다 중요하다는 점은 이미 살펴보았다. 또한 책을 편찬하고 주제를 선정하는 일에 대해서도 일정한 결정들이 내려져야 했다. 그래서 우리는 루만 버전의 체계이론을 다루는 것으로 논의 범위를 제한하고, 기존 체계이론과 비교하여 루만 버전에서 크게 다르지 않거나 본질적인 보완이 필요하지 않은 체계이론의 기본 개념들은 전부 다루지 않기로 결정했다. 예를 들어, 이 개념사전에는 항상성 또는 엔트로피와 같은 개념들에 대한 독립된 항목이 포함되어 있지 않다. 마찬가지로 사회학적 전통에서 루만이 수정하지 않았거나 또는 행위, 개인, 통합, 사회화 등과 같이 그의 이론에서 심오한 근본 개념의 중요성을 더 이상 갖지 않는 고전적 개념들에 대한 항목들도 포함되어 있지 않다.

이 책은 위에서 언급한 장애물에 직면하여 루만의 성찰이 서 있는 자리에 대한 전체상을 더 쉽게 얻을 수 있도록 하는 해석적 틀을 제공하고자 한다. 사회적 체계이론을 둘러싼 논쟁이 더 많은 결실을 맺을 수 있고 또 그래야 한다는 것이 우리의 생각이다. 미로와 같은 루만의 결과물에서 얻어낸 것보다 덜 단편적인 관련 틀이 제공될 수 있다면, 그다지 내용 없는 논쟁들을 약화시키고 그 대신에 보다 적절하고 이론에 정통한 비판을 촉진하는 데 기여할 수 있을 것이다.

C. 바랄디

G. 코르시

E. 에스포지토

| 이 책을 읽는 방법 |

이 개념사전을 읽는 방법을 제시하는 일은 쉽지 않은데, 왜냐하면 앞서 언급했듯이 루만의 이론은 선형 논리에서 벗어나 있기 때문이다. 그 스스로도 언젠가 이론을, 매번 시작점이나 중간 어딘가로 되돌아가게 될 일종의 미로로 정의한 적이 있다. 미로에 대해 더 많은 것이 발견되었지만 아직 미로를 통과하는 직접적인 방법은 발견되지 않았다. 또한 퍼즐을 맞추는 경우처럼 단순히 책을 읽는 개별 방법을 추가하는 것도 가능하지 않다. 따라서 아래에 제시한 방법에 따라 읽는다고 하더라도 그것은 각각의 주제를 단편적으로 관찰하는 것 이상을 허용하지 않는다. 물론 이에 부가하여, 각 항목에 대한 설명 내에 참조해야 할 또 다른 항목들을 표시해두었는데, 이는 이 책을 읽는 데 있어 제한된 시야에서 벗어나 다른 방식을 따라야 할 필요성에 대해 주의를 기울이도록 하기 위한 것이다. 이 책을 읽는 방법은 각 항목별 읽기를 통해서도 접하게 되는 참조 항목들의 일종의 통합이다.

이러한 명백한 한계에도 불구하고 우리는 루만의 이론에 처음 접근하는 독자에게 보조적인 방향성을 제공할 수 있다는 이유에서, 「읽는 방법」에 대한 아이디어를 유지해 왔다. 읽는 방법을 몇 개의 군群으로 나눈 것은 주로 루만 이론의 추상적이고 구체적인 주장들이 어떻게 일관되게 조직되고 서로 연결될 수 있는지를 보여주려는 목적에 기여할 것이다.

이 각각의 군群에 대한 차례는 특정한 논리를 드러내고 있지만 독자가 고유한 관점과 관심을 가지고서 읽고자 할 경우 반드시 이 차례를 고수할 필요는 없다. 이보다 더 중요한 것은 개별 군 내에서 각 항목의 순서를 존중하는 일이다. 왜냐하면 이 순서는 (이론의 추론 과정이 각 항목별로 단편화되어 있음에도 불구하고) 이 추론 과정의 일정한 통일성을 보장하기 때문이다.

기본적으로 우리는 읽는 방법 내에서 각 항목이 중복되는 것을 피하고자 했다. 하지만 어떤 경우에는 여러 군에 동일 항목을 중복시키는 것이 필요하다고도 생각했다. 여하튼 이러한 방식을 통해 전문적인 독해들이 좀 더 용이해질 것이다.

제1군은 의미라는 현상학적 개념에서 시작하여 사회적 체계이론에서의 이 개념의 발전을 따른다. 루만은 종종 자신의 이론에서 의미 개념의 중요성을 지적했는데 그것은 특히 휴머니즘적 접근방식과 기술적 접근방식을 통합하려는 것이기 때문이다. 그런데 이 제1군은 철학에서 가져온 개념들의 사용과 체계이론 내로 이 개념들을 통합하는 것이 갖는 의의 모두를 설명하고자 하는 휴머니즘적 접근방식을 따른다. 루만의 최근 저작들에서는 이 양자의 관련성이 자연스럽게 전제되어 있다. 따라서 이러한 배경에 대한 명확성을 얻는 것이 더욱더 중요하다. 제1군의 항목들은 다음과 같다.

- 의미
- 복잡성
- 세계
- 의미차원
- 귀속
- 부정

제2군은 루만의 체계이론의 다양성 내지 변형을 이루는 기본 개념들을 제시한다. 따라서 이것은 제1군을 보완한다. 우리는 루만의 이론에서 체계 개념의 역사를 재구성하려고 시도하지 않고 대신 이론의 가장 추상적인 측면들의 최신 정식화를 언급하고자 한다. 루만에게 체계이론의 통찰력은 사회학의 발전에 결정적인 의의를 지니고 있다— 특히 고전적 사고방식에서 이 분야를 독립시켜낼 수 있도록 한 점에서 그러하다. 물론 루만은 사회학에 대한 고전적 이론가들의 중요성을 부정하고자 하지 않는다. 오히려 그의 의도는 사회학을 다른 학문분야와 마찬가지로 (항상 이전에 거론된 것을 매번 다시금 참조할 필요없이) 새로운 통찰을 신속하게 생산할 수 있는 과학적 학문

분야로 만드는 것이다. 따라서 사회학에서 이론적 연구는 데이터 처리에 기반한 경험적 연구와 동일한 지위를 획득해야 한다. 체계이론은 바로 이러한 목적을 수행한다. 제2군의 항목들은 다음과 같다.

- 체계/환경
- 자기생산
- 작동/관찰
- 자기준거
- 역설
- 비대칭화
- 중복/변이
- 구조
- 과정

제3군은 '기술적' 측면에서 이론의 기초를 설명한다. 다시 한번 그것은 루만의 인식론, 특히 그가 자신의 이론적 및 인식론적 프로그램을 기초 짓는 방식에 관한 것이다. 이 제3군은 무엇보다 체계 자체의 작동들에 의한 환경 관찰의 의미와 결과에 관한 것이다. 이와 관련하여 루만은 다른 분야들(생물학, 신경과학, 심리학)로 급속히 확산되는 '구성주의적' 접근방식('2차 사이버네틱스'라고도 함)을 사용한다. 구성주의의 정식화에 대한 기여는 논리학자들(고트하르트 귄터, 조지 스펜서-브라운 등)과 자연과학자들(하인츠 폰 푀르스터, 움베르토 마투라나, 프란시스코 바렐라, 앙리 아틀란 등)에 의해 이루어졌다. 루만은 사회적 체계들에 대한 이러한 인식론의 사용을 요구하며 이를 통해 사회학 발전을 위한 견고한 토대를 제공한다. 이것은 사회학이 자신의 자율성을 포기하지 않고도 다른 학문 분야로부터 배울 수 있음을 의미한다. 특히 이는 다른 학문 분야의 문제 설정과 관련하여 개념들을 추상화하고 다시 지정함으로써 수행된다. 이 제3군은 루만의 이론적 및 사회학적 프로그램의 개요를 나타내는 것으로 끝난다. 그 항목들은 다음과 같다.

- 학문
- 구성주의
- 작동/관찰
- 동일성/차이
- 정보
- 재진입
- 반성
- 합리성
- 사회학적 계몽
- 기능적 분석

제4군은 좁은 의미에서 사회적 체계이론의 사회학적 물음과 관련되어 있는 개념 군에 관한 것이다. 여기에서는 체계이론적 개념들과 사회학적 개념들을 서로 만나도록 허용할 때 사회학의 고전적인 개념 저장소 내에 어떤 변화가 발생하는지가 명확해진다. 루만의 이론은 사회, 상호작용과 조직, 사회 구조의 구성 및 유지, 갈등, 소통, 행위, 사회와 개인 간의 관계, 사회문화적 진화와 같은 사회학의 모든 기본 개념들을 포함한다. 물론 우리는 이러한 주제에 대한 루만의 취급 방식을 충분히 상세하게 평가할 수 없다. 그 대신에 우리는 이러한 물음에 접근하는 데 도움을 주는 실마리를 제공하고자 했다. 이 제4군의 항목들은 다음과 같다.

- 이중 우연성
- 기대
- 소통
- 사회적 체계
- 사회
- 사회분화
- 의미론
- 상호작용
- 조직
- 갈등

- 상호침투
- 구조적 연동
- 심리적 체계
- 포함/배제

제5군은 루만이 강조한 근현대 사회의 특수성 중 하나인 기능적 분화에 초점을 맞춘다. 우선 사회 전반의 분화에 대한 생각이 이전의 역사적 사회 형식들과 함께 제시된다. 그다음에는 근현대 사회의 구조적 변화와 복잡성에 대한 루만의 설명이 분석된다. 이 주제는 루만의 사회이론 전체 프로젝트의 중심에 있다. 수 년 동안 그는 기능적으로 분화된 사회의 다양한 부분체계들에 대한 논문을 집필해 왔다. 이 제5군은 오늘날 현대 사회의 사회학적 분석에서 점점 더 중요해지고 있는 리스크의 문제로 끝난다. 이 제5군의 항목들은 다음과 같다.

- 분화
- 사회분화
- 약호
- 프로그램
- 교육
- 예술체계
- 의료체계

- 정치
- 법
- 종교
- 가족
- 경제체계
- 학문
- 리스크/위험

제6군은 사회학적 문제제기의 심화이자 루만의 일반 사회
이론 내의 두 번째 발전 방향이다. 여기에서는 소통의 비개연성
에 대한 문제와 이 비개연성을 개연성으로 전환하는 방법이
다루어진다. 근현대 사회의 구조라는 주제가 이러한 틀 내에서
다시 한번 다루어진다. 따라서 제5군과 제6군은 기능적으로
분화된 사회의 특성들을 서술한다는 점에서 상호 보완적이다.
이 제6군은 또한 구성주의의 구체적인 사회학적 결과를 나타내
므로 제3군과 연결된다. 이 경우에도 우리는 루만의 개별 저서
에서 상세하게 다루어지는 주제들의 개요를 서술하고자 했다.
제6군의 항목들은 다음과 같다.
- 소통
- 형식/매체
- 약호

- 언어
- 확산매체
- 상징적으로 일반화된 소통매체
- 소유/화폐
- 예술
- 사랑
- 권력
- 진리
- 가치
- 도덕

제7군이자 마지막 군은 사회학에서 항상 명시적으로 다루어지지는 않지만 루만의 이론 내에서 특히 중요한 차원인 시간 차원을 강조한다. 이 제7군은 다른 군들에서도 나타나는 항목을 일부 포함하기 때문에 다소 중복되어 보일 수 있다. 그러나 (진화이론과도 관련되어 있는) 시간 차원의 의미는 특별한 주의를 필요로 한다. 이 항목들의 추상화 수준은 놀라울 정도로 높지만, 이들의 지시 구조는 다른 군들에서 제시된 구체적인 문제들과의 접속을 쉽게 찾을 수 있게끔 해준다. 이 마지막 군이 사회적 체계들과 소통의 복잡성에 관한 몇몇 문제들을 보다 정확하게 제기할 수 있게 하는 것 역시 바로 이 추상화 정도

덕분이다. 이 제7군의 항목들은 다음과 같다.

- 의미차원
- 시간
- 사건
- 구조
- 과정
- 진화

가브리엘레 파볼리니 님께 바칩니다.
Gabriele Pavolini gewidmet.

가족
family, Familie

근현대 사회(「사회분화」 참조)에서 가족은 소통 참여자들의 전체 인격을 포함(「포함/배제」 참조)하는 기능을 가진 하나의 부분 체계이다. 그런데 이 기능을 대표하는 단일 가족이 없기 때문에 이 체계는 다수의 가족들로 구성된다.

가족의 사회적 중요성은 사회의 진화 과정에서 바뀌었다. 분절적 사회에서 가족은 분화의 기본 형식으로 작용한다. 계층화된 사회에서 가족은 계층들에 포함된다. 이 두 가지 사회 형식에서 사람들을 부분체계들에 속하게끔 하는 귀속방식은 가족들로의 분절화를 기반으로 한다. 이것은 기능적으로 분화된 사회에서는 더 이상 적용되지 않는다. 즉 여기서 가족들은 하나의 특정 기능을 수행하며, 어떤 다른 기능체계도 가족에 의거하여 배열될 수 없다. 기능적으로 분화된 사회 내에서 가족들은 사람들이 오롯이 인격체들로 대우받는 유일한 체계이다. 가족의 기능은 참여자의 전체 인격을 소통에 포함시키는 데에 있다. 즉 참여자들에 관한 모든 것 ─ 가족 바깥의 사람들을 포함한 모든 행위와 경험 ─ 이 잠재적으로 가족 내 소통과 관련이 있다. 이 기능은 인격에 의한 체계/환경 차이의 재진입

(「재진입」 참조)을 통해 수행된다. 즉 가족은 인격을 통해 자신 안으로 다시 들어가는 하나의 형식이다. 인격과 관련된 모든 것(직장에서 무슨 일이 있는지, 어떻게 잠을 잤는지, 점수를 어떻게 받았는지, 누구를 만났는지 등)이 가족에게도 관련이 있다. 이때의 인격은 가족이 자신의 경계를 허물지 않고 이 경계를 넘어서는 것을 다룰 수 있는 관점이다.

재진입이 인격을 통해 이루어진다는 사실은 각 가족이 저마다 특별한 사연 내지 역사를 가지고 있음을 암시한다. 서로 다른 가족들이 함께 작동하는 일은 그들을 하나로 묶거나 획일화하는 것이 없기 때문에 가능하지 않다. 오히려 많은 가족체계들의 통일성이 결여되어 있을 때만 인격의 포함 기능의 일반화가 보장된다. 하지만 단일 가족은 전체 사회에서 이 기능을 수행할 수 없음은 물론이다.

가족 내 소통의 특성들을 정의하기 위해서는 모든 참여자들이 인격체들이며 개인적으로 서로를 잘 알고 있다는 점을 관찰하는 것만으로는 충분하지 않다. 관련 소통은 개인 간의 친밀한 소통이다. 친밀성은 한 사람의 세계가 다른 사람에게 관련될 때 그리고 그것이 상호 간에 적용될 때 발생한다. 친밀성이란 어떤 개인적인 것도 소통의 외부에 남아 있을 수 없음을 의미한다. 비밀은 허용되지 않는다. 가령, (부모와 자녀 간에 소통의 문제가 있는 예외 상황을 포함하여) "그건 네가 상관할 바가 아니야"

라는 주장으로 자신에 대한 소통을 거부할 수 없다. 친밀한 관계의 당사자들은 서로 경청할 권리가 있고 또한 각 인격과 관련된 모든 것에 대해 말하고 이야기할 의무가 있다.

소통은 상대방의 심리적 체계에 관한 모든 것으로 인해 교란될 수 있다. 소통체계들과 심리적 체계들 간의 구조적 연동(「구조적 연동」 참조)은 소란스럽고 잡음이 있다. 이때의 소통은 참여하는 심리적 체계들이 무엇을 어떻게 생각하고 이해하고 경청하는지를 다룬다. 심리적 섭동攝動은 소통에서 관찰되고("무슨 생각해?") 반영된다("내가 네 생각을 이해하려고 노력하고 있다는 걸 알면 어떤 생각이 드니?"). 따라서 이차 관찰(「작동/관찰」 참조)이 관련되고 있고 이는 지속적으로 발생한다. 그리고 일어나는 모든 것에 대한 관심이 관찰자와 관련되어 있기 때문에 각 관찰은 쉽게 다른 후속 관찰의 대상이 될 수 있다. 따라서 가족은 다른 기능체계들보다 기대 변화들에 더 민감한 하나의 역사적 체계이다. 물론 인격들의 변화에 대한 민감성은 특히 높다.

사랑은 친밀하지 않은 소통과 대조되는 친밀한 소통의 경계를 확정하기 때문에 — 더욱이 개인 간 친밀한 소통체계의 자기생산적 재생산의 경계도 설정하기 때문에 —, 가족체계의 약호로서 고려되기 마련이다. 그러나 가족 내에서는 친밀한 소통만 있는 것이 아니다. 가령, 사소한 일상 활동과 관련된 상호작용도 있다. 따라서 가족의 소통을 사랑의 의미론만으로 특징지을 수 있는지 여부를 결정하는 것은 어렵다. 확실히 (모든 법적 소통이 법에 의해 약호화되어 있고 모든 경제적 소통이 화폐에 의해 약호화되어 있는 것과는 달리), 가족 내 모든 소통이 사랑에 의해 약호화되어 있다고 주장할 수 없다. 사랑이라는 매체와 가족체계 사이에 명확한 연동이 없기 때문에 여기에서는 상호 작용이 중요해진다. 어쨌든 사랑은 가족의 안정성을 보장하지 않는다. 오히려 사랑은 너무 높은 요구를 하여 기대에 대한 실망과 이를 해결해야 할 기회를 야기한다.

개인 간 소통은 모든 사회적 체계에서 찾아볼 수 있지만, 사회적 체계의 분화를 이루는 기반인 점에서 가족의 특별한 특성이다. 이러한 분화는 인격의 포함 기능을 가정과 가족에게 만 귀속시키는 것을 가능하게 한다. 이러한 특성은 법적으로 제도화된 가족뿐만 아니라 친밀한 관계의 모든 경우들, 즉 소통에서 개인적인 면을 회피할 수 없는 체계들에도 해당된다. [C. B.]

Teoria della società, 1992; Sozialsystem Familie, 1988; Glück und Unglück der Kommunikation in den Familien, 1990.

가치

values, Werte

가치들의 기능은 의식체계들이 서로 접근할 수 없고 각각의 사회적 형식이 이중 우연성(「이중 우연성」 참조)을 통해서만 스스로를 형성할 수 있음에도 불구하고 사회에서 재생산되는 소통에 대한 공통 기반을 제공하는 데 있다.

가치들은 온갖 우연성을 넘어서 유효하며 가치 지향에 의문을 제기할 동기 없이 소통을 재생산한다. 가치들은 과학적 진리의 경우와 같이 '자아의 체험/타자의 체험'이라는 귀속 구도에 기초해 나타난다(「상징적으로 일반화된 소통매체」 참조). 그러나 과학적 진리의 경우와 달리 가치들은 진술을 통해 소통에 도입되지 않으며 동기 부여의 지원도 필요하지 않다. 이의나 의혹이 제기되지 않는 한, 가치들은 전제되고 기능한다. 과학적 진리와 달리 가치들에 기초한 소통은 제안된 선택을 수용하거나 거부하는 엄격한 양자택일로 이어지지 않는다. 사람들은 특정 가치가 누구에게나 공통적이며 말해지는 모든 것에 전제될 수 있다고 가정한다. 가령 자유를 얻는 방법은 크게 다를 수 있더라도 자유가 논쟁의 여지가 없는 가치라는 점을 거듭 반복해 강조할 필요는 없다. 또한 마찬가지로 인권이 침해당할 수는 있지만 인권의 가치 자체에 대해 문제가 제기될 수는 없다.

그러나 공통 기반을 나타내는 이러한 특성은 행위를 지향하는 능력이 매우 제한적이라는 대가를 치르게 된다. 게다가 가치들의 추상화는 그 자체가 행위에 대한 작동 기준들을 형성하는 데 방해가 된다. 가치들은 상징적으로 일반화된 소통매체로 이해될 수 있지만, 그것이 제공할 수 있는 결속력은 매우 약한 편이다. 더욱이, 가치들에는 이 소통매체의 전형적인 특성이 많이 결여되어 있다. 예컨대, 가치들은 이항적 약호를 가지고 있지 않으며 어떤 부분체계도 가치들을 기준으로 스스로를 분화시킬 수 없다. 또한 가치의 프로그램들은 매우 일반적인 가치 지향을 넘어서지 않는다. 예를 들어, 사람들은 자유라는 이름으로 거의 모든 것을 할 수 있지만, 자유가 보편적 가치라는 가정은 그 누구에게도 위안을 주지 않는다. 이런 의미에서 가치들은 진리, 권력, 화폐, 사랑이 지닌 설득력을 결여하고 있는 상징적으로 일반화된 소통매체이다. 가치들은 선택과 동기를 결합하고 상징적으로 일반화되지만, 근현대 사회의 기본 구조를 형성하기에 적합할 만큼 소통을 결정적으로 이끌어낼 수 없다.

근현대 사회에서 특히 주목해야 할 가치들(「사회분화」 참조)은 예컨대 이른바 인권과 같이 주체와의 강한 연관을 전제하는 가치들이다. 이러한 가치들을 둘러싼 현행의 논쟁에서 사람들은 흔히 개인의 기본권이라든가 특히 주관적 권리가 무엇보다 중요하다고 여긴다. 즉 자유, 평등, 그리고 최근 추가된 연대성 및 기타 여러 가치들은 주체와 직접 관련되어 있기 때문에 의문을 제기할 수 없는 가치들이라는 것이다. 이러한 유형의 가치를 사회학적으로 흥미롭게 만드는 한 가지 관점은 이들 가치의 필수 불가결성이 일체의 인간학적 정당성을 박탈해버린다는 발견이다. 더욱이 이 경우 주체는 주관적 권리들을 지닐 수 없으며 그것들에 복종할 뿐이다. 다시 말해서 가치들은 일반적으로 많은 개별적 변종을 돌볼 수 없는 사회적 성향에 불과하며 오히려 주관적 개별성에 대해서는 매우 무관심할 수밖에 없다는 점에 인권과 가치의 어두운 면이 있다. 이상理想의 보편성이 치를 수밖에 없는 대가는 개별 경우에 대해 재지정될 수 없다는 점이다. [G. C.]

Von der allmählichen Auszehrung der Werte, 1985; Das Paradox der Menschenrechte und drei Formen seiner Entfaltung, 1993; Die Gesellschaft der Gesellschaft, 1997, S. 340 ff., 408 f.

갈등
conflict, Konflikt

갈등은 소통상의 모순을 전제하는 기생적인 사회적 체계로, 갈등이 전개되고 있는 체계의 자원을 흡수하는 경향이 있다. 바로 여기에 원래 체계에 대한 위험성이 존재한다. 따라서 기생적 갈등이 자신 안에서 일어나는 원래 체계는 수용 가능한 경계 내에서 이를 유지해야 할 필요성에 직면해 있다.

갈등에 대한 이 수용 가능한 경계는 사회의 진화를 가능하게 하는 전제조건 중 하나이다. 한편으로 진화는 모순을 필요로 하는데, 이때의 모순은 사회적 내용과 기대를 부정하여 진화적 변이를 만들어 낼 가능성을 의미한다(「진화」 참조). 갈등을 촉진하고 용인하는 사회의 능력은 모든 면에서 사회의 진화에 필수적인 요건이다. 다른 한편으로 갈등은 사회적 체계의 통제를 벗어나 빠르게 증대되고 문제를 일으키며 소통을 방해하는데, 그 결과는 긍정적이지 않을 수 있다. 그런 까닭에 상호작용에 기반한 이전 사회들(「사회분화」 참조)에서는 갈등에 대한 억압이 필요했다. 갈등의 억제를 위해서는 예를 들어 분쟁을 해결하도록 맡겨진 저명인사와 같은 특정 역할이 특별히 두드러지게 분화되었다. 사회의 계층화는 이러한 역할 위임 방식보다는 갈등에서 벗어난 특정 차이들의 강화를 허용했다. 이러한 역할은 주로 사회적 상위 계층의 분화에 의해 이루어졌는데, 이 상위 계층은 타고난 도덕성 덕분에 하위 계층을 고려하거나 그들의 요구를 충족시키지 않고도 자원을 집중시킬 수 있었다. 또한 제3자가 분쟁의 해결에 미치는 사회적 조정과 영향력을 통해 갈등을 수용하거나 갈등을 제거할 가능성도 생겨났다. 그 결과들은 이런 목적에 합당한 분쟁 해결 절차의 분화에서부터 소통의 법적 영역의 안정화에 이르기까지 실행된다.

모든 갈등은 모순을 전제한다. 이 모순 개념은 사회적 체계 내에서 이전 소통이 거부되었던 것을 다시금 소통할 수 있도록 하나의 가능성이 활용되는 경우를 말한다. 따라서 이 개념은 이론을 구성할 때 피해야 할 논리적 오류라는 통상적 의미가 아니라 소통에서 발생할 수 있는 특히 불안정한 상황을 가리킨다. 이것은 주로 의미가 지니고 있는 부정^{否定}의 능력(「부정」 참조), 그리고 '예/아니오'의 약호를 갖는 언어(「언어」 참조) 덕분에 가능하다.

사회적 체계들에서 모순들은 소통의 자기준거의 순간을 제공하고 특정 작동들을 요구한다. 거부가 소통될 때 사회적 체계의 문제는 그로 인한 불안정한 상황에 대응해야 한다는 것이다. 사전에 제시된 선택들(소통의 제공 및 거부)은 서로를 배제하고 동시에 존재할 수 없으며 이들 선택에 상응하는 현실도 불명확하다. 동시 존재의 이러한 불가능성은 사회적 체계의 기대구조들(「구조」, 「기대」 참조)과 관련이 있는데, 왜냐하면 이 기대구조들이 그들의 모순된 특성의 결과로 인해 해체되기 때문이다. 그럼에도 소통의 연결 가능성은 특정한 사회적 체계, 즉 갈등체계의 토대를 제공하는 모순 그 자체에 의해서만 확보될 수 있다. 갈등은 모순에서 발생하며 모순에 포함된 가능성, 즉 부정에서 비롯된다. 여기서 이중 우연성(「이중 우연성」 참조)은 이중 부정의 형식을 취한다. 즉 "당신이 내가 원하는 것을 하지 않는다면 나도 당신이 원하는 것을 하지 않을 것이다"와 같은 형식이다. 이렇듯 소통은 모순에 모순으로 반응하기 때문에 계속될 수 있다.

　　모순들은 소통을 관찰하는 사람들에게 결정 불가능의 문제를 나타낸다. 즉 관찰자(그는 모순이 이미 자신 안에서 발생한 사회적 체계일 수 있다)에게는 관찰을 안내하는 구조적 준거점이 결여되어 있으며, 따라서 상황은 관찰자에게 결정 불가능한 것으로 보인다. 그러나 관찰이 차단되더라도 모순을 일으킨 체계 내 작동들은 계속해서 생성될 수 있다(「작동/관찰」 참조). 기대의 불확실성에도 불구하고 체계는 작동의 방식으로 반응할 수 있다. 즉 체계는 모순적 요인을 인지하지 못한 채 반응할 수 있다. 그리하여 이때 체계는 위험에 처한 구조들을 유지하기 위해 거부(모순에 의해 생성된 '아니요')에 반응하는 것이 아니라 이러한 구조들이 환경에 대해 부적절한 상태에 있는 사태 자체에 대해 반응한다. 따라서 현상 유지를 위해 장애의 원천을 제거하는 '보수적인' 반응이 중요한 것이 아니다. 오히려 모순 — 그리고 어떤 경우에는 갈등 — 으로 이어지는 거부는 체계가 구조들의 연결 가능성을 '중단'하고 새로운 상황에 의존하도록 만든다. 체계는 주어진 구조들이 아닌 자체 자기생산만 보호한다. 구조들 대신 모순이 소통을 이끄는 셈이다.

모순들은 체계 구조들의 부적절함을 알리는 경고 및 경보 기능을 수행한다. 따라서 모순들은 사회적 체계들의 자기생산적 재생산을 보호하는 기능을 하는 면역체계로 간주된다. 모순들은 체계가 환경에 의해 유발된 내부 장애들로 인해 사라질 수 있다고 경고하는 한편, 갈등을 일으키는 '아니오'는 체계 자체를 위험에 빠뜨리는 요소들이나 또는 환경에 대한 완전한 지식이 없이도 체계의 반응을 허용한다. 이런 면에서 법체계는 (소통의 자기생산을 보호하는) 모순과 갈등을 만드는 면역체계로서 사회에 기능한다. [G. C.]

Die Gesellschaft der Gesellschaft, 1997, S. 466 f.; Soziale Systeme, 1984, S. 488 ff., 529 ff.; Konfliktpotentiale in sozialen Systemen, 1975.

경제체계
economic system, Wirtschaftssystem

경제체계의 작동들은 지불들이다. 따라서 화폐와 관련된 모든 작동들은 경제체계에 귀속되어야 한다. 화폐(「소유/화폐」 참조)라는 소통매체는 자율적 경제체계의 분화 가능성을 위해 필수적이다. 왜냐하면 작동들 자체에 대한 정의定義가 경제의 화폐화를 전제하기 때문이다.

경제의 관련 문제는 재화의 희소성이다. 즉 일부 재화는 제한된 수량으로만 제공된다는 사실이다. 따라서 이러한 재화에 접근하는 사람은 다른 사람이 접근할 수 있는 가능성을 배제한다. 이 문제는 장기적인 관점에서 심화되는데 왜냐하면 타자와 자아 모두 미래에 필요할 수 있는 것을 현재에 확보하려고 하기 때문이다. 희소성은 경제의 특정 역설(「역설」 참조)의 기초이다. 재화에 대한 접근을 통해 희소성을 해결하려는 시도가 희소성의 문제를 야기하는 것이다. 타자가 자신을 위한 재화를 확보함으로써 희소성 문제를 해결할 때, 이것은 자아에게 희소성을 야기한다. 그러므로 사회의 층위에서는 희소성이 감소함에 따라 희소성이 증가한다.

역설은 (소유/비소유의 구별에 달려 있는) 소유라는 약호에 의해 전개되고 작동될 수 있다. 소유할 수 있는 모든 재화에 대해 경제 참여자는 소유자 또는 비소유자, 즉 재화를 가지거나 가지지 못하는 두 가지 양자택일적 위치에 있다. 역설의 순환성은 자아의 희소성이 곧 타자의 희소성이 되지 않는 하나의 구별로 변형된다. 왜냐하면 한 사람의 소유는 불가피하게 다른 모든 사람의 비-소유이기 때문이다. 이로부터 재화의 교환과 유통의 가능성이 나타난다.

그러나 화폐화 이전의 형식에서 소유는 극히 가능성이 낮은 상태로 남아 있었다. 모든 사람이 재화의 향유에서 배제된다는 것을 받아들이는 일은 거의 불가능하다. 같은 이유로 비화폐화 경제는 경제가 정치와 너무 밀접하게 결합되어 있었기 때문에 주로 정치와 관련하여 충분히 분화되지 못했다. 그 후 상황은 화폐를 통한 경제의 이차 약호화로 바뀌었는데, 이는 소유/비소유의 구별을 지불/비지불의 구별에 종속시킨다. 이 약호는 이제 특정 금액의 소유권과 비소유권의 구별을 나타낸다. 일정량의 화폐를 소유한 자(즉 그것을 더 이상 소유하지 않아도 되는 자)만이 지불할 수 있으며, 이때의 지불은 소유에서 비소유로의 전환이다. 이것은 희소성이 두 배로 증가한다는 것을 의미한다. 즉 재화의 희소성과 더불어 화폐의 희소성도 나타난다.

이러한 조건하에서 화폐를 사용하는 것은 동시에 그 화폐가 타인에게 이전되는 것, 즉 소유(재산)의 순환이기도 하다.

이것은 경제체계의 '이중 순환'을 초래한다. 모든 지불은 지불받는 사람에게 지불할 수 있는 능력과 지불을 제공한 사람에게 더 이상 지불할 수 없는 능력을 동시에 생성한다. 따라서 후자는 경제에서의 추가 작동을 통해 지불할 수 있는 능력을 회복해야 한다. 이것은 체계를 놀라운 역동성으로 만들어준다. 지불 가능성과 지불 불가능성은 끊임없이 이전되고 순환되어야 한다.

모든 지불에는 궁극적으로 특정 욕구의 충족으로 돌아갈 수 있는 근거가 필요하다. 왜냐하면 욕구는 체계의 타자준거이기 때문이다. (이 경우 다른 모든 경우와 마찬가지로) 약호는 지불의 수락 가능성과 수락 불가능성에 대해 아무것도 나타내지 않는다. 따라서 이를 위해서는 경제에서 가격에 기반을 둔 프로그램들(「프로그램」 참조)이 필요하다. 지불을 완료하려는 동기는 욕구(이는 환경적 여건으로서 체계 내에서 처리될 수 없다)에서 직접 파생될 수 없으며 오히려 가격에 대한 지향이 필요하다. 가격은 지불이 합당한지 아닌지에 대한 빠른 판단을 가능하게 한다. 즉 우리는 가격이 맞을 때 지불한다. 따라서 경제체계의 내부 기준에 따라 지불 과정에 대한 조건화가 가해질 수 있다. 환경 조건화는 경제에서 가격과 가격 변동의 형태로만 나타난다. 여러 문제들은 비용으로 나타나며 각 지불을 완료할지 여부에 대한 결정은 경제적 계산에 따른다.

기능적으로 분화된 근현대 사회에서는 가격에 대한 체계 외부적(도덕적 또는 자연법적) 조절이 없다. '적정한 가격'은 경제 과정에서 자기조절적 방식으로, 즉 시장의 역동성 내에서 결정된다. 시장은 경제체계의 '내부 환경'이며, 경제체계가 자신의 활동들과 관련되어 마치 환경처럼 드러나는 곳이다. 시장을 관찰할 때 경제체계의 참여자들은 다른 사람들이 체계 작동을 관찰하는 방식을 관찰하고 다른 참여자들의 관찰을 관찰한다. 가격 변동을 관찰함으로써 참여자들은 체계의 경향과 예상되는 지불금에 대한 구체적인 경제 정보를 얻을 수 있다. 예를 들어, 생산자들이 시장을 관찰할 때 자신과 다른 생산자들을 모두 관찰하여 자신의 생산 및 투자 계획에 대한 정보를 얻을 수 있다. [E. E.]

Die Wirtschaft der Gesellschaft, 1988.

과정

process, Prozess

과정이라는 용어는 시간적으로 되돌릴 수 없는 일련의 사건(「사건」 참조)을 말한다. 과정에는 작동 가능성들을 이중으로 선택할 수 있는 기능이 있다. 우선 첫 번째 선택은 과정의 진행에서 각 개별 사건을 뒤따를 수 있는 사건들의 영역을 제한하는 것으로 시작된다. 두 번째 선택은 과정이 실현되는 구체적인 상황에서 이루어지며 각 경우에 어떤 사건이 현재화될 수 있는지 규정한다.

우리는 '과정'을 일련의 사건들의 단순한 연속이라고 생각해서는 안 된다. 오히려 그것은 이미 실현되었거나 예상되는 선택이 특정 순간에 실현되어야 할 선택에 대한 조건을 제공하도록 이러한 사건들을 일련의 연속으로 조직화하는 것을 의미한다. 과정의 형식은 가능성들의 한계를 설정하여 각 상황에서 각 사건에 의해 발견되는 연결을 규정할 수 있다. 다시 말해, 이러한 제한은 (사회적 체계에서의) 소통 가능성들과 (심리적 체계에서의) 생각 가능성들에 대한 참조지평을 형성한다.

과정은 지속되는 구조들(「구조」 참조)을 배경으로 해서만 비가역성을 발생시키는 것으로 관찰될 수 있다. 일련의 사건은 미래를 과거로 바꾸기 때문에 구조들을 기반으로 진행된다.
[G. C.]

Temporalstrukturen des Handlungssystems, 1980; Soziale Systeme, 1984, S. 73 ff.

교육
education system, Erziehungssystem

    교육체계는 개별 심리적 체계들(「심리적 체계」 참조)의 변화를 촉발하는 기능을 담당하는 근현대 사회의 하나의 부분체계(「사회분화」 참조)이다. 이 교육체계 덕분에 심리적 체계들은 사회가 다른 기능적 체계들에서 (재)생산하고 발생시키는 좀 더 비개연적인 소통에도 참여할 수 있게 된다.

    따라서 교육체계의 특수성은 그 주된 기능이 소통을 처리하거나 소통의 합의를 이끌어내는 것이 아니라 사회의 심리적 환경을 변화시키는 데 있다는 사실이다. 교육의 결과들은 사회 밖에서 나타나며 특히 개인의 역량과 지식, 즉 개인의 소통 참여 능력에 나타난다.

    이러한 특수성으로 인해 교육에는 엄격한 의미에서 약호(「약호」 참조)가 결여되어 있다. 사회 밖에서 일어나는 일을 약호화하는 것이 불가능하기 때문이다. 같은 이유로, 교육적 소통의 성공 개연성을 더 높여주는 상징적으로 일반화된 소통매체(「상징적으로 일반화된 소통매체」 참조)도 결여되어 있는데, 이는 이러한 매체조차도 사회의 환경에서 작동할 수 없기 때문이다. 예를 들어, 교육을 필요로 하는 개인들이 교사의 교육적 의도를 받아들이고 교사의 기대에 따라 행동할 수 있도록 동기를 부여할 방법은 없다. 그럼에도 불구하고 교육은 전달 가능한 내용과 전달 불가능한 내용, 즉 가르칠 수 있는 내용과 교육 자료로 적합하지 않은 내용을 구별하는 특정 약호를 개발한다.

교육의 또 다른 주목할 만한 특징은 교사와 학생 간의 상호작용이 교실에서 규칙적으로 조직될 수 있을 때만 작동한다는 사실이다. 학교에서의 상호작용은 이곳에 결여되어 있는 상징적으로 일반화된 소통매체의 기능적 등가물이다. 왜냐하면 상호작용은 매우 가망이 없는 방식으로나마 사회화(「상호침투」 참조)가 강제되는 상황을 만들고, 또한 이러한 비개연성으로라도 교육이 계획을 세우고 가능하면 학생들의 의식체계에서 목표 효과를 유발하도록 하기 때문이다.

그러나 교사는 자신의 교육적 행동이 어떤 영향을 미칠 수 있을지 결코 알지 못한다. 그는 학생들이 어떻게 행동하는지 관찰하고 자신의 기대들에서 벗어나는지 여부를 평가할 수 있을 뿐이다. 이런 의미에서 교육은 선택(선발)의 가능성을 갖는데, 이는 학생들의 성취도의 향상과 저하 사이의 차이에 따라 평가를 내리는 것을 의미한다. 따라서 선발에는 약호가 있으며, 그 두 값은 향상 또는 저하 경향이다. 선발의 약호는 교육활동 자체에 관한 것이 아니라 학교 및 대학 경력을 쌓는 것에 관한 것이다. 사회가 교육체계에서 학습을 처리할 수 있는 유일한 방법은 경력을 쌓을 때까지 학생들의 행동을 비교, 평가, 판단하고 이를 더 길고 복잡한 일련의 선발 형식들로 처리하는 것이다.

일차 약호인 전달 가능한/전달 불가능한 내용이 그 자체로 평가의 결과를 안내하지 않음에 따라 선발은 교육체계의 이차 약호의 기능을 한다. 서로 다른 약호의 이 복잡한 조합은 예를 들어 커리큘럼 형태의 프로그램들(「프로그램」 참조)을 기반으로 해야 한다. 그러한 프로그램들은 교실에서의 소통을 통해 학생들의 심리 상태에 어떤 변화가 일어나야 하는지를 결정하는 목표를 명시한다. 동시에 교육 의도는 결과들을 평가해야 함을 의미한다. 이 평가는 조건부 프로그램들(선발들)의 형식으로 수행된다. 예를 들어 졸업증명서, 수료증, 학위, 자격 인증 등을 통해 상응하는 성취에 대해 수여될 수 있다.

사회화만으로는 더 이상 적절한 행동 능력을 확보하기에 충분하지 않을 때 교육이 사회에서 필요하게 된다. 단순히 소통에 참여함으로써 지속적이고 동시에 일어나는 정상적인 사회화와 함께, 특별하고 의도적이며 따라서 교육적인 사회화가 발전한다. 교육은 교육학적 의도를 취하면서 행동이 올바른 것으로 제시될 때 일어난다. 사회화가 교육의 전제조건인 것은 분명하지만, 사회화와 교육은 같은 것이 아니다 — 이미 사회화된 사람들만이 교육을 받을 수 있다.

교육체계의 교육학은 반성이론(「반성」 참조)의 기능을 수행하며 교육의 교육 조건들과 관련된다. 즉 교육학은 체계 내에서 사용할 수 있는 교육 이론을 제공한다. 교육학의 고전적 주제는 다음과 같다. 즉 (1) 사회의 다른 영역들에 비해 교육에서 발휘되는 자율성 문제, (2) 한편으로는 개별 인간의 가능성을 펼치는 교육의 기능과 다른 한편으로는 학습된 전문 지식의 훈련 및 적용 가능성 측면에서의 교육의 성과(「사회분화」 참조) 사이의 관계, (3) 커리큘럼들의 계획, (4) 교육의 성공을 보장할 수 있는 기술이 부족한 문제, (5) 학교 및 대학 시설의 지속적인 개혁을 교육 개선의 조건으로 간주하려는 경향. [G. C.]

Reflexionsprobleme im Erziehungssystem, 1979; System und Absicht der Erziehung, 1992; Das Kind als Medium der Erziehung, 1991.

구성주의

constructivism, Konstruktivismus

구성주의는 다양한 학문 분야(생물학, 신경생리학, 사이버네틱스, 심리학 등)에서 생겨난 다소 이질적인 일군의 이론적 접근방식을 지칭하기 위해 사용되는 용어이다. 이들 학문 분야는 인식이 외부 현실과의 대응이 아니라 관찰자의 '구성들'에 전적으로 의존한다는 가정을 공유한다. 인식은 현실의 발견이다 — 그런데 이는 기존 대상의 점진적인 드러남이 아니라 외부 데이터를 '안출'한다는 의미이다.

구성주의의 중요한 이정표는 신경생리학의 일부 결과가 인식론과 관련이 있음을 강조한 하인츠 폰 푀르스터의 연구이다. 이 연구의 이론적 정리定理 중 하나는 신경세포들이 지각 자극의 성질이 아니라 그 강도만을 약호화한다는 이른바 미분화된 약호화의 원리이다. 예컨대, 두뇌는 보고 듣고 냄새 맡고 맛보고 몸으로 감지하기 위해 동일한 작동들(전기적 자극들)을 사용하되, 이로부터 내적으로 해당 질적 차이들을 만들어낸다. 서로 다른 감각에 따라 분화된 지각은 미분화된 외부 자극들에 대한 내부 해석에 기초한다. 우리가 지각하는 세계는 — 그 온갖 변이 및 다양성과 함께 — 내부 과정들의 결과이다.

구성주의의 또 다른 핵심 원리는 움베르토 마뚜라나에 의해 자기생산(「자기생산」, 참조)의 원리로 정식화되었다. 이 원리에 따르면 조직 층위에서 모든 체계는 환경으로부터의 어떠한 투입 없이 폐쇄된 조건들 하에서 작동한다. 체계는 환경과 직접 접촉하지 않으며 자신의 내부 상태들만 알고 있다.

이 같은 고려 및 기타 고려사항들을 통해 구성주의자들은 모든 인식이 불가피하게 체계의 내부 구성이라고 결론짓는다. 그러나 동시에 그들은 자신의 입장을 이상주의적이라고 칭하는 것을 거부하고 체계 작동들의 조절에서 중요한 역할을 현실에 부여한다. 구성주의자들은 현실의 존재를 부정하는 것이 아니라, 그 안에 인식의 범주에 해당하는 것은 아무것도 없다고 주장한다. 가령 현실 속에는 부정적이거나 양상화된 대상(또는 가능적이거나 필연적인 대상)이 없으며 일반적으로 구별들이라는 것도 없다. 현실은 단순히 있는 그대로이다. 즉 현재적이고 긍정적일 뿐이다. 그러나 관찰에 기초한 인식(「작동/관찰」, 참조)은 현실과 직접적인 상관관계가 없는 구별들의 형식으로만 현실을 파악할 수 있다. 따라서 관찰자는 자신의 범주들만 알 뿐 일차적 데이터들을 알지 못한다.

현실은 인식을 안내하는 데 긍정적인 역할을 하지 않지만 수용 가능한 인식을 식별하는 데 있어 부정적인(소극적인) 역할을 한다. 에른스트 폰 글라저스펠트에 따르면, 우리는 현실이 무엇인지 알 수 없다 하더라도 양립 가능성 관계에 기초하여 현실이 아닌 것을 알 수 있다. 예를 들어, 자물쇠에 맞는 열쇠는 자물쇠에 대한(무엇인지에 대한) 긍정적인 설명을 제공하지 않지만, 이 둘이 서로 맞지 않으면 (맞는 열쇠가 아닌 것을 알고 난 뒤) 이 안 맞는 열쇠를 제외시키게 된다. 구성주의의 입장에서 볼 경우, 외부 현실과의 일치 내지 대응의 필요성을 부정한다고 해서 어떤 가설도 받아들여질 수 있다는 의미는 아니다. 어떤 가설도 받아들여질 수 있다는 관점은 상대주의로 이어질 뿐이다. 구성주의에서는 모든 주장이 허용되는 것이 아니며, 그럼에도 정확한 기준은 수용 가능한(또는 '실행 가능한') 인식과 그릇된 인식 사이의 구별에 있다.

인식의 임의성은 또한 자기생산적 체계 내에서 작동들의 재귀적 결합에 의해 방지된다. 올바른 가설과 잘못된 가설을 판별해내는 최종 준거점이 없기 때문에 우리는 결코 확정적인 인식에 도달하지 못한다. 모든 인식은 관찰일 뿐이며 특정 관찰자의 범주들과 관련이 있다. 인식의 유래는 이 관찰자의 작동으로까지 소급되어야 한다(「작동/관찰」 참조). 그러나 각각의 작동은 그것의 전후 관계를 규정하는 동일한 체계의 다른 작동들에 묶여 있다. 모든 작동은 저마다 이전 작동들의 결과를 처리하고 다음 작동들을 위한 조건을 준비한다 — 그리고 이는 관찰의 작동에도 적용된다.

이전 작동들의 결과에 작동을 재귀적으로 적용하면, (수학 연구에서도 볼 수 있듯이) 비교적 안정적인 상태들의 결정화^{結晶化} (하인츠 폰 푀르스터의 '고유값')로 이어질 수 있다. 그리고 이 안정적인 상태들은 후속 작동들의 조건이 되어 후속 작동들의 운동의 자유를 제한한다. 질서를 낳는 출발 원리가 없더라도 체계와 양립할 수 있는 수용 가능한 작동들을 선택하여 작동들 간의 결합에서 하나의 질서가 나타날 수 있다("잡음으로부터의 질서"라는 생각).

구성주의는 각 데이터를 관찰에 귀속시킨다. 그러므로 인식론의 임무는 관찰들을 관찰하는 것이다. 이는 관찰된 '무엇'이 아니라 일차 관찰의 '어떻게'와 관련 맺는 '이차 관찰'의 틀 내에서 수행된다. 따라서 이차 관찰은 관찰된 관찰자가 어떻게 관찰하는지를 관찰한다. 대상들이 서로 다른 주체에 대해 항상성을 유지한다고 전제하는 '고전적인' 주체/객체 구별이 이 구성주의의 접근방식에서는 각 데이터를 자기생산적 체계의 구체적인 작동들에 귀속시키는 작동/관찰의 구별로 대체된다. 결정적인 통찰이 작동들에 대한 준거에 있음을 강조하기 위해 루만의 용어는 더 널리 사용되는 '급진적 구성주의'보다 '작동적 구성주의'라는 표현을 선호한다.

각 관찰은— 폰 푀르스터의 또 다른 공헌인 맹점^{盲點, blind spot}의 원리로 정식화된 바와 같이 — 관찰 자체의 가능성 조건들과 관련하여 관찰될 수 있다. 이 원리는 안구 시력 연구에서 발견한 것을 모든 형식의 관찰에 적용한다. 망막의 한 영역에는 광수용체光受容體 세포가 없기 때문에 우리의 시야는 불완전하다. 우리는 이 영역 안에 무엇이 '비추어지고' 있는지 볼 수 없고, 우리가 이 결함을 인지하지 못하기 때문에 볼 수 없다는 것을 볼 수 없다. 이 원리는 추상화되어 모든 유형의 관찰에 적용된다. 관찰은 (특정한 구별에 관련되어 있기 때문에) 자신이 사용하는 구별을 결코 관찰할 수 없다(「역설」 참조). 예를 들어 관찰이 참/거짓의 구별을 지향할 때 이 구별 자체가 참인지 거짓인지를 우리는 관찰할 수 없다. 이것이 해당 관찰의 맹점이다. 다른 구별에 기초하여 이 관찰을 관찰하는 이차 관찰은 관찰 자체가 볼 수 없는 것을 볼 수 있고 또한 보지 못한다는 사실도 볼 수 있다. 물론 이차 관찰 역시 자신의 관찰 도식과 관련된 자체 맹점을 가질 것이며, 그럼에도 이 맹점은 또한 (다른 관찰에 의해) 관찰될 수 있다.

이러한 고려사항은 참/거짓, 합법/불법, 지불/비지불 등과 같은 기능체계의 약호(「약호」 참조)를 포함하여 관찰을 안내하는 모든 이항적 구별에 유효하다. 모든 기능체계는 오로지 자신의 고유한 구별을 통해 자신의 대상을 관찰하며, 따라서 그 자체로는 미분화된 약호화의 형식을 보인다. 예를 들어, 경제체계에서는 모든 것이 지불과 관련하여(즉 지불/비지불의 약호와 함께) 파악되며 이는 다른 체계들의 경우에서도 마찬가지이다. 또한 모든 체계는 폐쇄 상태에서 작동하며(「자기생산」 참조) 환경과 직접 접촉하지 않는다. 예를 들어, 과학에서 중성자와 같은 물체는 과학적인 범주가 그것의 관찰을 허용했을 때 비로소 존재하기 시작했다. 따라서 관찰된 것은 과학의 범주가 대상을 구성하는 방식에서 비롯된 것이지 원래 주어진 대상에서 비롯된 것이 아니다. 그리고 모든 기능체계에는 맹점이 있는데 이는 자신의 약호로 인해 약호 자체를 관찰할 수 없기 때문이다. 각 기능체계는 결국 이런 취약점을 확인할 수 있는 능력을 가진 이차 관찰자에 의해 관찰될 수 있다.

궁극적 현실과의 관계가 인식의 안정성과 적정성을 보장한다는 생각을 일단 거부하고 나면, 우리는 더 이상 최종적 주장을 허용하는 새로운 고정점을 얻을 수 없다. 진리를 아는 최종 관찰자는 없다. 따라서 구성주의는 관찰들의 관찰들이라는 재귀적인 네트워크로 이어진다. 이 관찰들의 관찰들은 현실을 반영하지 않지만 그럼에도 불구하고 현실과 양립할 수 있는 질서 있는 상태를 스스로 조절하고 생성하는 극도로 선택적인 조건들에 기초한다. 그럼에도 구성주의적 접근방식에서 독립적 준거의 상실은 부정적인 함축과 관련되지 않으며 또한 실재론의 상실이라는 생각과도 일치하지 않는다. 대상들과 대상들을 구성하는 작동들 둘 다 실재한다. 중요한 것은 서로 다른 구별들을 분리하는 것이다. 따라서 핵심은 구별들을 구별하는 능력이다. 가령, 작동과 관찰의 구별을 설명할 때 우리는 약호 문제와 준거 문제를 분리해야 한다. 모든 관찰은 자신의 대상들을 관찰하기 위해 약호로서의 자체 구별을 사용하지만, 동시에 — 작동으로서 — 내부와 외부의 경계(즉 자기준거와 타자준거의 차이)를 생성한다. 예를 들어, 참/거짓 약호를 기반으로 학문체계는 자신과 외부 대상을 모두 관찰할 수 있으며 자기준거적 관찰과 타자준거적 관찰은 모두 참 또는 거짓이 될 수 있다. 참/거짓의 구별과 자기준거/타자준거의 구별은 긍정값과 부정값이 일치하지 않는다는 의미에서 서로 '직교 관계'에 있다. 이는 모든 상대주의적 접근을 배제하며, 또한 각각의 기능체계가 자신의 현실을 지향하는 근현대 사회의 분화 형식(「사회분화」 참조)에 해당한다. [E. E.]

Erkenntnis als Konstruktion, 1988; Die Wissenschaft der Gesellschaft, 1990; Das Erkenntnisprogramm des Konstruktivismus und die unbekannt bleibende Realität, 1990.

구조
structure, Struktur

구조들은 체계 작동들의 연결 영역을 제한하는 조건들이다. 동시에 구조들은 모든 체계의 자기생산(「자기생산」참조)을 위한 조건들이다. 구조 개념은 한 체계에서 허용되는 요소들 간 관계들의 선택을 일컫는다. 의미구성 체계들(「의미」참조)에서 구조들은 요소들 간 관계들만으로 구성될 수 없는데 왜냐하면 이때의 요소들은 지속성 없는 사건들(「사건」참조)이기 때문이다. 즉 요소들이 사라지면 관계들도 사라지고 또 관계들이 사라짐과 함께 체계 자체도 사라질 것이다. 구조적 관련성을 얻게 하는 선택들이란 요소들(즉 소통들 또는 생각들)의 재조합 가능성들을 제한하는 선택들이다.

이것은 무엇보다도 구조와 체계가 완전히 일치하지 않는다는 것을 의미한다. 구조가 없는 체계는 있을 수 없고 구조는 항상 체계 내의 구조일 수만 있지만 두 개념은 완전히 다른 두 가지 귀결을 나타낸다. 체계의 요소들은 그 자체로 지속적으로 재생산되어야 하는 작동인 반면, 구조들은 다양한 연관들에서 동일한 것을 반복함으로써만 응축된다. 따라서 체계의 구조들이 변경될 때도 체계의 동일성은 유지될 수 있다. 대상들,

상황들, 기간들, 사람들 등에 대해서도 마찬가지이다. 이 모든 경우에 (만약 구조들이 발생하는 개별적인 순간을 넘어서 그것들의 동일성을 일반화하는 것이 가능하다면) 구조의 개념을 통해 중요성을 얻고 있는 것은 의미 있는 연관들이다.

구조들은 연결 영역을 제한하고(첫 번째 선택) 또 이를 바탕으로 체계가 자체 요소들을 생성(두 번째 선택)하도록 하기 때문에 선택들의 선택들이라고 일컬을 수도 있다. 구조들이 없으면 체계는 자체적인 추가 작동들이 발생하는지 여부를 확인할 수 없다. 더욱이 구조들이 없으면 체계는 연결의 불확정성과 그에 따른 자기생산의 지속 불가능성에 직면하게 될 것이다. 체계의 복잡성은 구조 형성에 의해 규정될 수 있으며, 개별 사건들의 선택성은 유지되는 동시에 다음 사건에서 다음 선택이 이루어질 수 있는 가능성들의 영역으로 재도입된다.

이러한 의미에서 구조들은 자신의 안정성 때문이 아니라 한 작동에서 다음 작동으로의 이행을 확보할 수 있다는 유일한 이유 때문에 체계의 존재를 보장한다. 이리하여 체계의 연속성은 작동들의 불연속성에 의해서만 보장되기 때문에 체계의 안정성은 '역동적 안정성'으로 간주되어야 한다. 구조들은 여러 상황에서 반복되고 응축될 때 유지되며 그렇지 않으면 잊혀질 것이다.

사회적 체계들의 경우, 구조들은 체계가 스스로 지향할

수 있는 소통 가능성들을 나타내는 기대구조들이다(「기대」참조). 기대들을 형성함으로써 사회적 체계는 연결을 규정할 수 있고 따라서 작동 가능성들도 규정할 수 있다. 구조가 없으면 소통은 어떤 주제를 논의할 수 있는지 결정할 수도 없고 언제 누가 소통을 시작해야 하는지 명확히 할 수도 없다. 따라서 사회적 체계들의 자기생산과 구조는 일치하지 않는다. 사회적 체계들의 경우 작동들, 즉 체계의 요소들은 소통들이고 구조의 요소들은 기대들이다.

사건들로서의 선택들은 비가역적으로 과거 속으로 사라지지만, 시간적 관점에서 구조들은 선택들의 가역성을 보장한다. 구조들은 사건의 시간적 시점성時點性을 배경으로 지속성을 허용하며, 따라서 새로운 작동들을 선택해야 하는 상황들의 재현재화도 허용한다. 체계는 그 구조들 덕분에 끊임없이 계속되는 작동들을 추상함으로써 과거 상황들을 회상하거나 미래의 상황들을 상상할 수 있다. 이런 의미에서 구조들은 소통의 선택성을 가시화함과 동시에 선택들에 대한 다양한 방향의 가능성도 드러낸다.

구조들은 변경될 수 있고 따라서 체계는 학습 능력이 있는 셈이다. 발생했다가 즉각 사라지는 사건들의 특성은 바뀔 수 없기 때문에 우리는 오직 구조들과 관련해서만 학습 능력에 대해 말할 수 있다. 구조의 정보가치만이 놀라움을 가져오며,

또한 이 정보가치만이 (체계가 구조들을 기반으로 기대하는 것과 비교할

때) 새로움을 이끌어낸다. [G. C.]

Soziale Systeme, 1984, S. 73 f., 377 ff.; Teoria della società, 1992.

구조적 연동
structural coupling, Strukturelle Kopplung

구조적 연동이라는 개념이 언급하는 문제는 한 체계가 사용하는 모든 각 통일성은 환경에서 나온 정보나 다른 통일성들의 투입 없이 그 체계 자체 내에서 생성된다는 자기생산적 폐쇄성(「자기생산」 참조)이라는 용어와 관련이 있다. 자기생산적 체계는 체계 고유의 구조들만이 작동들을 규정할 수 있다는 점에서 구조 결정된 체계이다. 환경 여건들이 체계에서 일어나는 일을 규정할 수 있다는 것은 여기에서 배제된다. 그럼에도 불구하고 각 체계는 자신이 생성하거나 보장할 수 없는 많은 사실적 조건들을 자신의 환경에서 필요로 한다. 즉 각 체계에는 자신의 존재에 불가결한 '물질 연속체'가 필요하다. 소통의 재생산은 예를 들어 소통 및 유기체의 재생산과 양립할 수 있는 물리적 환경, 소통에 참여할 수 있는 심리적 체계들의 가용성, 그리고 일반적으로 당연하게 여겨지는 다른 많은 상황들을 전제로 한다.

마뚜라나의 구조적 연동 개념은 자기생산을 계속할 수 있기 위해 제공되어야 하는 환경 전제조건들에 대해 체계가 맺는 관계를 나타낸다. 이런 의미에서 모든 각 체계는 자신의 환경에 적응되어 있다. 만약 그렇지 않으면 체계는 존재할 수 없을 것이다. 이러한 방식으로 이용 가능한 공간 내에서 체계는 자율적으로 자신의 작동들을 수행한다. 구조적 연동과 체계의 자기결정은 서로 '직교 관계'에 있다. 즉 양자는 서로를 전제하더라도 서로를 규정할 수 없다. 환경은 체계 내부적으로 처리되는 교란들(장애, 섭동攝動)을 생성함으로써만 체계에 영향을 줄 수 있다(「구성주의」 참조). 그러나 이 교란들 역시 체계의 고유한 구조들과 사건들 간의 대립에서 비롯되는 내부 구성들이다. 따라서 환경에는 어떠한 교란들도 없다. 사실, 교란이란 항상 — 경우에 따라서는 환경적 사건들에서 시작되기도 하지만 — 체계의 자기 교란이다.

예를 들어, 심리적 체계들은 자신과 결합되어 있는 유기적 체계가 살아 있을 때만 작동할 수 있다는 의미에서 '자신의' 유기체의 신경생리학적 과정들과 연동되어 있다. 그러나 이것은 심리적 체계들이 이 유기적 체계에 적응해야 한다거나 생각들이 유기체의 상태들에 부합해야 한다는 것을 의미하지는 않는다. 유기체의 이러한 상태들은 일반적으로 지각조차 되지 않는다. 그리고 만약 지각될 경우에는 특정 심리적 형식들 중 고도로 선택적인 방식(가령, 통증)으로만 지각된다.

사회적 체계들은 그 자체로 심리적 체계들과 구조적으로 연동되어 있다. 따라서 만약 의식체계들이 없다면 소통을 계속하는 것은 불가능할 것이다. 그러나 의식의 내용은 소통의 내용이 아니며 생각은 소통의 요소가 아니다. 다시 말해, 심리적 체계의 경계는 사회의 경계가 아니며 그 반대의 경우도 마찬가지이다. 따라서 사회적으로 가능한 것이 반드시 각 의식에 의해 이해될 필요는 없으며 생각할 수 있는 모든 것이 소통으로 표현될 수 있는 것도 아니다. 각 의식은 때때로 자신의 생각의 소통 불가능성을 체험하며, 이러한 생각은 왜곡을 수반함이 없이는 정보와 전달(「소통」 참조)의 명시적 구별로 전환될 수 없다. 그리고 소통에 참여하는 심리적 체계들은 소통에 '도입'될 수 있는 것보다 훨씬 더 많은 생각을 내부적으로 처리한다. 의식적 생각들은 소통에 기여하고 소통을 이끌며 또한 그것을 제어하려고 노력한다. 이때 사람들은 생각을 하고 단어를 찾고 더 나아가 생각하는 바에 대한 성공과 실패를 기록한다 — 하지만 이것이 소통으로 표현되지는 않는다. 그러나 소통에서 현재화된 참조들이나 결합들조차도 그 완전한 복잡성 때문에 결코 개별 의식의 제한된 능력에 의해 수신 및 처리될 수 없다. 각자에 의해 처리되는 정보보다 더 많은 정보들이 언제나 얻어질 수 있으며, 또한 각 의식은 저마다 소통을 다른 식으로 이해할 수 있기 때문이다.

더 나아가 사회적 체계들과 심리적 체계들의 구조적 연동은 소통이 물리적, 화학적 또는 신경생리학적 사건들 자체가 아닌 의식체계들에 의해서만 교란될 수 있다는 중요한 특성을 가지고 있다. 사회적 체계들과 심리적 체계들은 의식체계들에 의한 지각의 매개를 통해서만 소통을 방해할 수 있다. 왜냐하면 심리적 체계들만이 지각을 할 수 있고 이 지각을 소통으로 표현할 수 있기 때문이다. 불은 책을 태울 수 있지만 책을 쓰거나 그 내용을 규정할 수는 없다. 그러나 불을 소통의 대상으로 삼을 수 있는 누군가에 의해 그것이 지각될 수 있다. 그러므로 외부의 사건은 심리적 체계들과 사회적 체계들의 선택성이라는 이중 필터를 통해서만 소통을 교란시킬 수 있다.

두 체계의 구조적 연동은 결코 이들 간의 융합이나 각 작동들의 안정적인 조정으로 이어지지 않는다. 구조적 연동은 발생한 바로 그 순간에 사라지는 사건(「사건」 참조)에서 생긴다. 따라서 일치란 단지 사건적으로만 일어날 뿐이며 체계들의 융합을 의미하는 것은 아니다. 체계들은 만나는 그 즉시 다시 분리되기 때문이다. 동일한 사건이 소통으로서는 다른 소통들이 연결되는 사회적 체계의 요소일 수 있으며, 동시에 생각으로서는 다른 생각들이 연결되는 심리적 체계의 요소일 수 있다. 그러나 사건의 사회적 선택성은 항상 사건의 심리적 선택성과 다르며 어떤 경우에도 심리적 과정들과 사회적 과정들의 조정이 이루어지지 않는다. 동일한 하나의 소통은 사회적 체계들의 분화를 포기하지 않은 채 여러 사회적 체계들의 요소가 될 수 있다.

예를 들어 교회에 헌금을 내는 행위는 경제체계와 종교체계 모두에서 동시에 이루어지는 것이지만 각 체계에 다른 결과를 낳는다. 즉 헌금의 종교적 의의는 그것의 경제적 의의와 일치하지 않는다. 한 사건의 연결 가능성은 그 요소가 속해 있는 체계에 의해 내부적으로 규정되며, 어떤 경우에도 (해당 사건에서 상호 접근하는) 체계들의 분리를 확인하고 처리하는 선택의 결과이다. 체계들이 공통으로 가지고 있는 것은 요소가 아니라 사건일 뿐이다.

이렇게 이해할 경우 구조적 연동은 의미체계들의 자기생산적 폐쇄성이라는 가설과 완전히 양립할 수 있다. 왜냐하면 그것은 자기 재생산의 층위가 아니라 구조들의 층위에서만 작용하기 때문이다. 자체 요소들의 구성 및 연결들의 규정에서 체계들 각각의 독립성은 영향을 받지 않는 동시에, 다른 한편 구조들의 조정이 관찰될 수 있다. 예를 들어, 어떤 사건에서 사회적 체계와 심리적 체계 사이에 우연의 일치가 발생할 때 그 소통은 잠시 동안 의식의 주의를 끌 수 있다. 그러나 이때 소통은 의식이 현재 진행되고 있는 소통에 어떤 생각을 동반할지 또는 소통을 어떻게 처리할지 규정하거나 예측할 수 없다. 의식이란 어떤 경우에도 자신의 구조들에 의해서만 규정되는 체계이다. 비록 이러한 구조들의 발전이 소통적 사건들에 의해 교란될 수 있더라도 말이다.

구조적 연동이 체계들 간의 상호 의존 관계(즉 각 체계는 반드시 다른 체계들이 존재해야 존재할 수 있는 그런 관계이다)에서 발생할 때 우리는 상호침투(「상호침투」 참조)에 대해 말할 수 있다. 이때 관련 체계들은 공동 진화하면서 발전한다. [E. E.]

Wie ist Bewußtsein an Kommunikation beteiligt?, 1988; Die Wissenschaft der Gesellschaft, 1990, S. 29 ff., 38 ff., 163 ff.; Operational Closure and Structural Coupling, 1992; Die Gesellschaft der Gesellschaft, 1997, S. 92 ff., 100 ff., 779 ff.

권력
power, Macht

권력은 타자의 행위를 자아의 행위의 전제로 받아들이는 것을 가능케 하는 상징적으로 일반화된 소통매체(「상징적으로 일반화된 소통매체」 참조)이다. 따라서 권력은 누군가가 쥐고 있는 것으로 관찰되지 않는다. 그것은 오히려 선택들을 조정하고 해당 기대들을 생성하기 위한 소통매체이다.

기능적으로 분화된 사회(「사회분화」 참조)에서 권력은 정치체계(「정치」 참조)의 특정 매체이다. 그것은 다른 체계들에서도 경우에 따라 실현될 수 있지만, 정치에서와 같은 재생산 능력을 갖출 수는 없다.

특정 귀속 구도가 권력 매체와 관련이 있다. 즉 타자의 행위(권력 소유자의 행위)는 자아의 행위를 촉발한다. 타자의 행위와 자아의 행위가 서로 관련되어 있는 것은 정상적인 사회적 조건이다. 그러나 타자의 행위가 그에 복종해야 하는 자아의 행위를 지배하는 하나의 결정(명령)일 때 이러한 관련이 맺어질 개연성은 낮아진다. 타자는 행위를 하고 자아는 자신의 행위의 전제로서의 타자의 행위를 수용하거나 거부하는 상황에 놓이게 된다. 보통의 경우는 자아가 타자의 행위를 수용할 개연성에 대해 명확히 확정 짓기 어려운데, 왜냐하면 타자의 명령은 특화되어 있고 구체적인 상황에서 타자와 자아 사이의 이해관계에 대한 합의 또는 일치의 확실성이 없기 때문이다. 하지만 이 상황에서도 권력에 의지할 경우 자아가 타자의 명령을 수용할 개연성이 높아진다. 권력은 타자의 행위가 자아를 행위하게 할 때 존재한다. 따라서 권력은 사전에 규정된 동기 부여에 기초하지 않고 그 자체가 동기 부여의 생성자이다. 권력은 (이런 식으로 또는 다른 방식으로 행위할 수 있는) 타자의 자유와 (타자의 선택을 거부할 수 있는) 자아의 자유를 전제로 한다. 오직 이 경우에만 자아가 자신의 행위의 전제를 수용하는 것이 타자의 권력과 연관되어 있음이 분명해진다.

권력은 명령에 복종하는 형식으로 자신을 재생산한다. 권력은 명령에 복종하는 행동이 일련의 제재 위협과 결합될 때(가령, '복종하지 않으면 처벌하겠다') 실현된다. 따라서 권력의 형식은 복종과 피해야 할 대안(제재) 사이의 차이이다. 권력은 물리적 폭력을 기반으로 한 부정적인 제재를 가지고서 위협하는데, 이는 일반화된 방식으로 사용되어야 하며 권력의 공생 메커니즘(「상징적으로 일반화된 소통매체」 참조)을 나타낸다. 권력이 때로는 긍정적인 제재를 사용할 수 있지만, 이는 부정적인 것으로 전환된다(예컨대, 해고 위협의 경우). 타자도 자아도 제재를 원하지 않지만, 그러나 이 제재는 자아에게 더 불리하고 손해를 끼친

다. 양쪽 행위자 모두에게 제재는 피해야 할 대안을 의미하나
자아 쪽이 제재의 실현을 더 두려워한다.

한편으로, 복종과 제재의 차이는 자아가 소통을 받아들이
도록 동기를 부여한다(처벌받는 것보다 복종하는 것이 더 낫다). 자아
가 피해야 할 대안(제재)을 선호할 때 권력은 실패하며, 이때
타자는 제재를 포기하거나 집행해야 한다(이라크는 유엔의 최후통
첩에도 불구하고 쿠웨이트에서 철수하지 않았다). 다른 한편으로, 타자
의 권력은 제재의 회피에 기반한다(이라크가 복종했더라면 유엔은
권력을 가질 수 있었다). 물리적 힘의 사용은 권력이 존재하지 않음
을 보여주기 때문에 제재가 실현될 때 권력은 종료되는 셈이다.
권력을 유지하려면 물리적 힘의 사용은 피할 수 있는 대안으로
남아 있어야 한다. 즉 권력이 스스로를 관철하는 능력은 그것이
물리적 힘과 모순되지 않을 때 입증된다.

권력은 상징화된다. 즉 권력의 상징들은 결정 사항이 규정
되고 이행되도록 하며(우리는 이러저러한 이유로 인해 이러저러한 것을
해야 한다), 권력을 가시화(가령 퍼레이드, 깃발 등)할 수 있게 한다.
권력의 상징적인 측면은— 물리적인 힘의 사용이 위협받는
경우에도— 항상 역할을 수행하는데, 이는 언제나 결정을 요
구하기 때문이다. 물리적 힘을 사용하더라도 권력의 효과는
신체의 물리적 상태를 변화시키는 데 있는 것이 아니라 소통을
수용하게끔 하기 위한 그러한 힘의 귀결에 있다.

권력의 약호는 열등/우위의 구별이다. 우위에 있는 것이 긍정적이고 열등에 놓이는 것이 부정적이기 때문에 이것은 선호 약호이다. 그러나 이 약호 자체가 소통을 수용하도록 동기를 부여할 수 없으며 따라서 자아가 자신의 열등함을 받아들이도록 동기를 부여할 수 없다. 한편 열등/우위의 차이만 가지고도 싸움이 일어날 수 있다. 따라서 법(「법」 참조)에 의해 제공되는 이차 약호화가 필요하다. 합법/불법 약호는 자아가 합법적인 법과 불법적인 법을 구별할 수 있게 한다. 즉 자아가 합법적인 소통을 받아들이도록 동기를 부여한다. 이러한 이차 약호화 없이는 권력의 약호를 기술화技術化할 수 없다(「약호」 참조). 마지막으로, 권력이 정치적일 때 법의 약호와 함께 추가 약호, 즉 정부/야당이라는 정치적 약호는 기술화를 제공한다.

이러한 이유로 권력의 약호값의 올바른 귀속을 제어하는 프로그램은 법률 및 법적 결정이다. 권력의 반성성은 권력이 다른 권력과 관련되어 있으며 다른 권력과 결합할 수 있을 때만 발전한다는 사실로 표현된다. 권력은 과도하게 사용될 때(자아가 이행할 수 없는 행위 조건을 타자가 요구할 때) 인플레이션이 되며, 권력이 제한적으로 사용될 때, 즉 권력이 제공하는 온갖 가능성들을 활용할 수 없을 때(타자가 물리적인 힘에 계속 의존하거나 포기해야 할 때) 디플레이션이 된다. [C. B.]

Macht, 1975; Die Gesellschaft der Gesellschaft, 1997, S. 355 f.; Die Politik der Gesellschaft, Manuskript.

귀속

attribution, Zurechnung

귀속은 선택들이 위치를 부여받게 하는 기술이다(「의미」 참조). 관찰된 선택은 누군가 또는 무언가에 귀속된다. 귀속은 세 가지 의미차원(「의미차원」 참조)에서 규정되므로 서로 다른 도식을 기반으로 한다. 선택들을 귀속시킴으로써 관찰체계는 모든 사건과 상황을 규정할 수 있다. 따라서 귀속은 관찰의 전제조건이다.

의미의 시간 차원에서 귀속의 기본 도식은 불변적/가변적이다. 즉 우리는 어떤 것에 불변성(대상과 상황) 또는 가변성(사건)을 귀속시킬 수 있다. 의미의 사회적 차원에서 기본 도식은 자아/타자이다. 즉 각 사건은 자아의 선택 또는 타자의 선택에 귀속될 수 있다. 의미의 사안 차원에서 기본 도식은 내부적/외부적이다. 즉 선택들은 여기서 행위 또는 체험으로 귀속된다.

관찰자는 선택들을 체계(행위) 또는 환경(체험)에 귀속시킨다. 그러나 두 경우 모두, 관찰하는 체계가 관찰된 체계에 선택을 귀속시킨다. 다만 전자의 경우에는 행위로, 후자의 경우에는 환경적 선택의 체험으로 귀속시킨다. 이 차이는 (관찰된 체계의 환경에서) 외부적으로 구성된 것으로 간주되는 체험된 의미와,

관찰된 체계 자체에 의해 수행된 복잡성 축소(「복잡성」 참조)로 취해진 행위의 의미 간의 차이이다.

이 귀속은 체험/행위 구별 양쪽의 지속적인 공존을 요구한다. 즉 체험과 행위는 서로 관련해서만 이해될 수 있으며 기능적으로 동등한 선택 모드이다. 그러나 행위의 귀속과 체험의 귀속 사이에는 중요한 차이가 있다. 행위의 귀속은 체계의 재생산에 대한 관찰을 허용한다. 즉 이때의 체계는 그 체계를 특징짓는 행위들을 통해서만 관찰될 수 있다(「소통」 참조). 이것은 체계가 행위들의 귀속을 통해 스스로를 재생산한다는 것을 의미하지 않는다. 행위의 귀속이란 관찰된 체계의 자기생산(「자기생산」 참조)이 아니라 관찰자의 관점을 반영하는 관찰의 산물이다. 이에 반해 체험의 귀속은 의미 재생산의 관찰을 허용한다. 이 경우 모든 관찰은 무언가의 체험이기 때문에 의미는 체험을 통해서만 생성되고 재생산될 수 있다. 행위를 체계에 귀속시킬 수 있는 가능성은 체험을 체계에 귀속시킬 수 있는 가능성보다 훨씬 더 제한적이다. 행위가 아닌 모든 것이 체험되기 때문이다.

귀속은 (행위의 귀속을 통한) 체계의 자기준거(「자기준거」 참조)와 (체험의 귀속을 통한) 의미의 자기준거를 모두 현재화한다. 귀속은 이중 우연성(「이중 우연성」 참조)의 비대칭화(「비대칭화」 참조)를 허용하기 때문에 체계의 자기준거를 위한 조건이다. 자아가 타자에게 어떤 선택(무언가의 전달)을 귀속시킬 수 있을 때 소통이 발생한다. 즉 자아는 타자에게 행위(타자는 그가 결정한 것을 전달한다) 또는 체험(타자는 그가 아는 것을 전달한다)을 귀속시킬 수 있다. 따라서 소통의 생산은 타자의 행위와 타자의 체험을 모두 보여줄 수 있는 전달을 타자에게 귀속시킬 수 있는 가능성을 필요로 한다. 소통의 생산은 관찰에 의존하기 때문에 귀속의 양상은 우연적이다. 특정 방식으로(가령, 체험으로) 귀속되는 것이 다른 순간, 다른 상황 또는 다른 관점에서는 다르게(가령, 행위로) 귀속될 수 있다. 사회적 체계의 형성은 체험과 행위를 조정할 수 있는 가능성뿐만 아니라 귀속 규칙을 필요로 한다. 그래야만 어떤 종류의 기대도 안정될 수 있다.

　　사회 진화의 과정에서 체험과 행위를 귀속시키는 우연성은 커지고 조정 문제들은 증가한다. 사회적 체계의 복잡성이 증가하면 행위의 귀속 영역도 증가하는데, 그 이유는 복잡성이 높을수록 행위의 귀속 가능성들이 높아지기 때문이다. 더 복잡한 사회적 체계는 더 많은 선택들을 스스로에게 귀속시킬 수 있다. 예컨대 법은 더 이상 자연에 귀속되지 않고 법체계에 의해 정해진다. 권력은 더 이상 신의 뜻이 아니라 정치체계들의 결정들에 귀속된다. 자연은 더 이상 불변의 현실이 아니라 학문체계에 의해 구성되는 것으로 간주된다. 이러한 관점에서 학문체계의 변화가 무엇보다도 중요하다. 특히 인과관계와 추론은 그 확정성을 구성할 수 있는 관찰자에 의해 귀속되는 것으로 간주된다. 사회학적 관점에서 기능적 방법(「기능적 분석」 참조)은 체계를 작동시킬 수 있게 하는 비대칭화의 한 형식으로 귀속을 간주할 수 있게 한다. [C. B.]

Soziale Systeme, 1984, S. 123 f.; Der Sinn als Grundbegriff der Soziologie, 1971.

기능적 분석
functional analysis, Funktionale Analyse

기능적 분석은 사회적 체계이론과 관련된 과학적 방법이다. 그것은 모든 현상과 모든 데이터를 우연적인 것으로 그리고 다른 것들과 비교할 수 있는 것으로 이해하게끔 한다. 인식은 데이터를 대안적 가능성들과 비교함으로써 구성되며, 비교는 관찰자에 의해 수행된다.

기능적 분석에서 모든 각 현상은 서로 다른 연결 가능성들을 열어주는 하나의 문제가 된다. 분석은 문제들과 가능한 해결책들 간의 관계를 설명한다. 데이터는 초기 문제들이며, 제공되는 해결책들은 우연적이고 다를 수도 있다. 따라서 기능은 기능과 관련하여 동등한 것으로 간주되는 다양한 해결책들에 대한 비교 도식을 제공하는 것이다. 분석은 해당 문제에 대해 기능적으로 동등한 해결책들이 고려되는 상황을 달성한다.

문제와 그 해결책 사이의 관계는 연구를 기능적으로 동등한 다른 가능성들로 이끄는 역할을 한다. 이 방법은 데이터를 문제로 간주함으로써 다양한 대안적 해결책, 즉 수많은 가능성을 고려할 수 있는 방법을 제공한다. 많은 가능성들 중 해당 기능을 수행하는 하나만이 실현된다는 것을 관찰하기 때문에 우리는 가능한 기능적 등가물을 찾을 수 있다. 이를 통해 기능적 분석은 관찰 영역을 넓히거나 좁힐 수 있다. 기능적 등가물의 발견으로 기능적 분석은 모든 현재적 존재가 (다른 존재가능성들의) 비존재를 반드시 배제한다는 존재론적 가정과 모순된다.

학문체계에서 문제들과 그 해결책들은 원인/결과 관계들을 통해 지정된다. 따라서 원인/결과 가설들에 의존하는 것은 기능주의의 실질적 핵심이다. 그러나 기능적 방법의 근본적 기여는 원인들과 결과들 사이의 결합을 확인하는 데 있는 것이 아니라 이 결합이 가능하게 하는 비교를 두드러지게 하는 데 있다. 즉 동일한 결과의 다른 원인들 사이 또는 동일한 원인의 다른 결과들 사이의 비교를 부각시키는 데 있다. 중요한 것은 기능적 방법이 기능적 등가물들 간의 비교를 허용한다는 점이다. 서로 다른 원인들이 동일한 결과를 낳을 때 그것들은 기능적으로 동등하고, 서로 다른 결과들이 동일한 원인에 의해 유발될 때 그것들은 기능적으로 동등하다. 원인들과 결과들 간의 관계들은 복잡성의 문제(「복잡성」 참조), 즉 기능적으로 동등한 가능성들에 대한 지시와 관련이 있다. 따라서 기능적 분석은 인과관계의 분석과 모순되지 않고 그것을 포함한다.

사회학에서 기능적 분석은 의미구성 체계들(「의미」, 「사회적 체계」 참조)의 문제 및 해결책과 관련된다. 기능적 방법은 이 체계들에 대한 이중 관찰을 수행한다. 즉 기능적 분석은 (1) (잠재성의 기능으로 인해. 「사회학적 계몽」 참조) 관찰된 체계에서 볼 수 없는 구별들을 부각시키고, (2) 대안적 가능성들의 영역 내에서 체계에 알려져 있고 친숙한 것(명시적 구조들 및 기능들)을 포함하며 따라서 분석의 우연성을 보여준다. 잠재성과 우연성 개념은 기능적 방법을 체계이론과 결합한다.

이 기능적 방법은 체계이론의 새로운 버전과 결합되어 있다는 점에서 전통적인 기능주의와 다르다. 전통적인 기능주의는 사회적 체계의 지속을 보장하는 부분들로 이루어진 하나의 전체로서의 사회적 체계를 관찰한다. 그러한 접근방식은 그 기능이 구조들의 유지, 안정성(또는 동적 평형)의 유지와 관련되어 있기 때문에 구조적 기능주의라고 불린다. 체계이론의 패러다임 전환에 따라 루만 이론의 기능주의는 더 이상 체계의 안정성(또는 평형)의 유지 또는 비非유지를 문제로 보지 않는다. 오히려 문제는 체계의 요소들 및 작동들의 재생산의 지속 또는 중단(「자기생산」 참조), 즉 작동상의 폐쇄성의 유지이다. 이 문제와 관련하여 기능적 분석은 실제 해결책들 및 기능적 등가물들을 나타낼 수 있다. [C. B.]

Soziologische Aufklärung I, 1970, S. 9 ff., 31 ff.; Soziale Systeme, 1984, S. 83 ff; Die Wissenschaft der Gesellschaft, 1990.

기대
expectations, Erwartungen

기대들은 특정 상황이 어떻게 구성되어 있는지 그리고 어떤 상황이 예상되는지를 나타내는 여러 의미참조들(「의미」 참조)의 응축이다. 기대들의 기능은 세계의 복잡성과 우연성에도 불구하고 소통과 생각에 상대적으로 안정적인 방향을 제공하는 데 있다. 이러한 의미에서 기대들은 사회적 체계들과 심리적 체계들의 구조들(「구조」 참조)을 이룬다. 왜냐하면 기대들은 이들 체계의 선택성을 안정시키고 가능성들의 지평을 열어주기 때문이다. 특히 기대들에 대한 기대들(또는 반성적 기대들)은 사회적 체계들의 구조들로 작용한다.

기대들은 체계가 지향하는 제한된 수의 가능성들을 선택함으로써 형성된다(아스팔트가 젖거나 건조할 것으로 예상하지만 가라앉지는 않을 것으로 기대한다). 선택은 기대를 형성하는 의미참조들의 응축에 의해 수행된다. 응축은 의미의 일반화를 통해 발생하며, 이는 각각의 특화된 양상에 관계없이 동일성들(아스팔트, 가라앉음, 견고함의 관념)을 유지할 수 있게 해준다. 기대들을 응축하는 동일성들은 개별 사건이나 상황을 넘어 체계에서 유지될 수 있다(우리는 아스팔트가 가라앉지 않을 것으로 계속 기대한다). 기대들의 응축은 이중 기능을 갖는다.

(a) 가능성들의 일반적 영역에서 선택하여 복잡성을 축소된 형식으로 유지하는 기능(우리는 아스팔트가 지진 시에만 가라앉을 것으로 예상한다).

(b) 각 상황의 경계들을 극복하는 방식으로 의미의 일반화를 사용할 수 있는 기능(최소한 한 번 이상 자동차를 운전한 사람은 아스팔트가 가라앉지 않을 것으로 예상한다).

이 두 기능의 통합을 통해 기대들의 응축은 직접적인 접근 가능성 없이 복잡성의 구조화와 외부 현실의 인식을 가능하게 한다(「구성주의」 참조). 체계는 기대들의 형식으로 환경의 우연성을 관찰하며, 또한 그럼으로써 이 우연성을 자신의 고유한 불확실성(기대의 불확실성)으로 전환한다. 전혀 확정할 수 없고 예측할 수 없는 외부 현실의 모든 것은 내부적으로 체계가 이해하고 사용할 수 있는 것, 즉 체계 자체의 지향이 되는 기대의 불확실성으로 전환된다.

기대들은 지향 기능을 통해 체계를 조직하고 체계의 구조들이 된다. 기대들은 심리적 체계들 및 사회적 체계들의 작동들을 재생산하고 요소들(즉 생각들 또는 소통들) 간의 연결 가능성을 보장한다.

기대들은 대상들, 개인들, 사건들, 가치들, 개념들 및 규범들과 같은 안정적인 동일성들과 관련하여 구성된다. 예를 들어 아스팔트는 가라앉지 않고 봄에는 잎사귀가 푸르고 아이들은 자랄 것이라는 단순한 기대들이 있다. 이러한 배경에서 기대들은 또한 고유한 선택성으로 귀속되는 개인들과 관련하여 형성된다. 예컨대, 자아는 아스팔트와 나뭇잎과 달리 타자가 그 자신의 선택들을 완성할 수 있기를 기대한다.

따라서 자아는 선택들을 할 수 있는 타자로부터 가변성과 예측 불가능성을 기대해야 한다. 타자의 우연적이고 예측 불가능한 선택들에 대한 기대는 이중 우연성(「이중 우연성」 참조)이 되는 세계의 우연성의 리스크를 증가시킨다. 타자는 자유롭게 선택을 변경할 수 있다. 즉 그는 틀릴 수도 있고 자아를 속일 수도 있다.

따라서 자아는 타자의 행위의 가변성과 예측 불가능성을 예측하고 예상 가능하게 만드는 기대들을 구축해야 한다. 그러나 자아는 또한 (타자적 자아인) 타자 역시 자신의 기대들을 지향하고 있음을 기대할 수 있다. 타자와 대면하여 행위할 수 있도록 자아는 자신을 타자의 행위에 대한 기대뿐만 아니라 무엇보다도 타자의 기대들에 대한 기대에도 초점을 맞출 수 있어야 한다. 소통은 단순히 상대방의 선택을 기대하는 각 참여자에 의해 이루어지지 않는다. 오히려 각 사람은 다른 사람들이 그들 자신에게서 기대하는 것을 기대할 수 있어야 한다. 상대방의 기대에 대한 기대만이 자아와 타자가 서로의 선택성에 대한 방향을 자신의 방향으로 도입할 수 있게 한다.

기대들에 대한 기대들을 통해 이중 우연성의 상황이 마련될 수 있다. 즉 자아는 자아가 특정 방식으로 행위할 거라고 타자가 기대하는 것을 기대한다. 그러면 자아는 타자의 지향을 이해하고 그것을 자신의 행위 방향을 정하는 데 사용할 수 있다. 소통(「소통」 참조)은 기대들에 대한 기대들을 구조화할 수 있는 이러한 가능성에 의존한다. 만약 상대방의 기대를 기대하는 것이 가능하지 않다면 행위를 지향하거나 소통을 계속할 수 있는 가능성은 존재하지 않을 것이고 사회적 체계도 존재하지 않을 것이다. 이것은 기대들에 대한 기대의 사회학적 중요성을 낳는다. 즉 사회적 체계들에서 이중 우연성의 문제는 기대들을 기대하는 것의 문제가 된다.

이는 기대들에 대한 기대들이 사회적 체계들의 구조들이라는 것을 의미한다— 그리고 기대들에 대한 기대들은 가능한 유일한 구조들이다. 사회적 체계들의 구조들은 기대들에 대한 기대들(또는 반성적 기대들, 즉 다른 기대들과 관련되는 기대들)로 구성된다. 이러한 반성적 기대들의 구조는 소통 참여자들의 선택성을 조정 가능하게 한다. 반성적 기대들은 소통을 허용하기 때문에 사회적 체계의 자기생산도 허용한다. 반성적 기대들은 모든 통일성과 소통의 모든 선택 연속에 의해 요구되기 때문에 작동상 폐쇄된 사회적 체계들에서 구조들의 역할을 한다. 반성적 기대들의 안정화는 사회적 체계 내에서 구조화된 복잡성의 영역을 규정한다.

소통에서 상대방의 선택성은 우연적이며 예측할 수 없기 때문에 반성적 기대들은 실망할 수 있다.

그러나 특별히 전제가 많지 않은 구체적인 소통에서 기대들이 실망으로 바뀌게 될 가능성은 거의 없다. 예를 들어, "몇 시입니까?"라는 질문에 소통 상대방이 "비가 와요"라고 대답하지는 않을 것이라는 기대라든가 또는 대화 도중에 (정당한 예외적인 경우를 제외하고는) 잠들지는 않을 것이라는 기대가 여전히 유효하다. 이러한 경우에는 기대들이 믿을 만하게 확보되어 있는 것으로 간주된다.

반대로, 불확실한 것에 대한 기대가 있는 더 높은 복잡성의 상황에서는 실망을 예상해야 한다. 기대들에 대한 실망은 중요한 기능을 하는데, 왜냐하면 환경 내의 놀라운 사건들을 처리할 수 있기 때문이다. 체계는 불확실한 복잡성을 실망으로 바꾼 다음 환경의 다양한 상황들에 직면할 수 있다. 실망을 통해 기대는 외부 현실에 관계할 수 있고 이 현실의 섭동적 관련성을 파악할 수 있다.

기대구조들은 불확실한 복잡성을 실망의 가능성으로 바꾸기 때문에 실망의 문제는 어떻게든 다루어져야 한다. 실망에 반응하지 않는 것은 거의 불가능하다. 따라서 상대방이 어떻게 반응할지 미리 확인하는 것이 현명한 일이다. 또한 우리는 기대의 실망에 대해 어떻게 반응할지 예상할 수 있어야 한다. 따라서 실망을 처리하는 메커니즘들이 필요하다. 이러한 메커니즘들은 구조들 자체의 구성요소들이며 다양한 기대 양상들을 규정한다.

사회는 기대에 대한 실망에 반응하기 위해 두 가지 다른 가능성, 즉 두 가지 기대 양상을 제공한다. (1) 실망스러운 현실에 맞추기 위해 기대를 바꾸는 것 또는 (2) 실망스러운 현실에도 불구하고 기대를 견지하는 것. 첫 번째 경우에 우리는 인지적 기대들(인지들)에 대해 이야기하고, 두 번째 경우에는 규범적 기대들(규범들)에 대해 이야기한다. 첫 번째 경우에는 체계가 학습하고 두 번째 경우에는 체계가 학습하지 않는다. 따라서 체계에는 기대에 대한 실망 상황에 반응하기 위한 두 가지 기능적으로 동등한 전략(「기능적 분석」 참조)이 있다 즉 체계는 학습할 준비가 되어 있거나(인지적 기대들) 학습하지 않기로 결정할 수 있다(규범적 기대들). 이 두 가지 전략을 통해 실망의 리스크가 기대구조 내에서 처리될 수 있다.

보다 구체적인 층위에서 인지적 기대들과 규범적 기대들은 서로 뒤섞여서 명확하게 분리될 수 없다. 그러나 사회에서 더 중요하게 여겨지는 경우 인지적 기대들과 규범적 기대들의 안정성 조건은 각기 분리하여 일반화되어야 한다. 이러한 일반

화는 규범적 기대들에 대한 법(「법」 참조), 인지적 기대들에 대한
과학적 진리(「진리」 참조)와 같은 사회적 구조들에 의해 수행된
다. 법은 실망을 흡수하는 규범적 전략을 일반화하고(법적 위반
자체는 법이 바뀔 것이라는 것을 암시하지 않는다), 과학적 진리는 인지
적 전략을 일반화한다(새로운 과학적 발견은 이론이 바뀔 것임을 암시한
다).

규범적 기대들의 경우 충족과 실망의 차이는 (기대들에 따른)
순응적 행동과 (기대들을 실망시키는) 이탈적 행동 간의 차이에
대응한다. 인지적 기대들의 경우 충족과 실망의 차이는 (기대들
과 일치하는) 앎과 (기대들을 실망시키는) 알지 못함 간의 차이에
대응한다. 이러한 방식으로 충족과 실망의 차이는 기대의 규범
적 양상 또는 인지적 양상을 각각 나타내는 순응/이탈과 앎/알
지 못함의 차이를 통해 두드러진다. [C. B.]

Soziale Systeme, 1984, S. 139 f., 362 f., 396 ff.; Rechtssoziologie, 1972, S. 31
 ff.; Die Wissenschaft der Gesellschaft, 1990, S. 136 ff.

도덕
morality, Moral

도덕적 소통은 주로 좋은 것善과 나쁜 것惡을 구별하고 이 구별을 인격들에 직접 관련시킨다. 그리하여 도덕은 인격들을 존중하거나 무시할 수 있는 가능성으로 약호화된다(「약호」 참조). 존중/무시의 약호는 누군가의 특정 성취와 관련되는 것이 아니라 소통 상대방인 인격 전체와 관련된다(「포함/배제」 참조). 즉 도덕을 사용하는 사람은 누구나 자신을 존중한다는 암묵적인 전제에서 출발하여 다른 사람을 존중하거나 무시하려는 상황을 소통하는 셈이다. 이러한 도식은 도덕을 논쟁의 여지가 있고 갈등을 일으키며 폭력에 가깝게 만든다.

도덕은 특정 부분체계에 국한된 하나의 (분화된) 현상이 아니라 사회의 모든 각 영역에서 나타날 수 있다. 예를 들어 우리는 유전 기술 및 유전 연구와 같은 특정 과학 연구 프로젝트에 이의를 제기하기 위해 도덕적 모티브를 개진할 수 있다. 또한 정치체계가 스캔들을 불러일으키는 전형적인 용이성에서 알 수 있듯이 정치적인 경력은 도덕적 결함으로 인해 파괴될 수 있다. 다시 말해서 도덕은 도덕적 동기를 부여하기 위해 부분체계를 분화해야 하거나 상징적 지원(「상징적으로 일반화된 소통매체」 참조)을 도입해야 하는 그런 개연성 낮은 현상이 아니다. 인격들이 소통 상대방인 다른 인격들을 지향할 수 있으면 그것으로 충분하다. 이것은 이미 이중 우연성(「이중 우연성」 참조)의 조건 내에서 발생한다.

기능적 분화(「사회분화」 참조)의 전형적인 특징으로 인해 사회적 부분체계들은 근본적으로 도덕과 관계가 없다. 즉 부분체계들의 약호는 도덕의 약호와 일치하지 않는다. 참은 반드시 좋은 것으로 간주될 수 없고 참이 아닌 것은 나쁜 것으로 간주될 수 없다. 또한 도덕적 제재를 받는다는 것은 법적으로 잘못되었다는 것을 자동적으로 의미할 수 없고 또 그렇게 간주되어서도 안 된다. 오히려 반대로, 도덕은 사회적 부분체계 작동들의 정상적인 재생산을 방해하는 갈등이나 논쟁들로 소통을 축소시키는 효과가 있다.

도덕은 윤리와 동의어가 아니다. 윤리는 도덕이 스스로를 반성할 때 일어난다. 따라서 윤리는 도덕의 반성이론(「반성」 참조)의 관점에서 이해되어야 한다. 가장 널리 퍼져 있는 윤리적 준칙은 선과 악을 구별하는 것이 좋다는 가정이지만, 이 진술이 지닌 역설적 구조(즉 만약 선과 악을 구별하는 것이 좋다면 악도 좋은 것일 수 있는데 왜냐하면 구별이 아예 없다면 악도 존재하지 않을 것이기 때문이다)가 주목되는 경우는 거의 없다.

중세의 계층화된 사회는 그 기반이 된 서열 질서에 대한 통일된 도덕적 설명을 제시해야 했다. 이 시대의 전형적인 도덕과 종교의 조합은 하나의 도덕에 기초한 통합된 사회 질서의 존재를 허용했으며, 이 질서를 대체할 만한 대안은 오로지 혼돈과 야만일 수밖에 없었다. 반면 근현대 사회는 더 이상 도덕적으로 통합될 수 없으며, 이러한 특성은 도덕의 사용을 억제하게 했다. 기능적 분화의 도래와 함께 사회는 많은 특성을 변화시켰다. 예를 들어 완전한 합의에 도달할 가망이 없다는 것이 분명해졌다. 그리고 사람들은 자신의 리스크를 감수할 준비가 되어 있지만 다른 사람이 초래하는 위험은 감수하지 않기 때문에(「리스크/위험」 참조) 상호성의 규범을 기대할 수 없다는 것도 분명해졌다. 더욱이 우리는 이기적인 목적이 이타주의의 기초를 제공하며 최선의 의도가 끔찍한 결과를 초래할 수 있음을 알고 있다. 이러한 상황에서 우리는 도덕의 도덕적 조건들을 어디서 찾을 수 있는지 묻게 된다. 그 대답은 오로지 추상적인 초超도덕성의 층위에서 현실을 관찰하도록 안내하는 데서만 얻어질 수 있다. 윤리는 도덕을 좋은 시도로 규정하는 것을 중단하고 도덕의 사용과 결과에 대해 주의를 기울여야 한다.

그러나 윤리가 오늘날에도 가능한지 여부는 사회학이 거의 대답할 수 없는 질문이다. 우리는 윤리 자체가 좋다고 주장하는 동시에 사회적 관계와 관련된 윤리를 가질 수 있는지 의심할 수 있을 뿐이다. 우리는 어쩌면 도덕을 단순히 — 부정적인 면을 망각한 채 — 긍정적인(좋은) 면으로서만 이해하는 것이 아니라 하나의 구별로서 이해할 수 있는 그러한 윤리를 상상할 수 있을지 모른다. 그러한 윤리가 만약 가능하다면 그것은 언제 선과 악을 구별하는 것이 좋은지, 도덕적 판단을 사용하는 긍정적인 조건이 무엇인지에 대한 질문을 다루어야 할 것이다. 이러한 조건 중 하나는 도덕의 기본 요건 중 하나인 판단의 자유에 관한 것이다. 근대 이전 사회에서 자유는 인간 행위의 초월적 특수성으로서 그 자체 도덕의 전제조건으로 기능했지만, 이러한 생각은 더 이상 근현대 사회에서 성립할 수 없다. 우리가 사회학적 관점에서 말할 수 있는 자유는 소통의 산물이며, 소통되는 모든 선택적인 제안에 대해 주로 예 또는 아니오로 대답할 수 있게 한다. 그리고 이는 또한 도덕에 대한 제안에도 적용된다. 근현대 사회의 구조는 도덕의 계명을 거부할 수 있는 가능성을 부여하고, 우리는 도덕화를 통해 모든 가능성에 반응하는 것이 여전히 적절한지 자문할 수 있으며, 판단 그 자체에 절대적으로 필요한 조건이 무엇인지에 대한 도덕적 (그리고 종종 부정적인) 판단을 내리는 역설이 일어나도록 할 수 있다. [G. C.]

Soziologie der Moral, 1978; The Morality of Risk and the Risk of Morality, 1987; Paradigm lost, 1990.

동일성/차이
identity/difference, Identität/Differenz

루만의 체계이론은 차이들에 기초한 구성주의(「구성주의」 참조) 접근방식이다. 이것은 그의 이론이 개인의 존재나 '체계'의 개념과 같이 당연하게 여겨지는 대상이나 개념과 같은 동일성에서 출발하지 않는다는 의미이다. 출발점은 하나의 구별, 즉 체계/환경의 구별(「체계/환경」 참조)이며, 여기에는 작동/관찰(「작동/관찰」 참조), 동일성/차이, 현재적/가능적(「의미」 참조)과 같은 다른 추가 구별들이 연결된다. 이러한 방식으로 이해될 때, 구별은 또한 '양면 형식'이라는 표현으로, 즉 구별의 형식, 분리의 형식, 차이의 형식으로도 말해진다.

구별들(또는 형식들)을 향한 지향은 조지 스펜서-브라운의 논리에 의지하면서 관찰을 기본 개념으로 받아들이기로 결정한 결과이다. 이 이론에 따르면 관찰은 관찰된 것과 배경 사이의 구별을 형성함으로써 연속체가 중단될 때만 가능하다. 우리는 — 지칭되는(지시, indication) — 무언가와 관련되고 동시에 그것을 배경과 구별한다(구별, distinction). 관찰의 작동은 항상 함께만 나타나는 지칭과 구별의 양 계기를 모두 포함한다. 즉 지칭이 있을 때는 구별도 있고 또 구별이 있을 때는 지칭도 있는 것이지만, 그러나 이들의 동시성이 양자를 혼동하게 해서는 안 된다. 관찰은 구별과 지칭의 차이를 분명히 하는 일이다. 처리되는 것은 지칭과 구별의 동일성이 아니라 그 둘의 차이, 즉 고정되어 있는 것(동일성)과 구별되는 것(차이) 간의 차이이다.

체계의 작동들을 안내하는 초기 구별은 체계가 관찰할 수 있는 것과 체계가 볼 수 없는 것을 규정한다(「작동/관찰」 참조). 이것은 정보 처리 가능성을 이끄는 '주도적 차이'의 표현인 이론들에도 적용된다. 사회적 체계이론의 경우 주도적 차이는 체계/환경의 구별이다. 기능체계의 경우 주도적 차이는 각각의 약호이다(「약호」 참조). 체계가 초기 차이의 통일성을 관찰할 때, 그 결과는 '재진입'(「재진입」 참조)이다.

차이에 대한 지향은, 구별에 의존하고 스펜서 – 브라운이 스케치한 도식에 따라 진행되는 정보 처리(「정보」 참조)에 대한 설명을 가능하게 한다. 복잡한 연결 (및 구별) 네트워크가 생성될 때까지 하나의 구별에서 다른 많은 구별들이 나타난다. 구별은 항상 관찰자에 대해 상대적이며, 관찰자의 범주와 독립적으로 세계에 주어지지 않는다. 차이에 대한 지향과 그에 따른 정보 처리를 통해, 체계는 환경과의 일대일 대응에서 벗어나 자체 복잡성을 구축한다.

초기 구별의 도움으로 구별의 한쪽 면을 반복적으로 지칭 하여 인식 가능하게 함으로써 나중에 동일성을 '응축'할 수 있다. 구별의 틀 내에서 우리가 구별의 특정 면과 여러 번 관련 맺는다면, 이 한쪽 면은 각 현재적 맥락과는 부분적으로 독립적인 고유한 윤곽과 동일성을 얻게 될 것이며, 이는 경우에 따라 (반드시 그런 것은 아니지만) 하나의 이름으로 지칭될 수 있다. 예를 들어 '의자/기타 대상들'이라는 구별이 사용될 때, '의자'라는 대상의 동일성은 그것을 가리키는 수많은 다양한 인상을 수집하고 조정하는 하나의 준거를 이룬다. 우리가 체계/환경의 구별을 지향할 때, 체계는 구별되는 환경에 대해 고정된 채로 남아 있는 하나의 통일성으로 이해된다. 이리하여 끊임없이 변화하는 체험의 흐름 대신에 다른 상황, 다른 시점, 다른 소통 상대방과 함께 다시 불러올 수 있는 상대적으로 안정적인 구성으로 의미가 표현된다.

동일성은 의미 체험(「의미」 참조)의 흐름 내에서 자신을 관철시키는 하나의 상징적인 일반화이다. 이를 통해 동일성은 의미가 자기 자신과 관련되게끔 하며 이에 따른 복잡성의 증가를 가능하게 한다. 일반화는 다수의 관련들을 통일성으로 다루는 것을 의미한다. 일반화는 모든 의미차원(「의미차원」 참조)에서 실현될 수 있다. 가령, 우리는 일정한 지속성(시간 차원: 의자는 내일도 의자일 것이다)을 전제하는 합의된 기반(사회적 차원: 의자는 다른 사람에게도 의자이다)에 따라 하나의 동일성(사안 차원: 의자는 플라스틱으로 만들어져 있어도 의자이다)을 일반화할 수 있다.

여기서 동일성은 대상의 단순한 특질을 의미하는 것이 아니라 그것을 확립하는 관찰자에 대한 준거 내지 참조reference, Verweisung를 의미한다. 우리는 항상 특정 구별에 바탕을 두고서 누군가에 대한 어떤 것의 동일성에 대해 이야기한다. 따라서 의미가 기능하는 차이들을 조직하기 위해서 동일성들이 도입되는 것이다. 동일성들은 일차적으로 주어지는 것이 아니라 다른 것과의 차이들을 통해 부정적으로 정의된다. 즉 그것들은 처리될 수 있는 하나의 형식으로 여러 구별들을 결합시킨다. '의자'라는 개념(준거 동일성)은 항상 개개의 실제 의자가 지니는 풍부한 의미참조들(특정 형태, 색상, 개별 특성)의 축소이다. 등 없는 의자나 안락의자 모두 '의자'라고 부를 수 있으며 이때 그 많은 차이들은 제쳐진다. 이렇듯 동일성은 그 안에 응축된 차이들 및 그것이 나타나는 맥락에서의 차이들을 조직하기 위한 준거 역할을 한다.

심리적 체계들과 사회적 체계들 모두에서 동일성들은 상대적으로 안정적으로 남아 있는 것과 관련됨으로써 기대들(「기대」, 참조)을 조직화하는 역할을 한다. 체험 가능한 것의 영역은 각각 특정한 방식으로 서로 다른 일련의 기대들을 결합하는 동일성들을 통해 조직된다. 예컨대 우리는 문에서 기대하는 것과 같은 것을 책에서 기대하지 않는다. 그리고 둘 다 닫을 수 있다고 기대할 수 있는 경우에도 우리는 문이 닫혔을 때 동시에 책에 대해 알게 되는 바는 아무것도 없다. 마찬가지로, 우리는 유리잔처럼 책이 우리 손에서 떨어질 것이라고 기대할 수 있지만, 이는 문에서는 일어날 수 없다.

기대들에 대한 기대들을 갖는 사회적 영역에서는 사물들에 대한 관련을 조직하는 것보다 더 추상적인 동일성들을 구성하는 일이 필요하다. 우리가 관계하는 '대상'에도 자체 관찰 관점이 작용하고 있다는 점을 우리는 고려해야 한다. 따라서 이중 우연성의 상황(「이중 우연성」, 참조)이 발생한다. 기대들의 결합은 동일성 구성의 네 가지 다른 모드에 따라 추상화가 증가하는 단계별로 응축된다. 첫째, 인격들의 동일성이 있다. 즉 각 인격마다 다른 무언가가 기대되고 특정한 성격적 특성, 취향 및 기타 특징들이 그 사람을 특징짓는 인격에게 할당된다. 둘째, 다양한 사람들이 맡을 수 있고 그들의 행동의 제한된 부분에만 영향을 미칠 수 있는 역할들의 동일성이 있다. 예를 들어, 점원, 배우자 또는 학생의 역할이 그것이다. 셋째, 프로그램들(「프로그램」, 참조)의 동일성은 여러 개인과 관련될 수 있다. 프로그램들은 예를 들어 외과 수술 계획, 새 자동차 엔진 제작 또는 오페라 공연과 같이 여러 역할을 동시에 포함할 수 있는 적절한 행동 조건들의 복합체로 정의된다. 넷째, 기대들을 조직하는 가장 추상적인 관련점들은 가치들(「가치」, 참조)로, 이는 선호도 구성을 안내하는 매우 일반적인 지향을 규정한다. 예컨대, 누군가는 자유를 지지하거나 환경오염에 반대하거나 인종 평등을 지지하거나 하는 등등이다.

　체계와 관련하여 통일성unity, Einheit과 동일성identity, Identität은 구별된다. 체계의 통일성은 체계의 작동들을 통해 생성되며 (「자기생산」 참조), 이때의 작동들은 체계와 환경 사이의 경계를 형성하지만 반드시 그것을 관찰할 수 있는 것은 아니다. 체계의 통일성은 외부 관찰자에 의해서만 통일성으로 관찰될 수 있다. 그러나 관찰자가 체계 그 자체라면, 우리는 동일성에 대해 이야기할 수 있다. 따라서 체계의 동일성은 체계가 그 자신의 통일성을 반성(「반성」 참조)할 때만 나타난다. [E. E.]

Soziale Systeme, 1984, S. 19, 26 f., 100 f., 112 ff., 426 ff.; Identität — was oder wie?, 1990; Die Wissenschaft der Gesellschaft, 1990, S. 311, 376, 482, 547; Die Gesellschaft der Gesellschaft, 1997, S. 46 ff.

리스크/위험

risk/danger, Risiko/Gefahr

리스크라는 개념은 우리의 (현재) 결정들의 결과로 발생할 미래의 피해 가능성을 나타낸다. 현재 내린 결정들은 미래에 어떤 일이 일어날지 정확히 알지 못한 채 미래에 일어날 일에 영향을 미친다. 따라서 결정들은 일반적으로 미래에 대한 충분한 지식 없이 내려질 수밖에 없다. 즉 현재에 결정을 내리는 사람은 미래의 피해로부터 결코 보호받을 수 없으며 이러한 피해는 자신의 행동의 결과일 수 있다. 리스크 상황은 이런 부정적인 결과의 가능성에도 불구하고 다른 결정보다 어떤 특정 결정을 내리는 것이 여전히 합리적이고 유리할 수 있다는 사실에 의해 특징지어진다.

리스크의 지각은 결정에 따른 (가능적인 내지 현실적인) 피해를 해당 결정에 귀속(「귀속」 참조)시키는 것에 달려 있다. 이를 위해서는 관찰자가 다른 관찰자(관찰자 자신일 수도 있음)를 관찰하는 이차 관찰(「작동/관찰」 참조)이 필요하다. 이 이차 관찰의 형식은 불확실성이나 위험 가능성이 있는 여러 상황들 간의 구별을 가능하게 한다. 통제할 수 없는(예컨대, 자연적인) 요인에 따른 일반적인 불확실성은 그 피해 가능성이 자체적으로 생성된 것이 아니기 때문에 아직 리스크가 아니다. 이런 의미에서 리스크와 위험을 구별하는 것은 적절하다. 영향을 받는 체계에 의한 (또는 체계에 기인한) 결정으로 인해 가능한 피해가 발생하고 이 결정 없이는 발생하지 않을 경우에만 우리는 리스크에 대해 말한다. 반면에 위험은 (다른 사람의 리스크 있는 결정을 제외한다면) 어떤 결정에도 귀속될 수 없는 가능적인 피해로 이해된다. 가령, 비가 올 때 젖게 될 위험(통제할 수 없는 환경적 사건)이 우산의 발명 이후에는 우산을 가져오지 않기로 결정한 결과에 의해 비에 젖게 될 리스크로 바뀌었다.

반면에 각각의 리스크는 추가 리스크의 생성으로 이어진다. 예를 들어 비에 젖을 리스크를 감수하지 않기로 결정한 경우에도 우산을 잃어버릴 리스크가 있는 것처럼 말이다. 리스크/위험의 구별로 확실성에 대한 환상이 사라진다. 확실성은 공허한 개념이 되는데 왜냐하면 우리는 미래의 피해로부터 결코 확실할 수 없기 때문이다. (예를 들어, 천천히 운전하여) 리스크를 피하려는 시도조차 리스크 있는 것이 된다. (왜냐하면 늦게 도착하게 되거나 다른 작업을 수행할 시간이 부족하게 되거나 또는 더 빨리 가고 싶은 다른 사람에게 치일 수 있기 때문이다.) 잃어버린 기회조차 리스크가 되며, 이는 결정의 부담을 가중시킨다. 신중함prudentia 이라는 오래된 처방은 오늘날 더 이상 쓸모가 없다. 리스크의 개념은 사안 차원에서 임의로 일반화될 수 있다. 모든 결정과 모든 행동은 리스크 있는 것으로 판명될 수 있으며 그 반대의 경우도 마찬가지이다. 결국 확실한(즉 리스크 없는) 행동은 없다.

리스크는 시간적 구속time binding, Zeitbindung의 형식들 중 하나이다. 즉 사회가 미래 상태들을 현재 결정에 구속함으로써 변화를 통제하는 형식들 중 하나이다. 그러나 리스크에 대한 지향의 확산이 증가함에 따라 시간 구속력의 다른 형식들(규범 및 소유)에 의문이 제기된다.

규범은 반反사실적 기대들(「법」 참조)로서 우리가 미래에 무엇을 기대할 수 있는지를 확립하고 기대들(「기대」 참조)이 실망에 이르더라도 유효함을 유지한다. 그러나 리스크가 있는 상황에서 현재의 시점에 다른 사람들이 미래에 어떻게 행동할지 규정하는 것은 가능하지도 않고 그럴듯하지도 않다. 예를 들어, 생태학적 문제에 대해 토론할 때 미래 세대를 위해 선택권을 남겨 두어야 할 필요성이 항상 언급된다. 왜냐하면 그들의 결정은 오늘날 우리가 알 수 없는 동기를 기반으로 할 수 있기 때문이다.

소유는 희소성의 문제(「경제체계」 참조)와 미래에 희소한 재화에 접근할 가능성을 확보하기 위해 노력하는 문제를 다룬다. 소유는 다른 사람들의 접근으로부터 재화를 보호한다. 소유자만이 재화를 처분할 수 있다. 그러나 화폐화된 경제에서는 모든 재화에 화폐가치가 있으며 소유도 리스크에 노출된다.

우리가 재산을 투자하지 않으면 그 가치는 떨어질 수 있다 — 하지만 모든 투자는 불가피하게 리스크를 갖는다.

사회학적 관점에서 볼 때 리스크 평가와 피해 수용 의지는 리스크의 관점(결정자의 관점) 또는 위험의 관점(영향 당사자의 관점)에 따라 다르기 때문에 문제는 여전히 더 복잡해진다. 가령, 담배를 피우기로 한 자신의 결정과 관련된 높은 리스크는 기꺼이 받아들이지만 환경오염이나 다른 형태의 오염으로 인한 건강 손상의 위험에 대해서는 완전히 다르게 반응하는 사람이 있을 수 있다. 즉 흡연자들은 흡연으로 인한 리스크를 수용하지만, 다른 사람의 리스크 있는 행동으로 인해 발생하는 위험에 노출되기를 원하지 않는다. 흡연이 오염된 공기를 마시는 것보다 더 해롭다는 것을 알면서도 말이다.

좀 더 일반적인 관점에서 사회학은 (관련 리스크를 감수할 결정자의 의지가 요구되는) 결정이 다른 모든 사람들, 특히 그 결정에 의해 영향을 받는 사람들에게 위험을 초래한다는 사실을 강조하는 것이 중요하다. 우리가 이러한 귀속성의 차이를 고려할 때 다음과 같은 점이 유효하다. 즉 어떤 합리적인 논증도 영향을 받는 당사자에게 해당 리스크(이는 그 당사자에게는 위험이 된다)가 무시해도 좋은 수준이라고 확신시킬 수 없다는 사실이다. — 예를 들어, 새로운 발전소가 건설되어야 하는 지역의 거주자들에게 그 건설로 야기되는 리스크(아무리 통계적으로 가능성이 낮다고 하더라도)가 받아들여질 만한 수준의 것이라고 납득시킬 수 없다. 그러므로 리스크에 대한 지향의 확산은 근현대 사회에서 여전히 가능한 연대성 형식들에 심각한 결과를 가져온다.

합리적 설명의 비효율성은 리스크의 또 다른 특성을 나타낸다. 새로운 정보들을 획득하는 것은 리스크의 감소로 이어지지 않고 오히려 현재 상황에 대한 의식이 높아짐에 따라 리스크의 증가로 이어진다. 따라서 학문조차도 미래에 일어날지도 모르는 놀라운 일들에 대비해 좀처럼 도움을 줄 수 없다. [E. E.]

Soziologie des Risikos, 1991; Risiko und Gefahr, 1990.

반성
reflection, Reflexion

　반성이란 체계/환경(「체계/환경」 참조) 구별을 사용하고 전체
체계의 통일성을 관찰하는 체계의 자기관찰의 특정 형식(「작동/
관찰」 참조)을 말한다.

　자기관찰의 일반적인 형식에서는 정보 처리가 수행되는
근거인 구별이 규정되지 않는다(「정보」 참조). 또한 이 일반적인
형식에서는 동일한 체계의 다른 작동에 의한 체계 작동의 관찰
이 중시되지만 체계의 통일성에 대한 관찰은 중시되지 않는다.
예를 들어 소통은 이전 소통을 관찰하여 오해가 있었는지 확인
할 수 있다. 이에 반해, 체계의 통일성이 소통의 주제가 될
때만 우리는 반성에 대해 말할 수 있다. 이 경우에만 자기준거
와 체계준거가 일치한다. 즉 이 경우에만 체계는 그 자신을
개별 작동이 아닌 하나의 전체로 관찰한다. 예를 들어, 심리적
체계에서 반성은 의식이 하나의 개별 생각이 아니라 '자신의
모든 생각들'을 포함하는 체계로 자신을 관찰할 때 발생한다.

　작동들(「작동/관찰」 참조)은 자기생산적 연관(「자기생산」 참조)
인 체계를 체계에 속하지 않은 환경과 구별함으로써 체계의
통일성을 형성한다. 반성에서는 체계/환경 구별이 이 둘을 구

별하는 것(즉 체계) 속으로 재진입(「재진입」 참조)하는 일이 실현된다 — 그리고 이는 자기생산을 계속하는 동일한 체계의 추가 작동의 도움으로 계속된다.

따라서 반성은 자기생산의 지속을 전제로 하지만 동시에 체계가 체계 자신에 대한 정보를 얻을 수 있게 한다. 반성은 체계를 차이(즉 체계/환경의 차이)의 형식으로 가져오고 우연적 통일성(「이중 우연성」 참조)으로 제시하며 또한 그것을 다른 대안적 가능성들과 비교한다. 반성은 실제로 체계의 상태가 다른 가능한 상태들과 비교되고 각각의 장단점에 대한 질문이 제기되며 그에 따라 체계를 최상의 방향으로 바꾸려는 시도가 이루어질 수 있다는 사실로 이어진다. 체계는 자신을 환경과 다른 것으로 관찰하고 자신의 작동 모드를 제어할 수 있다. 예컨대 학문체계(이 체계는 환경에 대한 경계를 특징짓는 참/거짓의 구별에 기초하여 분화된다)는 인식론적 반성의 층위에서 이러한 구별을 관찰하고 그것이 사용되는 방식을 제어할 수 있다. 즉 학문체계는 참/거짓 구별을 사용하는 참인 방식과 거짓인 방식을 구별하고 그에 따라 작동의 지속을 조건화할 수 있다.

반성 또한 하나의 작동이며 자신의 대상의 단순화를 기반으로 작동한다. 따라서 외부 관찰과 마찬가지로 반성은 관찰된 체계를 완전히 인식할 수 없다. 반성은 체계 내에서 실현되기 때문에 필연적으로 역설적인 특징(「역설」 참조)이 있다. 그러나

반성은 체계가 자기 자신에게 정보를 제공하여 자체 구조의
변화를 유발할 수 있게 한다(「정보」 참조). 반성은 하나의 역동적
인 계기이다. 왜냐하면 이 체계 모델의 틀 안에서 체계 내의
관찰은 구조를 변경하는 추가 작동을 유발하며 그다음에 새로
운 자기관찰이 뒤따르도록 하기 때문이다. [E. E.]

Soziale Systeme, 1984, S. 373 f., 601, 617 ff.; Die Autopoiesis des Bewußtseins,
1985; Individuum, Individualität, Individualismus, 1989; Die Wissenschaft der
Gesellschaft, 1990, S. 469 ff., 528 ff., 698 ff.

법
law, Recht

법은 근현대 사회에서 기능적으로 분화된 부분체계(「사회분화」 참조) 중 하나로, 기대들이 실망으로 바뀌더라도 안정적인 기대들(「기대」 참조)을 유지시키는 기능을 한다. 그러한 기대들은 잠재적 위반에 관계없이 안정적으로 유지되는 법규범들 norms, Normen이다.

법의 작동들을 이끄는 약호(「약호」 참조)는 합법/불법의 이항적 차이로 구성된다. 이 약호는 법적 분쟁이 있을 때 누가 옳고 그른지를 구별한다. 법에 따라 약호화된 소통은 누가 옳고 누가 그른지에 대해 (유효한 규범과 관련하여) 권리가 청구되고 결정이 내려져야 하는 갈등의 경우를 말한다. 따라서 법체계는 갈등을 해결하면서도 동시에 갈등을 일으키기도 하는데, 왜냐하면 우리는 압력에 굴복하거나 명령에 복종하지 않고 싶을 때 언제든지 법에 호소할 수 있기 때문이다.

법체계의 기능은 사회적 차원이 아니라 소통의 시간 차원(「의미차원」 참조)과 관련이 있다. 즉 법은 개인들의 통합이나 행동의 사회적 통제를 보장하지 않는 데 비해, 법규범들은 시간이 지남에 따라 기대될 수 있는 것이 제한적이 됨을 보장하고 이러한 의미에서 자유를 제한하며 기대되는 것과 그렇지 않은 것을 매우 강력하게 판별한다. 법규범화를 통해 사회는 본질적으로 불확실한 미래를 결속하고 확보하려고 한다. 이러한 기초 위에서만 시간적 구속에 따른 사회적 비용이 발생하는데, 그것은 주로 개인들의 미래 행동 가능성들을 제한하는 데서 나타난다. 한편, 법은 가능한 일탈 행동 이면의 의도나 동기를 미리 알지 못한 채 사람들을 일탈, 심지어는 범죄자로 낙인찍을 위험이 있다.

법체계의 약호가 작동하도록 하는 프로그램들(「프로그램」 참조)은 법규범들과 절차들이다. 이 두 프로그램은 항상 목적 프로그램이 아니라 조건부 프로그램이다. 법규범들은 발생하는 경우에 따라 합법/불법 약호값 할당을 허용한다. 프로그램들로서의 법규범들은 목적에 대해 명시되지 않은 "~한다면, ~한다(if ~, then ~)"의 형식을 취한다. 법규범들이 임시방편적으로 도입되고 따라서 특정 상황에 얽매여 특정 목적에 따라 규정되는 경우에도, 그것은 여전히 보다 일반적인 조건부 규범화의 범위 내에서만 발생할 수 있다. 법체계의 프로그램들은 사안을 놓고 다툴 수 있기 위해 처음부터 충족되어야 하는 조건들을 규정한다. 그러나 이것은 법이 미래에 개방되어 있고 인지 능력이 있다는 사실을 배제하지 않는다. 조건부 프로그램화는 법체계에서 자기준거(법률적 사건 처리에서 수집된 경험들에서 비롯되고 개념들로 저장될 수 있는 형식적 관련성 조건들)와 타자준거(실질적인 논쟁을 가능하게 하는 이익 침해 사례들. 「자기준거」 참조) 사이의 구별을 가능하게 하며, 따라서 법적으로 관련이 있는 것과 없는 것 사이의 구별도 가능하게 한다. 이에 비해, 목적 프로그램들은 각 특정 사례들과 너무 밀접하게 관련되어 있기 때문에 그러한 식별을 허용하지 않는다. 그리고 일단 목적에 도달하고 나면 이제 더 어떤 법규범을 적용해야 하는가라는 문제가 뒤따른다. 따라서 법은 법규범화와 인식을 조합하여 안정성(규범이 실망에 이르더라도 법규범들은 계속 유효하다)과 학습 능력(새로운 유형의 분쟁들에서 새로운 법규범들이 생성될 수 있다)이 모두 보장된다.

이런 점에서 법은 진화하는 사회적 체계(「진화」 참조)이다. 진화의 계기가 되는 변이는 실망한 규범적 기대들의 소통에 있다. 즉 이것은 행동이 뒤늦게 기대들에 대한 실망으로 판명될 때 발생한다. 개별 사례는 이전에 존재하지 않았던 새로운 법규범을 드러낸다. 즉 사실에서 법이 나온다ex facto ius oritur. 물론 이것은 어떤 행동이 논란이 되고 결과적으로 갈등이 발생할 때만 일어난다. 왜냐하면 누가 옳고 그른지를 결정하는 관찰자는 갈등이 소통되어야만 스스로 분화될 수 있기 때문이다. 절차는 변이들의 선택을 용이하게 하고, 또한 이러한 절차를 통해 반복 가능하고 재사용 가능하며 다양한 상황에서 변경되지 않는 방식으로 누가 옳고 누가 그른지에 대한 결정이 내려질 수 있다. (법원 재판과 같은) 이러한 절차는 결정을 내리기 위해 분화되며 따라서 결정의 선택성을 명확히 하는 목적 지향적인 에피소드이다. 따라서 변이는 법을 바꾸는 작업과 관련이 있는 반면, 선택은 갈등을 일으킨 규범적 기대가 확인되거나 거부될 수 있는지 여부를 결정한다. 즉 절차의 기능은 법을 바꾸는 것이 아니라 단순히 법을 명확하고 분명하게 만드는 데 있다. 법률 지식은 개별 사례에서 얻어진 경험들에 따라 안정화되며, 개념적 분류들, 이전에 사용된 결정 규칙들 등을 바탕으로 기존 사례들은 새로운 사례들과 비교될 수 있다. 물론 각각의 새로운 사례는 다른 사례들과 유사한지 여부를 항상 확인해야 한다. 그래서 만약 유사하다면 새로운 사례는 이전의 사례들에 '포함'될 수 있고 만약 유사하지 않다면 우리는 새로운 규칙을 만들어야 한다.

이제 분명한 바와 같이, 근현대 법은 외적인 필수 전제조건들에 기반을 두는 것을 탈피했다. 자연법이란 없으며, 오로지 실정법, 즉 어떤 법규범도 필수 불가결하지 않은 자기정립적 법만 있을 따름이다. 이것은 예를 들어 외부 준거 없이 역설들(「역설」 참조)이 발생한다는 사실에서 비롯되는, 법에 대한 법적 반성의 어려움을 암시한다. 법은 역설적이지 않는 한, 자체 기초를 놓을 수 없다. 즉 법은 과연 어떤 법에 근거하여 누가 옳고 그른지를 결정하는가라는 역설적인 구조에 봉착해 있다.

물론 법은 도덕주의자들이 선과 악을 구별하는 것이 좋다고 주장하는 것처럼 그러한 구별이 법을 사용하여 이루어진다고 주장한다. 그러나 법의 역설적 구조는 다른 모든 체계와 마찬가지로 현실에 민감하게 반응하기 때문에 그 기능을 수행할 수 있다. 만약 법을 완전히 그리고 최종적으로 근거 짓는 일이 가능하다면 모든 법규범화의 의미도 상실되고 말 것이다. 혹은 이러한 최종 근거가 가능하다면 우리는 왜 자연이나 신이 보편적인 법규범들에 대한 사람들의 위반을 허용하는지를 설명해야 하는데, 이것은 역설의 위치를 약간 이동시키는 데 불과할 것이다.

'정의'를 법의 최고 가치로 준거하는 것 또한 우리에게 더 이상 도움이 되지 않는다. 이러한 준거는 프로그램들로 변환하는 것이 불가능하기 때문에 작동값이 없는 준거로 남아 있다. 만약 '정의로운' 법규범들이 만들어지고 모든 개별 결정이 그에 따라 '정의로운' 것이라면, 체계는 스스로를 재생산할 수 있는 능력을 급격히 잃게 될 것이다. 우리는 법이 합의를 필요로 하지 않는다는 사실을 고려해야 한다. 또한 우리는 모든 사람이 모든 법규범들에 동의할 것을 요구할 수는 없다. 그렇게 하면 체계의 진화가 중단될 것이기 때문이다. 절차들은 극소수의 사람들(예컨대 판사들)만이 법규범의 타당성을 모든 사람에게 구속력이 있는 것으로 보고 그에 따라 결정하도록 요구한다. 정의의 가치는 '평등'(동등한 것을 동등하게 대하고 동등하지 않은 것을 동등하지 않게 대하라!)의 형식으로 체계에 확산되지만, 법적 관행에 대한 더 이상의 정당화들은 요구되지 않는다.

법은 관련된 모든 요인에 대한 완전한 지식이 없음에도 불구하고 장애(즉 모순과 갈등)로 이어지는 예기치 않은 상황에 대한 사회의 대응을 허용하기 때문에 사회에 대한 면역체계의 기능을 수행하는 것으로 보인다(「갈등」 참조). 반면에, 분쟁은 일반적으로 불분명한 사실에서 발생하며 법은 이러한 분쟁의 생성을 통제할 수 없다. 법은 개연성 있는 것을 기대하는 데서 오는 확실성을 법규범에 대한 가능한 실망들에서 비롯되는 불확실성으로 바꾼다. [G. C.]

Rechtssoziologie, 1972; Das Recht der Gesellschaft, 1993; Gibt es in unserer Gesellschaft noch unverzichtbare Normen?, 1993.

복잡성
complexity, Komplexität

복잡성의 개념은 하나의 통일에 관여하는 모든 요소들이 동시에 서로 결합될 수 없는 사태를 나타낸다. 따라서 복잡성은 요소들 간의 관계들을 생성하기 위해 선택이 필요함을 의미한다. 이리하여 복잡성을 정의하는 데 기본이 되는 것은 요소와 관계 사이의 구별이며, 이를 통해 요소들 간의 선택적 접속 가능성의 상황을 관찰할 수 있다. 복잡성을 관찰하기 위해 우리는 선택적 접속 가능성의 상황과 선택적이지 않은 다른 상황을 구별해야 한다. 따라서 복잡성은 하나의 형식으로 정의될 수 있는데, 이 형식의 양면은 요소들의 선택적 접속 가능성과 요소들의 완전한 접속 가능성이다.

복잡성은 체계나 환경(「체계/환경」 참조) 또는 세계(「세계」 참조)에서도 관찰될 수 있다. 다만 체계의 복잡성만이 조직화된 복잡성이다. 이 복잡성은 체계의 요소들의 선택적 접속 가능성으로 이루어져 있다. 또한 그것은 자기생산(「자기생산」 참조)의 선택적 조직이다.

체계의 요소들 사이에 추상적으로 가능한 관계의 수數는 요소들의 수가 증가함에 따라 기하급수적으로 증가한다(2개의 요소는 4개의 관계를 형성하고 3개의 요소는 9개의 관계를 형성하는 식이다).
한 체계 내 요소들의 수가 매우 많으면 관계들의 수는 체계
자체에 의해 직접 제어될 수 없는 규모에까지 도달한다. 이것은
체계 내에서 모든 것이 현재화될 수 없고 다른 모든 것과 동시에
결합될 수 없다는 것을 의미한다. 다만, 체계의 각 작동은 후속
가능성들의 영역을 나타낸다.

　　복잡성은 현재화될 수 있는 것보다 더 많은 가능성들이
있다는 사실, 즉 사회적 체계들에는 더 많은 소통들이 있고
심리적 체계들에는 더 많은 생각들이 있다는 사실을 나타낸다.
사회적 체계들과 관련하여 특정 소통("그것에 대해 어떻게 생각하세
요?" 또는 "환율이 올랐습니다.")은 제한된 수의 후속 소통들에만
직접 연결할 수 있다. 모든 현재화된 소통은 대안적 가능성들의
영역을 지시하기 때문에 모든 각 결합은 수많은 가능성들 중에
서 선택해야 한다. 예를 들어, "그것에 대해 어떻게 생각하세
요?"라는 질문에 대한 대답은 가능한 많은 대답들 중 하나일
뿐이고, 환율이 올랐다는 뉴스에 대한 언급은 가능한 많은
언급들 중 하나일 뿐이다. 여기에서 우리는 선택에 대한 강제를
관찰한다. 이때 어떤 것은 데이터로 실현되고 나머지는 가능한
참조들의 영역으로 배경에 남는다. 선택은 복잡성의 시간적
동역학을 형성한다. 선택의 기본은 어떤 체계도 동시에 모든
것을 현재화할 수 없기 때문에 현재화들이 순차적으로 일어난

다는 사실이다.

복잡성에 대한 관찰은 의미(「의미」 참조)와 함께 나타난다. 의미구성 체계는 자신의 관점에서 세계의 복잡성을 관찰한다. 이 세계는 체계와 환경 간의 차이의 통일성으로 생각되기 때문에 복잡성은 항상 체계와 환경 간의 차이와 관련이 있다. 따라서 복잡성은 의미구성 체계들을 통한 이러한 차이의 관찰에 달려 있다. (환경의 복잡성도 포함하여) 복잡성은 체계에 의해 관찰될 때만 존재한다. 복잡성 구성에 대한 관찰의 관련성은 특히 초복잡성의 개념에서 강조되는데, 이는 복잡성이 관찰의 결과도 포함한다는 것을 의미한다. 초복잡성은 이차 관찰(「작동/관찰」 참조)의 결과, 즉 관찰체계를 관찰에 포함시킨 결과이다(예를 들어, 한 사회가 환경에 대한 관찰들의 결과를 관찰하면 초복잡성이 된다).

체계의 관찰은 그 환경의 복잡성을 규정하지 않는다. 환경의 복잡성은 체계와 별개로 구성되는데, 왜냐하면 체계는 체계 자체를 교란시킬 수 있는 관찰 작동들을 통해서만 환경을 파악할 수 있기 때문이다. 이것은 비록 환경 복잡성이 체계가 관찰한 대로만 존재하더라도 환경 복잡성을 제어할 수 없는 체계의 역설이다.

체계와 환경의 차이는 복잡성 격차를 나타낸다. 환경은 항상 체계보다 더 복잡한데, 왜냐하면 체계는 체계 자체 내에서 가능한 것의 영역을 제한하는 경계를 형성하기 때문이다. 체계와 환경 간의 복잡성 격차는 관계들의 관계화로 나타나며, 이 관계화에 따라 체계의 요소들 간의 추상적으로 가능한 관계(체계 복잡성)는 환경과의 양립 가능성(환경 복잡성)으로부터 제한을 받는다. (사회적) 체계에서는 환경과의 양립 가능성의 관점에 따라 복잡성이 구조화되기 때문에, (소통의) 작동들에서 모든 것이 동시에 현재화되는 것은 불가능하다.

그러한 체계에서는 체계를 환경과 양립되게 만드는 내부 복잡성을 실현하고 유지하기 위해 축소가 필요하다. 복잡성 축소는 요소들 간의 관계들의 추상적인 가능성이 제한된 수의 가능한 관계들을 포함한 특정 체계로 구조화됨을 의미한다. 복잡성은 축소를 통해서만 체계에서 실현되고 유지된다. 복잡성의 축소와 유지는 서로 모순되는 것이 아니라 서로를 전제한다.

복잡성 축소는 구조들에 기반한 가능성들의 영역을 선택적으로 유지하는 것을 의미한다. 구조들(「구조」 참조)은 체계가 생성하고 견딜 수 있는 내부 복잡성의 정도를 규정한다. 복잡성의 유지 및 축소는 요소들을 서로 접속하는 데 사용할 수 있는 가능성들을 미리 선택하는 구조에 따라 다르다.

체계의 복잡성 수준은 체계 구조에 의해 가능하게 된 관계들의 선택성 변화에 따라 달라진다. 체계는 환경 복잡성의 증가와 관련하여 자신의 복잡성을 증가시킬 수 있다. 다만

이는 환경 복잡성에 순응하기 때문이 아니라 자체 구조들을 기반으로 자율적으로 작동하기 때문이다. 한 체계의 복잡성 증가는 그것을 관찰하는 다른 체계들의 복잡성 증가를 유발하는데, 왜냐하면 이들 체계들의 환경들이 더욱 복잡해지기 때문이다. 이러한 상황에서 체계의 진화도 가능해진다. 그러나 이러한 진화는 복잡성의 단순한 증가가 아니라 구조 변화이다.

복잡성의 개념은 분화의 개념(「분화」 참조)과 구별되어야 한다. 분화는 요소/관계의 구별이 아닌 체계/환경 구별을 나타낸다. 복잡성의 증가는 분화의 증가를 의미하지 않는다. 복잡성은 지속적으로 변하지만 분화는 불연속적으로 변한다(예컨대 사회적 분화형식의 변화의 경우와 같이).

그러나 복잡성 개념과 분화 개념은 서로 결합될 수도 있다. 복잡성의 증가, 즉 요소들 간 관계들의 증가는 체계의 확장에 대한 제한들을 수반한다. 즉 어떤 체계도 복잡성의 임의적이고 확정 불가한 증가를 견딜 수 없다. 이 때문에 체계 내에 경계들이 형성되어 바로 이것들이 부분체계들을 생성한다. 복잡성 수준의 변화들은 체계의 분화형식에 변화들을 유발할 수 있다. 부분체계들 간의 분화형식은 체계에서 달성될 수 있는 복잡성의 경계들을 규정한다. 체계의 분화 기준을 변경하면 체계가 견딜 수 있는 복잡성 수준에 결정적인 영향을 미친다. 이것은 사회체계에 특히 중요하다. 예를 들어, 오늘날의 사회는 그

분화형식으로 인해 이전 사회들보다 훨씬 더 큰 복잡성을 생성한다(「사회분화」 참조). [C. B.]

Soziale Systeme, 1984, S. 45 ff.; Komplexität, 1976; Temporalization of Complexity, 1978.

부정
negation, Negation

체계이론의 개념성의 틀 내에서 부정은 사회적 체계들 및 심리적 체계들이 불가피하게 선택적으로 작동하더라도 세계가 접근 가능한 상태로 유지되도록 허용하기 때문에 기능적 우선권을 갖는다. 부정은 (그때마다 현재화된 가능성들이 아닌) 다른 가능성들에 대한 지시의 형식을 취한다(「의미」 참조). 이런 점에서 부정은 사회적 및 심리적 체계들의 세계 연관(「세계」 참조)을 나타내며, 각각의 소통과 각각의 생각의 의미를 구성할 수 있게 한다.

의미의 개념은 (현재화되지 않은 가능성들의 파괴를 뜻하는 그러한 축소 없이) 의미구성 체계들에게 세계의 복잡성(「복잡성」 참조)을 축소하는 가능성을 제공한다. 소통 맥락은 주제를 선택하고 이 주제에 집중하며 일시적으로 다른 모든 주제적 대안들을 제쳐둔다. 이때 이러한 다른 가능한 대안들은 부정되지만 잠재적인 후속 소통을 위해 접근 가능한 상태로 남아 있다. 부정된 것이 돌이킬 수 없이 사라지지 않고 여전히 유효하다는 것은 부정의 두 가지 다른 특성에 기인한다.

(a) 부정은 긍정적인 규정이 고려하지 않는 것을 일반화한

다. 소통이 어떤 주제를 선택할 때 그것은 배제된 주제들의 지평을 미규정 상태로 남긴다. 그럼에도 각 현재화와 결합된 모든 부정들을 규정할 필요는 없다.

(b) 부정은 일반화가 미규정적 상태로 남겨두어 사라지지 않는 것을 나중에 되찾을 수 있도록 하는 두 번째 특징인 반성성을 필요로 한다. 부정은 일시적으로 배제된 것을 되찾고 그것을 긍정적으로 규정하는 가운데 자신에게 적용될 수 있다. 부정된 것을 부정함으로써 부정은 의미의 폐기가 아닌 의미의 유지를 수행하며, 체계는 작동을 계속하는 데 필요한 연결을 찾을 수 있다.

일반화와 반성성은 부정의 상호 필수 구성요소이다. 그리고 이 두 가지 모두 의미구성 체계들의 작동을 위한 조건이다. 현재화되지 않은 것이 미규정의 상태로 남겨지되 나중에 (세계가 사라지는 일 없이) 되찾아질 수 있을 때만 소통과 의식은 계속 작동할 수 있다.

이러한 특징 덕분에 부정은 의미 있는 작동이다. 부정은 모든 사회적 및 심리적 작동에서 역할을 하고, 따라서 현실 세계에 실제로 존재한다. 그러나 모든 사회적 및 의식적 작동에서 발생하지만 부정은 환경 속에 어떤 상관물도 가지고 있지 않다. 즉 환경에는 부정적인 대상이 없다. 이것은 규정적 부정("어떤 것이 아니다")과 미규정적 부정("어떤 것이 아닌 모든 것")에 모두 적용된다. 이러한 의미에서 부정은 실제로(즉 긍정적으로) 발생하는 작동에서만 사용되기 때문에 긍정적 작동자로 이해 되어야 한다. 모든 부정은 긍정적인 작동 연결을 얻는 데 사용 된다. 우리가 부정할 수 있으려면 부정하고자 하는 것을 구별할 수 있어야 하기 때문이다. 즉 우리는 구별 내에서만 부정할 수 있다(「작동/관찰」 참조). 이러한 이유로 어떤 체계도 자체 작동 을 통해 자체적으로 종료할 수 없다. 오히려 자기 부정은 자기 생산의 또 다른 확인이다. 따라서 부정은 의미구성 체계들에서 현실의 구성을 분석할 수 있는 출발점으로 보인다(「구성주의」 참조). [G. C.]

Der Sinn als Grundbegriff der Soziologie, 1971; Über die Funktion der Negation in sinnkonstituierenden Systemen, 1975.

분화

(out-)differentiation, (Aus-)differenzierung

일반적인 의미에서 분화outdifferentiation, Ausdifferenzierung는 체계가 환경과 자신을 구별하고 이 둘 사이에 경계를 형성하는 것을 의미한다. 분화된 체계는 자신의 환경에서도 분화differentiation, Differenzierung를 관찰할 수 있다. 사회의 환경에는 예를 들어 심리적 체계들과 생명체계들(유기체들)이 있다. 환경의 분화는 체계에 의존하지 않는다. 그렇지만 환경의 분화는 체계의 관찰에 따라 형성된 구별들에 의거하여 특정한 형식들을 취한다. 모든 각 체계는 자신의 환경 속에 다른 체계들이 존재하며 이 다른 체계들이 다시금 그들 고유의 환경들과 분화되는 것을 관찰할 수 있다. 그러나 각 체계는 고유한 구별들의 조건에 따라서만 자신의 환경 내 체계들을 관찰할 수 있다. 예를 들어 환경 내 체계들은 동종 또는 이종으로, 친구 또는 적으로, 가깝거나 멀리 있는 것으로 관찰될 수 있다. 자신의 환경 내 각 분화된 체계는 통제를 벗어난 외부의 관찰 관점을 도입하는 다른 체계준거들과 마주친다. 이는 체계의 환경 또한 항상 체계/환경 관점에 따라 분화된다는 것을 의미한다.

분화는 세계(「세계」 참조)라는 미규정적 배경에 대한 체계와 환경의 분화에서만 관찰되는 것이 아니다. 한 체계 내에서도 분화를 관찰할 수 있다. 체계 분화란 분화가 자신에게 적용된다는 것을 의미한다. 그 체계는 체계 자체 내에서 체계와 환경 간의 차이를 반복한다.

체계의 내부 분화는 체계의 자기생산(「자기생산」 참조)의 산물이다. 체계는 환경과 분화될 뿐만 아니라 체계 내에서의 체계/환경 차이들도 있다. 즉 작동상 폐쇄된 부분체계들이 전체 체계 내에서 나타날 수 있다. 특히 사회체계에는 부분체계들과 그 환경들 간의 차이들이 포함될 수 있다(예를 들어, 근현대 사회에서 정치체계와 그 환경, 경제체계와 그 환경 등이 그것이다. 「사회분화」 참조). 모든 각 부분체계는 다시금 이러한 부분체계들을 포함하기 때문에 다른 부분체계들의 환경과 동일하지 않은 자신의 고유한 환경을 갖는다(예를 들어, 정치체계의 환경은 경제체계를 포함하고 경제체계의 환경은 정치체계를 포함한다). 전체 체계(가령, 사회)는 각 부분체계의 환경에 속한다.

체계 분화는 부분체계들의 자기생산을 기반으로 체계/환경 차이들을 분화시키는 것을 의미하며, 그러나 이는 분할이나 분해를 통해 전체를 보완적인 부분들로 분화시키는 것을 의미하지 않는다. 따라서 전체 체계는 상호 결합된 부분들로 분할된 하나의 전체로서 관찰될 수 없다.

내부 분화는 복잡성(「복잡성」 참조)을 축소하고 유지하는 능력인 체계의 관찰 능력을 증가시킨다. 이 분화의 결과는 두 가지이다. 한편으로 전체 체계의 환경이 각 부분체계에 따라 다르게 관찰된다(예를 들어 정치체계는 경제체계와 다르게 대기 오염 문제를 처리한다). 다른 한편으로 전체 체계의 내부 환경은 그것을 관찰하는 부분체계, 예컨대 정치체계나 경제체계에 따라 다르다. 따라서 내부 분화는 전체 체계의 동일성의 특정 버전들을 증가시킨다. 모든 각 부분체계는 전체 체계의 관점을 재생산하는 관점을 안정화한다(예를 들어 현실은 정치적, 경제적 또는 과학적 관점에서 관찰될 수 있다). 따라서 내부 분화는 전체 체계의 선택성을 증가시키는데, 왜냐하면 내부 환경은 더 쉬운 선택들을 용이하게 하는 축소된 복잡성 영역을 구축하기 때문이다. 전체 체계는 외부 경계와 내부 환경을 규정하며, 이 내부 환경에서 부분체계들이 자기생산적으로 형성 및 재생산될 수 있다. 부분 체계들에서 사용할 수 있는 자유도自由度의 이러한 축소는 체계 통합으로 정의된다. 따라서 '통합'이라는 용어는 부분체계들을 지배해야 하는 체계의 통일된 규범성을 뜻하지 않는다.

체계가 내부적으로 분화되는 방식은 체계 자체의 진화에 따라 다르다. 가장 중요한 예는 그 형식이 진화적으로 변화하는 사회분화(「사회분화」 참조)이다. 사회의 진화 과정에서 지배적인 변화는 발생하는 분화의 수준(증가 또는 감소)에 있지 않다. 오히려 변화하는 것은 일차적 분화의 형식이다. 일차적 분화의 다양한 형식은 서로 다른 복잡성 수준과 상관관계가 있다. 비록 분화가 그 자체로 복잡성의 증가를 의미하는 것은 아니지만, 그것은 내부 복잡성의 증가를 유발한다.

사회분화는 부분체계들의 일차적 분화의 형식으로 일어날 뿐만 아니라, 일차적 부분체계들에 연결될 수도 있고 그렇지 않을 수도 있는 여러 추가적인 사회적 체계들의 내부적 분화의 형식으로도 발생한다. 이러한 추가적인 분화는 이미 구조화되어 있는 사회 내에서 이중 우연성(「이중 우연성」 참조)의 상황으로부터 비롯된다. 따라서 많은 소규모 사회적 체계들이 등장하고 끊임없이 해체 및 개혁된다(「상호작용」 참조). 또한 근현대 사회에서는 일차적 부분체계들과 연결되어 특정 조직 체계들(「조직」 참조)이 형성된다. [C. B.]

Soziale Systeme, 1984; Die Gesellschaft der Gesellschaft, 1997, S. 597 ff.; Gesellschaftsstruktur und Semantik, 2, 1981.

비대칭화

asymmetrization, Asymmetrisierung

의미구성 체계들(「의미」 참조)은 그 안의 각 요소가 체계의 다른 요소들만을 지시하고 이 다른 요소들을 통해 자신을 다시 지시하기 때문에 자기준거적 체계들이다(「자기준거」 참조). 그런데 이러한 순환성은 "A는 A이다"의 경우와 같이 순수하고 동어반복적인 형식을 취하면 문제가 된다. 동어반복적인 형식에서의 작동은 정보 내용 및 고정점 없이 발생하기 때문에 규정 가능한 연결을 찾을 수 없다. 의미구성 체계들은 작동들에서 준거점을 선택함으로써 순수한 자기준거를 중단하며, 더 나아가 참조들의 순환성에 비대칭을 도입한다. 예를 들어 "A는 ~일 때만 A이다(A is A only when ~)"의 경우에서 "~일 때만(only when ~)"이라는 조건은 그 진술을 정보로 만들어 (가능한) 향후 작동들에 대한 연결을 제공한다. 이렇듯 연결 가능성은 이 체계들의 작동 능력을 위한 조건이며 따라서 자기생산적 재생산(「자기생산」 참조)을 위한 필요조건을 이룬다.

비대칭의 도입은 이 체계들이 자기준거적이라는 사실을 바꾸지 않는다. 본래 의미구성 체계들은 자기준거에 기초해서만 작동할 수 있기 때문에 동어반복 문제를 나타낸다. 사회적 체계들은 소통만 할 수 있고 심리적 체계들은 생각만 할 수 있다. 즉 모든 각 소통은 다른 소통들에만 연결될 수 있고, 모든 각 생각은 다른 생각들에만 연결될 수 있다. 이러한 이유로 사회적 체계들과 심리적 체계들은 각기 자기준거의 합선合線을 피할 수 있는 조건을 지속적으로 만들어야 한다. 따라서 이 두 체계는 스스로를 탈脫동어반복화하면서 자기준거를 펼쳐야 한다. 물론 그렇더라도 동어반복은 비대칭화에서 사라지지 않는다. 동어반복은 자기준거의 조건으로 남아 있으며 동어반복과 자기준거는 모두 체계 존재의 전제조건으로 남아 있다. 그러나 비대칭의 도입은 비생산적이고 순전히 동어반복적인 순환의 문제를 해결한다. 체계는 정보 제공의 방식으로 스스로가 작동할 수 있는 방향을 규정하는 추가적인 의미를 부가할 수 있어야 한다.

비대칭은 언어의 구조를 통해 도입될 수 있다. 여기에서 언어, 그리고 소통에 기반한 주어와 술어의 구별은 투영된 대상들이 소통과 무관하게 그들 자신의 특성들에 책임이 있다는 인상을 가져다준다. 비대칭화의 가장 일반적인 형식은 세 가지 의미차원(「의미차원」, 참조)과 관련하여 관찰되고 구별될 수 있다.

(a) 시간 차원에서는 시간의 비가역성이 비대칭의 도입을

허용한다. 이것은 한편으로는 지금 이 순간부터 잃어버리고 회수할 수 없는 과거와 다른 한편으로는 우연적이고 불확실한 미래를 구별함으로써 발생한다. 과거는 현재 상황을 받아들이고 정당화할 기회를 제공하는 반면, 개방적이고 예측 가능한 미래는 특정 사례에서 달성하려고 시도했거나 가능한 것으로 생각한 것과 관련하여 목적을 설정하고 결정을 마무리하는 것을 가능하게 한다. 상황과 사건은 시간이 지나면서 드러나고, 현재 우리는 미래의 상황이나 사건을 일으키거나 피하기 위해 행동해야 한다. 따라서 과거의 불변성과 미래의 불확실성은 시간 차원의 비대칭, 현재에만 도입될 수 있는 비대칭을 만든다. 결국 과거와 미래는 오직 현재에만 존재하는 체계의 상상적 구성물들이다.

(b) 사안 차원에서 비대칭은 체계의 작동들을 이끄는 체계와 환경의 구별(「체계/환경」 참조)에 도입된다. 체계는 자신이 의존해 있는 환경과 관련하여 스스로를 구조화하며 또한 제어 가능한 변수와 제어할 수 없는 변수를 관찰한다. 만약 구조들이 달라질 경우 체계가 환경과 맺는 관계들 또한 달라질 거라고 체계가 가정한다면 여기에는 동어반복이 다시 도입될 것이다. 이런 가정 하에서는 어떤 체계도 일어나는 모든 것이 체계에 의존하고 따라서 현실은 체계 자체의 투영일 뿐이라는 생각에 따라 작동할 수 없을 것이다.

(c) 사회적 차원에서 비대칭화는 많은 관찰자가 서로 구별되고 각자가 각기 다른 관점에 따라 관찰하는 것을 의미한다. 근현대 사회에서 이러한 비대칭화의 형식은 개인을 개인 행동에 대한 준거점이자 최종 결정자로 인정하는 것으로 표현된다. 가령, 각 사람은 다른 모든 사람과 다르며 이 비대칭 관계에서 그렇게 인식된다. 이것은 기능적으로 분화된 사회에 적용되는 반면, 계층화된 사회는 사회적 차원을 위계질서적으로 구조화한다는 점에서 동등한 비대칭화를 형성한다. 중요한 것은 개인과 위계질서에 대한 인정이 동일한 문제를 해결하는 기능적 등가물, 즉 사회적 차원의 동어반복적 기초라는 점이다. 이러한 두 가지 형식의 조건화는 모든 개인(자아)에게 다른 개인들은 단지 다른 사람 내에서의 자아의 투영인 타자적 자아alter ego로서만 관찰될 수 있음을 나타낸다.

비대칭화의 모든 형식들은 특정 기능을 위해 그리고 특정 기능을 고려하여 '고안'된다. 이것은 비대칭화가 다루어지는 의미론적 형식들이 사회적 층위에서 신뢰성 있게 처리될 것을 요구한다. 이러한 비대칭성을 사용하는 작동체계는 (체계에 의해 체계에 자기준거적으로 도입되었음에도 불구하고) 이 비대칭성을 주어진 것으로, 자연스러운 것으로, 피할 수 없거나 필요한 것으로 취급한다. 일반적으로 이러한 준거점은 특정 작동을 필요로 하는 체계 내부 구성임을 고려할 필요 없이 체계가 필요에

따라 그것을 수용하는 경우에만 기능을 수행할 수 있다. [G. C.]

Selbstreferentielle Systeme, 1987; Die Paradoxie der Form, 1993; Sthenographie und Euryalistik, 1991.

사건
event, Ereignis

사건의 개념은 의미구성 체계들 내에 있는 요소들의 시간적 특성을 나타낸다. 사회적 체계의 소통과 심리적 체계의 생각은 영구적인 상태가 아니라 지속되지 않는 사건이다. 이 체계들의 자기생산(「자기생산」 참조)은 발생하는 순간에 사라지는 요소들을 지속적으로 재생산하도록 강제된다. 게다가 모든 사건(소통 또는 생각)은 단순히 발생하는 것이 아니라 이전과 이후 사이의 차이를 다시 만들어낸다. 이 차이와 함께, (사회적 체계에서의 소통과 심리적 체계에서의 생각의) 다른 가능성들에 대한 참조지평들 또한 확립된다. 즉 사건 후에 이전과는 다른 것들이 가능하며, 이러한 차이는 (하나의 차이로서) 체계의 요소들에게 — 이 요소들의 지속성 결여에도 불구하고 — 특정한 작동적 연결 가능성을 제공한다.

연속성과 불연속성 사이의 관계, 즉 체계의 구조와 그것의 최종 요소들 사이의 관계는 체계이론에 사건 개념을 도입하는 일의 가장 중요한 귀결 중 하나이다. 한편으로 요소들은 시간적 지속성을 지니고 있지 않으며 계속해서 생성되어야 한다. 그리하여 체계는 매 순간 요소들을 새로 선택해야 한다. 다른 한편으로 요소들의 층위에서의 불연속성에도 불구하고 요소들의 생성을 가능하게 하는 구조들(「구조」 참조)은 일정한 연속성을 보장한다. 구조들은 소통이나 생각이 발생하는 순간 이후에도 계속 이용 가능한 상태로 남아 있어야 한다. 구조들이 허용하는 관계는 요소들 간의 관계와 일치하지 않는다. 예를 들어, 사회적 체계의 기대구조는 일어날 수 있는 일에 대한 초기 선택을 나타내는 반면, 소통(또는 작동)은 발생하기 위해 추가 선택을 필요로 한다. 만약 요소들 간의 관계(즉 사건)가 구조들이 허용하는 관계와 일치한다면 구조와 체계 자체는 사건과 함께 사라질 것이다. 한편, 그런 경우에는 영구적 상태로서의 요소들은 체계의 내부 가변성을 현저하게 감소시킬 것이다. 이것은 오래 지속되는 세포들을 기반으로 스스로를 재생산하는 유기적 체계의 경우이다. 유기체의 구조적 가변성은 실제로 매우 제한적이다. 이 때문에 인간 유기체는 사막에 오래 거주한다고 해서 갑자기 낙타로 바뀌지 않는다.

사회적 체계 및 심리적 체계의 복잡성(「복잡성」 참조)은 시간화된 복잡성이며, 이는 시간 차원에서 구성되고 구조화되어야 한다. 따라서 체계가 도달할 수 있는 복잡성은 요소들 간의 관계뿐만 아니라 시간적 연속에서 해당 상태의 가변성에 따라 달라진다.

사건들의 시간적 연속을 이용할 수 있는 가능성은 더 높은 수준의 복잡성으로 이어진다. 요소들 사이의 관계는 시시각각 변할 수 있으며 체계는 환경 상황에 따라 다른 상태를 취할 수 있도록 폭넓고 다양한 연결 가능성을 마음대로 사용할 수 있다.

사건의 개념을 도입하는 것은 사회적 체계와 심리적 체계에서 상호침투 관계(「상호침투」 참조)라는 개념과 관련된 추가 결과를 낳는다. 소통과 생각은 각각 사건으로만 발생하기 때문에 사회적 체계는 심리적-구조적 특징을 내부적으로 나타낼 필요 없이 의식의 복잡성을 활용할 수 있으며 그 반대의 경우도 마찬가지이다. 모든 사건 하나하나가 의식과 소통의 한 요소로서 기능하지만 이 사건은 즉시 사라지고 또한 이는 각 체계에서 서로 다른 의미연관들을 구성하게 한다. 의식적인 작동으로 생성되는 것은 지속되지 않는 순간들에서만 사회적 및 소통적 관련성을 얻을 뿐이다. 즉 모든 개인은 소통을 시작하거나 소통의 수신인이 될 수 있지만, 소통은 그것이 일어나자마자 사라지며 또한 그것과 함께 심리적 사건과 사회적 사건의 공존도 사라지게 마련이다. 다음 순간에 새로운 후속 소통이 시작되어야 하거나 경우에 따라서는 시작되지 않아야 한다. 소통적 작동과 의식적 작동의 공존은 하나의 사건으로 환원되는데, 이때 소통으로서의 사건은 사회적 체계에 대한 선택성을 가지며 생각으로서의 사건은 의식에 대한 다른 선택성을 갖는다.

두 유형의 체계는 상대방 체계의 환경에 그대로 남아 있고 두 체계의 경계는 그대로 유지된다. 이 두 체계의 연동의 순간성은 그들이 서로 합쳐지지 않게 할 뿐 아니라 상호침투가 사라지다가 새로 생성되는 것을 보장한다. 그렇지 않고 만약 생각하고 말하는 모든 것이 계속 지속된다면 제어할 수 없는 혼란이 금방 나타날 것이다.

사건의 개념은 또한 '체계 변화'로 이해되는 것과 관련이 있다. 작동의 층위에서 의미구성 체계들은 매우 불안정하며, 이 체계들의 기초적 자기준거(「자기준거」 참조)는 요소들의 끊임없는 파괴와 생성으로 특징지어진다. 지속성이 없는 사건들로서의 요소들은 이전과 이후의 차이를 통해서만 식별될 수 있다. 즉 요소들은 변화될 수 없다. 반면 구조들만은 변화될 수 있는데, 이는 도리어 구조들의 동일성이 시간이 지남에 따라 상대적으로 안정성을 유지하게 되기 때문이다. 예를 들어, 과학 분야는 연구 개발을 이끄는 새로운 구별들이 확립되면 패러다임을 변경할 수 있다. 그러나 그런 일이 일어나려면 이 새로운 구별들을 지향하는 소통이 생성되어야 한다. 이것은 사회적 체계들이 기대구조들의 층위에서 스스로 학습할 수 있음을 의미한다. 그러나 이것은 소통의 층위에서는 발생할 수 없는데 소통의 흐름은 비가역적이기 때문이다. 따라서 시간화된 복잡성이 부여된 체계의 안정성은 구성적으로 불안정한 자기생산이 아니라 구조들에 기인해야 한다. 이러한 관점에서 기억(「시간」 참조)은 요소들을 유지하는 기능이 아니라 구조 생성 능력을 유지하는 기능을 한다. 이것은 요소들의 분해와 재통합의 끊임없는 재생산에 의해서만 가능하다.

이와 같이 볼 때 모든 사건은 이전과 이후의 차이, 즉 선행한 것과 뒤따르는 것의 차이에 의해서만 관찰될 수 있다. 자신의 상태만을 나타내는 대상들과는 달리, 사건을 식별하려면 두 상태, 즉 이전 상태와 이후 상태를 구별해야 한다. 이것은 사건에 역설적인 특성을 부여하는데, 왜냐하면 이 사건은 이전도 이후도 아니고 이 구별의 통일성이기 때문이다. 즉 사건의 동일성은 그 자체가 하나의 구별이며 모든 사건에는 이전과 이후 양자가 항상 존재한다. [G. C.]

Systeme verstehen Systeme, 1986; The Autopoiesis of Social Systems, 1986; Selbstreferentielle Systeme, 1987.

사랑
love, Liebe

　사회적 체계의 관점에서 사랑은 감정(이 측면은 심리적 체계들에 관계된다)으로 관찰되는 것이 아니라 상징적으로 일반화된 소통매체(「상징적으로 일반화된 소통매체」 참조)로 관찰된다. 사랑이라는 이 소통매체는 감정을 성공적으로 표현하거나 부정하는 것을 촉진하며, 이를 통해 상응하는 기대들이 생성되고 개연성이 낮은 특정 조건에서도 소통을 수용할 가능성이 더 높아진다.

　근현대(17세기 이후)에는 인격의 개별성이라는 의미론적 표상에 기초하여 사랑이 분화되었다. 그 후에 사랑은 개인 간 소통과 비개인적 소통을 분화시키는 기초 역할을 한다. 동시에 사랑의 재생산은 이러한 분화에 달려 있다(「가족」 참조).

　사랑은 개인 간 친밀한 소통의 특정 비개연성에 관한 것이다. 자신에 대해 이야기하고 싶은 타자를 자아가 받아들이고 타자의 특이성을 수용하는 것은 좀처럼 있을 법하지 않은 일이다. 사랑은 더 높은 층위의 개인 간 소통을 더 가능하게 만들며, 이때 소통 참여자들이 다른 개인들과 자신들을 구별하고 자신들을 소통의 주제로 만들어 자신들에 대해 이야기하려고 한다. 이러한 소통이 일반적으로 비개연적이라고 하는 까닭은 말하는 이의 관점의 특이성과 독특성이 증가함에 따라 일반적으로 듣는 이의 관심과 공감대가 감소하는 것이 통례이기 때문이다. 타자의 관점은 독특하고 특수하며 극히 개인적이기 때문에 자아의 공감대와 지지를 요구하는 것은 매우 비개연적인 일이 된다. 그럼에도 여기에서는 특별한 무언가가 보편적인 관련성을 얻는다. 즉 타자 자체가 관련되어 있는데, 왜냐하면 그/그녀는 있는 그대로이면서 동시에 자아가 자신의 관점을 고려하고 지지하고 확인하기를 요구하고 있기 때문이다. 사랑은 이처럼 인격의 급진적인 개인화를 고려할 수 있기 때문에 개인 간 친밀한 소통을 가능하게 만든다.

특별한 귀속 구도가 사랑이라는 매체와 결합되어 있다. 즉 (사랑받는) 타자의 체험이 (사랑하는) 자아의 행위를 유발한다. 타자가 자신의 행위를 체험하는 방식에 대한 자아의 지향은 사랑에만 국한되지 않는다. 우리는 종종 관찰자의 관점에서 특정 행위의 결과에 대해 묻고 한다. 여기서 더 중요한 것은 이러한 지향이 응축되어 이해, 합의, 지지에 대한 타자의 추구가 자아의 세계관의 기초가 된다는 점이다. 이리하여 사랑은 자아가 자신의 행위에 대한 기초로 타자의 체험을 받아들이는 경우와 같은 비개연성(예를 들어, 타자가 어떤 TV쇼를 좋아하기 때문에 자아가 그것을 시청하게 되는 경우와 같은 비개연성)의 문제를 해결한다. 자아는 타자의 체험이 자아가 관찰하고 행위하는 방식의 기초가 될 때 사랑하고 있는 것이다. 그러므로 사랑은 상대방의 눈을 통해 세계를 구성하는 매체이다. 자아는 타자의 세계에 통합되고 이 세계 속에서 자신을 관찰하며 타자의 자기중심적 기획을 수용하거나 거부해야 하는 양자택일에 직면한다.

기능적으로 분화된 사회의 의미론(「가족」 참조)에서 사랑이 라는 매체는 주로 열정으로 상징되었다. 이 경우, 사랑하는 사람들은 다른 것으로 바꿀 수도 또 설명할 수도 없는 고통을 겪는다. 하지만 20세기에는 이해로서의 사랑의 상징화가 널리 퍼졌다. 즉 이때 자아의 관찰은 타자가 그/그녀의 환경과 맺는 관계까지를 포함한다.

이러한 이해를 달성하기 위해 사랑은 인격에 대한 지향을 사용한다(「포함/배제」 참조). 타자는 그/그녀가 자기 자신 및 환경 과의 관계에서 파악되기 때문에 인격이다. 따라서 인격에 대한 지향은 자아가 이 환경에 대한 정보를 처리하기 위해 타자에게 환경 역할을 하는 것과 구조 역할을 하는 것을 관찰하도록 허용한다. 이해는 또한 소통을 포기하는 것을 의미한다. 즉 타자는 그/그녀의 기대가 가능한 가장 직접적인 방법으로 자아 의 행위를 유발하기 때문에 질문할 필요가 없다. 사랑은 소통을 피한다는 점에서 소통을 가능하게 만든다.

사랑이라는 매체는 친밀성에 포함된 것과 친밀성 결여가 의미하는 것(이 결여는 사랑에 낯선 것이라는 의미에서가 아니라 사랑의 관점에 따른 사랑의 부정, 즉 이별이라는 의미에서이다)을 구별해야 한다. 따라서 그것은 사랑과 사랑이 아닌 것을 구별하고 한쪽에서 다른 쪽으로 전환하는 것을 가능하게 하는 인격에 대한 관련이다.

사랑의 올바른 귀속 조건을 규정하는 프로그램들은 대부분 공유된 역사를 기억하는 형식을 취하는데, 이때의 형식은 약호 값의 할당 가능성들을 제한한다("우리가 함께 보낸 멋진 주말" 등등). 사랑의 반성성은 사랑이 오직 사랑에 의해서만 동기 부여될 수 있고 오직 사랑과만 관련되며 그것이 다른 사랑과 결합될 수 있을 때만 발전한다는 사실로 표현된다. 성에 대한 참조들인 공생적 상징들을 통해 사랑은 상대방의 육체성에 의해 교란될 수 있다.

사랑은 수시로 변하고 변화무쌍하다(「가족」, 참조). 특히 타자의 요구는 타자가 자신을 한 인격으로 개인화할수록 더 높아진다. 한편, 타자를 사랑하는 사람은 항상 이러한 요구를 충족해야 하지만 개인화 수준이 높을수록 갈등을 일으키기 쉽기 때문에 사랑을 위태롭게 한다. 우리는 자아의 행위가 실제로 자신의 세계가 아니라 타자의 세계를 지향하는지 여부를 항상 자문해 볼 수 있다. 그러나 이 물음에 대답할 수 없는 이유는 침묵도 한 인격에게 귀속되므로 그것 역시 소통으로 작용하기 때문이다. 모든 행동이 각각 인격들에 귀속되기 때문에 갈등이 쉽게 발생하며, 이러한 귀속은 친밀성 지향이 여전히 유효한지 또는 문제로 인한 압력을 받았는지 여부를 드러낸다. 모든 행동이 그때마다 사랑을 시험하기 때문에 사랑에 있어 일상적인 사소한 다툼을 추구할 가능성은 리스크를 수반한다. 하지만 갈등 역시 인격에 대한 지향을 포기할 수 없으므로 모든 갈등은 사랑에 의문을 제기할 수 있다. [C. B.]

Liebe als Passion, 1982; Die Gesellschaft der Gesellschaft, 1997, S. 344 ff., 987 f.; Sozialsystem Familie, 1988.

사회

society, Gesellschaft

사회는 사회적 체계의 특정 유형이다(「체계/환경」 참조). 사회는 모든 소통을 통합하는 사회적 체계이다. 따라서 사회 외부에는 어떠한 소통도 존재하지 않는다. 사회는 소통에서 파악되고 실현될 수 있는 가능성들을 제한하기 때문에 사회적 복잡성의 경계를 형성한다. 특정 사회적 체계들의 모든 분화는 사회 내에서 발생한다.

전통 사회학의 상응하는 정식화와 달리 사회의 요소는 개인, 개인 간의 관계, 또는 사회적 역할이 아니라 소통이다. 사회의 경계도 영토의 경계가 아니라 소통의 경계이다. (심리적 및 신체적 체계로서의) 개인은 사회의 환경에 있으며 사회는 환경 내 체계로서의 개인과 관련된다(「구조적 연동」, 「상호침투」 참조).

사회는 상호작용, 조직과 함께 사회적 체계의 한 유형일 뿐이다. 사회의 특성은 복잡성 축소의 특정 효과로도 관찰될 수 있다. 사회는 복잡성의 최종적인 근본적 축소를 제도화하고 또 그렇게 함으로써 다른 모든 유형의 사회적 체계들(상호작용들과 조직들)의 작동을 위한 전제를 마련하는 그러한 사회적 체계이다. 사회의 선택성은 다른 모든 사회적 체계들의 선택성을 가능하게 한다. 즉 사회는 소통 영역에서 모든 추가 분화(「분화」 참조)의 기초이다.

사회체계societal system, Gesellschaftssystem는 사회 진화를 이해하는 데 있어 준거점이 된다. 사회체계는 항상 내부적으로 분화된다(「사회분화」 참조). 사회의 진화 과정에서 일차적 분화의 형식은 다양하다. 이 형식이 사회의 구조이다. 그러므로 사회 진화는 사회 구조의 변화들로 이루어진다.

사회는 주로 엄격한 제한 조건들 하에서 소통을 생성하는 부분체계들로 분화된다. 이 부분체계들은 상호작용이나 조직이 아니라 특정 관점에서 사회 전체를 재생산하는 특정 체계들이다. 이러한 부분체계들은 사회 구조의 변화에 따라 다양하다 (예를 들어 그것들은 기능체계들, 사회 계층들, 부족들 등이다). 이러한 체계들은 사회 내에 자리 잡고 있다. 그리고 이 체계들은 사회에 의해 수행된 첫 번째 복잡성 축소에 기초하여 특정 형식들의 소통을 구성할 수 있다.

사회이론은 사회적 체계이론의 특정 사례와 관련된 사회학 내의 특정 이론이다. 이 이론은 학문의 관점에서 사회에 대한 자기서술(「반성」 참조)을 제공한다. 즉 이 이론은 사회 자체를 주제화하는 사회 내부적인 관점이다. 그것은 자기생산적 부분체계, 즉 학문체계의 작동에서 비롯되기 때문에, 사회이론은 객관적인 현실을 반영하지 않고 사회의 관찰들 중에서 한 가지 특정 관점을 제공한다. 그 과학적 특성 덕분에 사회학적 관찰은 관찰자를 포함할 수 있기 때문에 다른 관찰들과 구별된다. 사회학은 사회에 대한 자신의 서술이 사회 자체의 내적 산물이라는 것을 알고 있다. 이러한 이유로 사회학은 이 서술의 구조적 조건을 반성할 수 있다.

사회학적 자기서술은 사회의 작동들이 형식을 띠는 의미차원들(「의미차원」 참조)을 주제화한다. 그것은 소통을 가능하게 하는 소통이론과 매체이론(사회적 차원), 진화론(시간 차원) 및 분화이론(사안 차원)으로 실현된다. 이러한 특정 이론들이 함께 사회이론을 구성한다. [C. B.]

Die Gesellschaft der Gesellschaft, 1997, S. 16 f., 78 ff.; Soziale Systeme, 1984; Soziologische Aufklärung I, 1970, S. 137 ff.; The Self-Description of Society, 1984.

사회분화

differentiation of society, Gesellschaftsdifferenzierung

사회의 일차적 분화는 부분체계들의 형성 및 체계/환경 관계들의 형성이다(『분화』 참조). 일차적 분화형식은 사회의 구조(『구조』 참조)이다.

분화형식은 전체 체계에서 부분체계들 간의 관계들이 실현되는 방식을 규정한다. 그것은 서로에게 환경에 속하는 체계들 간의 차이에 관한 것이다. 분화형식은 소통의 가능성들을 미리 선택하는 부분체계들 간의 관계에 질서를 부여하기 때문에 사회의 구조를 형성한다. 이런 식으로 그것은 사회가 도달할 수 있는 복잡성(『복잡성』 참조)의 경계들을 규정한다. 복잡성이 이러한 경계들을 초과하면 사회는 분화형식이 바뀔 때에만 재생산을 계속한다. 따라서 일차적 분화형식은 증가하는 복잡성의 압력에 노출될 때 진화적 변이의 대상이 된다.

각각의 새로운 분화형식에 따라 새로운 최대 복잡성 층위가 결정된다. 사회의 분화형식들은 부분체계들과 그 환경들 사이의 경계가 사회 내에서 어떻게 형성되느냐에 따라 달라질 수 있다. 그것은 다음 두 가지 구별들의 조합에서 비롯된다. 즉 (a) 체계/환경의 구별, (b) 부분체계들 간의 관계들에 관한 유사성/비유사성의 구별. 사회가 진화하는 동안, 네 가지 형식의 분화가 구조로서 작용해 왔다. 즉 유사한 부분체계들로의 분화(분절화), 중심/주변의 분화, 계층들로의 위계질서적 분화, 그리고 기능적 분화가 그것이다.

분절적 분화는 고대 사회에서 성별과 연령에 따른 분화의 첫 번째 단계를 거쳐 발생한 형식이다. 분절적 사회의 부분체계들은 분화 원칙에 따라 유사하다. 즉 이때의 원칙은 혈통(그 부분체계들은 부족, 씨족 또는 가족이다) 또는 거주지(그 부분체계들은 가구 또는 마을이다)이다. 또한 분절화는 주로 분화된 부분체계들(부족의 가족들, 마을의 가구들) 내에서 반복될 수 있다.

분절적으로 분화된 사회에서 복잡성은 특별히 높은 수준에 도달할 수 없다. 이때의 각 부분체계는 사회 내부의 환경에서 다른 동등한 체계들만 관찰할 수 있으며, 사회는 전체적으로 제한된 선택성만을 가지고 있다. 이 사회에서 세계의 관찰은 항상 친숙함/낯설음의 차이에 기반을 두고 있으며, 모든 것을 친숙함으로 환원시키려는 체계적인 필요성을 지니고 있다. 부재 수신인에 도달할 수 있는 매체가 없기 때문에 모든 소통은 대면 상호작용으로 이루어진다(「확산매체」참조). 사회의 개념 저장고(「의미론」참조)는 구두로 전달된다. 상호성의 규범은 분화의 형식을 정의하는 부분체계들(부족, 가족, 마을 등) 간의 동등성을 유지하는 기능을 수행하기 때문에 기본적인 것이 된다.

사회 구조의 변화는 이 상호성 규범의 붕괴와 함께 시작된다. 서로 다른 종족 간의 접촉과 내부의 변화를 통해 가족 간의 부와 계급의 차이가 나타나 상호성은 더 이상 가능하지 않다.

이 과정의 결과로 형성된 사회들은 친족과 영토 통제의 원칙을 조합한다. 그럼에도 이 조합은 이전의 분화형식에서 형성된 두 가지 원칙 중 어느 하나의 우위성을 기반으로 한다. 거주지, 즉 영토성의 원칙은 중심과 주변의 분화로 이어진다. 혈통, 즉 친족 관계의 원칙은 사회적 계층들로의 위계질서적 분화로 이어진다. 이러한 두 가지 새로운 분화형식들에서 부분 체계들은 형성 원칙(영토 또는 친족)과 관련하여 유사하지 않다. 구조적 변화는 중심(도시)이나 상위 계층의 외부에서 분절적 분화를 동시적으로 유지함으로써 완화된다.

중심/주변의 분화는 문명/비문명 구별에 기반한 위계질서적 형식을 띤다. 문명화된 중심에서 시작된 소통은 사회가 차지하는 영역 전체에서 지배적이다. 불평등은 중심 또는 주변이라는 서로 다른 거주지에 기반한다. 분절화를 통해 등장한 고대 도시와 대제국 모두 권력과 관료 정치가 그 중심에 있기 때문에 이러한 분화형식을 보여준다. 이러한 분화형식의 문제는 중심과 주변 사이의 접점이 부족하다는 것이다. 따라서 중앙집권적 권력의 행사는 매우 제한적이다. 중심은 사회의 일종의 섬이다.

중심에서 새로운 분화형식이 발전하고 지배적이 될 수 있다. 상류층, 즉 귀족의 지배를 기반으로 한 계층화가 그것이다. 이 중요한 예는 중세 말에서 17세기 사이의 유럽의 경우이다. 이 새로운 분화형식은 중심의 계층화를 기반으로 하는 반면, 주변에서는 분절화가 계속 재생산된다. 계층화는 사회의 부분체계들이 불평등한 서열을 갖는 위계질서적 원칙의 가장 명확한 예이다. 이 불평등은 동족 결혼(즉 계층 외부의 결혼 금지)을 통해 상위 계층(귀족)이 폐쇄될 때 발생한다. 계층화란 상류층(귀족)과 하류층(평민) 사이에 자원과 소통의 기회가 불평등하게 분배되는 것을 의미한다. 그다음에는 이 두 계층 내에서 추가 분화들이 발생한다.

위계질서의 원칙 내에서 계층화된 사회의 부분체계들 간의 관계는 항상 서열과 관련될 수밖에 없다. 상위 계층은 불평등을 통해 사회의 내부 질서를 결정한다. 반면에 평등은 예를 들어 귀족 가문들 간의 평등의 형태로 계층 내의 소통을 조절한다. 따라서 계층화는 불평등의 틀 안에서의 평등을 의미한다. 사회의 상위 계층 내의 내부 평등(이는 반드시 협력을 의미하지는 않는다)은 가용 자원에 대한 제한된 접근을 보장한다. 즉 소수의 가족만이 자원의 혜택을 받을 수 있기 때문에 평등은 소수의 가문으로 제한된다.

그러나 상위 계층 내의 내부 평등도 제한되는데, 계층들 내에서 추가 분화가 발생할 수 있기 때문이다. 사회의 상위 계층은 선택 능력을 축적하기 때문에 계층화는 이전 구조와 비교할 때 더 높은 복잡성의 형성을 허용한다. 중요한 개념 저장고는 사회의 상위 계층에서 생산되는데, 이는 글 쓰는 능력이 이 상위 계층에게만 한정되어 있고 하위 계층은 생존의 일상적 문제에 매여 있기 때문이다. 따라서 사회에 대한 자기서술을 생성하는 것은 상위 계층이다(「의미론」 참조).

계층화는 추가 진화적 변화를 가능하게 하는 명확하고 명백한 질서를 생성한다. 따라서 18세기 유럽에서 복잡성이 계층화에 비해 너무 커졌을 때 새로운 구조적 변화가 진행되고 있었던 것은 우연이 아니다. 이 경우 단일 기능을 지향하는 자기생산적 부분체계들에 의한 분화가 나타난다. 그러한 분화는 계층화의 위계질서를 무너뜨리고 오늘날 세계 사회의 특징을 이룬다.

기능적으로 분화된 이 사회에서 부분체계들은 각각이 수행하는 기능의 관점에서 유사하지 않다. 각 부분체계는 사회에서의 특정 기능에 따라 분화된다. 일차적으로 분화된 부분체계들은 정치체계, 경제체계, 학문체계, 교육체계, 법체계, 가족체계, 종교체계, 의료체계, 예술체계이다. 사회에서 가장 중요한 소통은 이러한 체계들의 기능에 따라 구조화된다.

모든 각 기능은 하나의 부분체계에 의해 자율적으로 수행된다. 각 부분체계는 자체 기능의 우위성을 기초로 삼는다. 따라서 각 부분체계는 자체 기능의 관점에서 사회를 관찰한다. 각 부분체계는 기능의 수행에 외부로부터의 간섭을 용인하지 않는 이항적 구별(「약호」 참조)에 의해 안내된다. 각 부분체계에서 약호는 다른 부분체계들의 구별을 거부하지만 전체 사회와의 관련성을 수용한다. 예를 들어 경제체계에서는 과학적 진리에 대한 지향은 거부되지만 사회에 대한 학문의 관련성은 받아들여진다. 논리학자 고트하르트 귄터가 도입한 개념을 사용한다면, 기능적으로 분화된 사회는 다맥락적 사회로 정의할 수 있다. 많은 약호들이 각기 서로를 거부하지만 동시에 유효하기도 하다.

기능들 간의 관계는 사회 전체의 층위에서 위계적으로 질서 지어져 있지 않다. 따라서 체계들 간의 차이는 더 이상 위계질서를 기반으로 하지 않는다. 각 체계가 고유한 기능을 기초로 삼고 있고 따라서 기능들 간의 차이가 있음에도 불구하고 사회에는 중심도 없고 정점도 없다. 모든 기능들은 사회에 필수적이기 때문에 반드시 수행되어야 한다. 따라서 어떤 기능도 다른 기능들보다 우위를 점할 수 없다. 이 점의 추가적인 결과는 사회를 어떤 단일 관점(중심 또는 정점)에서 자기서술하는 것이 불가능하다는 사실이다.

기능적으로 분화된 사회에서 부분체계들은 세계를 결코 (분절적 사회에서처럼) 획일적으로 관찰하지도 않고 (계층화된 사회에서처럼) 독단적으로 관찰하지도 않는다. 체계/환경 차이는 관찰하는 부분체계에 따라 다른 의미를 갖는다. 모든 기능체계는 작동상 폐쇄되어 있고 그 고유한 구별에 따라 선택을 생성한다. 모든 부분체계는 다른 기능들도 수행된다는 전제조건하에서 매우 복잡한 환경을 허용한다. 이리하여 이전 사회들과 비교하여 중복이 감소하고 변이가 증가한다(「중복/변이」참조). 사회 전체의 문제는 각 부분체계에서 처리되며 각 부분체계는 고유한 유형과 해결책을 만들어낸다. 따라서 서로 다른 기능체계들에서 사회의 가장 중요한 문제가 동시에 처리되는 셈이다. 사실들, 사건들 및 문제들이 작동상 폐쇄된 부분체계들의 특화를 통해 일반화된다. 이전 사회들에 비해 복잡성이 증가하는 것은 이처럼 서로 우위를 점하지 않는 관찰의 다면성에서 비롯된 것이다.

각 부분체계는 사회뿐만 아니라 다른 부분체계들도 관찰할 수 있다. 이 경우에 우리는 성과에 대해 이야기한다. 각 기능체계는 주로 사회에 미치는 기능과 관련되지만 동시에 다른 부분체계들에도 성과를 제공해야 한다. 예를 들어, 정치체계에서 경제를 위한 법률이 제정되고, 경제체계에서 과학 연구에 자금이 지원되며, 교육체계에서 노동을 위한 교육이 제공된다. 이것은 기능체계들이 반드시 자율적으로 작동될 뿐만 아니라 고도로 상호의존적이라는 것을 의미한다. 그런데 이 상호 의존성은 서로 다른 체계들 각각에서 다른 의미를 갖는다. 예를 들어, 교육체계는 정치체계를 법체계와 다르게 관찰한다. 정치체계에게 이 같은 서로 다른 관점들은 교육체계의 환경들이나 법체계의 환경들에서 찾아볼 수 없는 하나의 환경적 분화이다.

소통적 사건들은 또한 다른 부분체계들에 의해 동시 작동으로 식별될 수도 있다(「구조적 연동」 참조). 예를 들어, 결혼은 법적 소통이자 가족 내 소통(그리고 아마도 종교적 소통)이다. 그러나 관련된 기능체계들의 작동상 폐쇄성은 결코 깨지지 않으며 실제로 내부 소통의 지속을 규정한다. 예컨대, 결혼 후 가족의 소통은 법률을 지향하지 않으며, 배우자의 법적 지위는 사랑에 대한 물음을 지향하지 않는다.

사회 및 다른 부분체계들 외에도 기능체계는 자기관찰을 향상시키는 반성(「반성」 참조)을 통해 자신을 관찰할 수도 있다. 예를 들어 교육체계가 교육학의 도움으로 자신을 서술할 수 있는 것처럼 정치체계는 정치이론의 도움으로 자신을 서술할 수 있다. 모든 체계는 반성을 통해 자신을 환경에서 분화된 것으로 관찰할 수 있는 가능성, 즉 다른 체계들(사회 또는 다른 부분체계들)과 관련될 수 있는 가능성에 접근한다.

스스로를 재생산할 수 있으려면 모든 기능체계는 (사회에 대한) 자신의 기능, (다른 부분체계들에 대한) 자신의 성과 및 (자신에 대한) 반성을 분화하고 결합할 수 있어야 한다.

기능적으로 분화된 사회는 기능체계의 첫 번째 예이다. 이 사회는 영토의 불연속성에 의해 제한되지 않고 세계에서 생성되는 모든 소통을 포함한다. 근대 이전 시대에는 각 사회가 영토적 경계에 의해 정의되었으며, 그 경계 너머에는 다른 소통 조건들이 유효했다. 그러나 오늘날에는 서로 다른 기능체계들(가령, 경제체계, 정치체계, 교육체계, 과학체계 등)이 영토적 경계 내에서만 수행되는 것이 아니라 전 세계적으로 동시에 수행되고 있다. 따라서 사회의 통일성은 더 이상 이러한 영토적 경계를 통해 규정될 수 없다. 지리적 지역들 사이의 차이는 (개발 지역과 저개발 지역들 간의 구별이라는 도움으로) 오로지 기능적으로 분화된 전체 사회와 관련해서만 관찰될 수 있다.

기능적으로 분화된 사회에서 분화 패턴으로서의 계층화와 분절화는 사라지지 않는다. 그러나 그것들은 더 이상 일차적 분화형식이 아니므로 새로운 의미를 띠게 된다. 계층화는 더 이상 사회의 기본 전제가 아니더라도 그것은 기능적 분화의 효과를 통해 끊임없이 재생산되고, 다소 공공연한 사회 계급들로의 분화로 강화되기까지 한다. 분절화는 기능들에 의존하는 조직 형식들에서 재생산된다. 예를 들어, 정치체계에서 단일 민족국가들의 분화, 경제체계에서 기업들의 분화, 교육체계에서 학교들의 분화 등이 그것이다.

기능에 따른 분화는 각 기능체계가 사용할 수 있는 가능성들의 지평을 넓히고 분화하며, 부분체계들의 자율성과 상호의존성 간의 관계를 풍부하게 하며, 사회의 변동을 유발하고, 이전의 분화형식들에 비해 선택성 요건을 높인다. 이는 사회적 체계들과 심리적 체계들에서 매우 높은 수준의 복잡성을 유발하기 때문에 장점과 문제점을 모두 의미한다. [C. B.]

Die Gesellschaft der Gesellschaft, 1997, S. 609 ff.; Gesellschaftsstruktur und Semantik I, 1980; Ökologische Kommunikation, 1986; Differentiation of Society, 1977.

사회적 체계

social system, Soziales System

사회적 체계는 환경과의 차이(「체계/환경」 참조)에서 구성되는 자기생산적이고 자기준거적인 체계(「자기준거」, 「자기생산」 참조)이다. 그것은 하나의 의미구성 체계이다(「의미」 참조). 사회적체계의 작동들 및 최종 요소들은 소통들이다(「소통」 참조). 그리고 하나의 사회적 체계가 아니라 많은 사회적 체계들이 있다. 자기촉매를 통해 사회적 체계들은 소통에 의해 처리되는 이중우연성(「이중 우연성」 참조) 문제에서 생성된다.

사회적 체계의 개념은 각 체계에 대한 서술의 본질을 정식화하는 일반 체계이론과 관련이 있다. 그리고 사회적 체계들을 다른 유형의 체계들과 구별하고 상이한 유형들 간의 결합을 확정하는 세 가지 분석 층위가 있다.

첫 번째 층위는 일반 체계이론의 개념화이다. 일반 체계이론의 패러다임 전환은 사회적 체계이론에 중요한 영향을 미친다. 이 전환이란 부분들로 구성된 전체 체계에서 체계가 자기생산적이고 작동상 폐쇄되어 있는(「자기생산」 참조) 체계와 환경간의 구별로 이동하는 것이다. 체계는 자신의 작동을 통해자신의 작동들을 재생산할 수 있는 경우에만, 즉 이러한 작동들

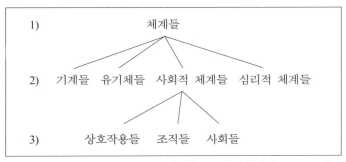

도식 1. (*Soziale Systeme*, 1984, S. 16; 국역본 『사회적 체계들』, 2020, 76쪽)

의 네트워크에서만 존재한다. 자기 재생산의 자기생산적 과정
이 체계의 작동상 폐쇄성을 규정한다.

　　그러나 이러한 일반적인 정의는 사회적 체계들의 분석에
충분하지 않다. 사회적 체계들을 관찰하려면 먼저 다른 유형의
체계들(생명체계들 및 심리적 체계들)과 구별하고 분석 층위들 간의
혼합을 피해야 한다. 무엇보다도 한 층위에서 동일한 것을
다른 층위들에서도 동일한 것으로 간주해서는 안 된다.

　　위의 도식의 두 번째 층위에서 우리는 사회적 체계들의
특수성을 나타내고 그 체계들을 다른 유형의 체계들과 구별하
게 하는 개념들을 발견한다. 여기서 중심 개념들은 의미와
소통이다. 의미의 개념은 사회적 체계들과 심리적 체계들을
세포, 유기체, 두뇌와 같은 생명체계들로부터 구별하게 한다.
사회적 체계들과 심리적 체계들은 의미구성 체계들이다. 자기

생산적이고 의미구성적인 체계들로서의 사회적 체계들의 특수성은 이 체계들의 작동이 소통이라는 점이다. 사회적 체계들은 의미라는 매체에 기반한 소통 네트워크에서 소통을 통해 소통을 생성한다. 이것은 사회적 체계들을 생각의 작동에 기초한 심리적 체계들과 구별하게 한다. 즉 생각은 소통을 통해 작동하는 사회적 체계들에 포함될 수 없다.

처음 두 층위의 정식화는 사회학적 전통과는 달리 더 이상 안정성 문제를 출발점으로 삼지 않는 사회적 체계들의 분석으로 이어진다. 안정성 문제 대신, 사회적 체계들의 문제는 환경과 관련하여 자기생산을 지속하는 점이다. 이중 우연성의 초기 문제는 지속성이 없는(즉 발생하자마자 사라지는) 소통들이(「사건」 참조) 어떻게 지속적으로 생성되고 또 서로 접속될 수 있는지에 대한 물음으로 전환된다.

세 번째 층위에서 사회적 체계들은 상호작용(「상호작용」 참조), 조직(「조직」 참조) 및 사회(「사회」 참조)라는 세 가지 유형으로 구별될 수 있다. 우리는 이 중 한 유형을 다른 유형으로 환원할 수도 없고 어떤 유형의 우위성을 전제로 하는 모델을 사용할 수도 없다. 사회적 체계이론은 사회 현실을 이 세 가지 유형 그리고 이들의 자율성과 상호 의존성에 의거하여 설명한다. 이러한 이유로 우리는 더 이상 탤컷 파슨스가 한 것처럼 사회적 체계이론을 단수로 말할 수 없고 복수형의 사회적 체계들에

대해 말해야 한다. [C. B.]

Soziale Systeme, 1984; Ökologische Kommunikation, 1986; The Autopoiesis of Social Systems, 1986; Insistence on Systems Theory, 1983.

사회학적 계몽

sociological enlightenment, Soziologische Aufklärung

사회학적 계몽의 개념은 루만 사회학의 일반적인 프로그램을 가리킨다. 계몽은 관찰(「작동/관찰」 참조)을 전제로 한다. 모든 관찰은 구별에 기초한다. 계몽의 작동은 관찰에서 특정 구별을 사용한다. 가령, 심리적 체계들의 관찰에서 의식적/무의식적의 구별, 그리고 사회적 체계들의 관찰에서 명시적/잠재적의 구별이 그것이다. 명시적/잠재적의 구별은 특별히 사회학적 계몽을 나타낸다.

역사적으로 계몽은 18세기 유럽 사회가 계층화된 분화에서 일차적인 기능적 분화로 이행하는 과정에서 나타났다(「사회분화」 참조). 이 역사적 시기에 계몽은 인간 이성을 전개하는 것으로 이해되었고 이것은 사회에 합리성과 정의를 가져다주었다. 이 첫 번째 계몽과 달리 사회학적 계몽은 기능적으로 분화된 사회의 발전에 따른 반성(「반성」 참조)의 능력을 전제로 한다. 사회학적 계몽은 사회적 체계들의 관찰 능력의 확장, 즉 세계의 복잡성(「복잡성」 참조)을 포착하고 축소하는 능력으로 이해된다. 따라서 이 계몽의 수단은 관찰할 수 있는 사회적 체계들이다.

사회학적 계몽은 사회 내의 잠재적인 것을 관찰하고 그것을 명시적인 것과 구별할 수 있는 가능성을 낳는 데서 일어난다. 잠재성은 가능성들이 규정되거나 규정 가능하더라도 체계에서 사용될 수 없는 경우에 일컬어진다. 모든 사회적 체계에는 잠재성이 있다. 왜냐하면 모든 사회적 체계는 상대적으로 문제없이 자신의 통일성을 유지하기 위해 관찰에서 자기생산의 특정 조건들을 보류시키기 때문이다. 따라서 사회적 체계의 경우 내부 질서의 특정 원칙들을 보호(보장)하는 동시에 그것들을 관찰(주제화)에서 배제하는 것이 유용할 수 있다. 관찰의 비합목적성과 보호의 합목적성은 특정 구별들을 부여하고 다른 구별들을 (잠재적인 것이 되게 함으로써) 배제하는 체계의 구조(「구조」 참조)에 의해 규정된다. 잠재성은 항상 우연적이다. 즉 어떤 잠재성들이 명시적이 될 수 있고 다른 것들이 그 자리를 대신할 수 있다. 구별들을 관찰하는 가능성(합목적성)은 사회 구조들의 변화에 따라 다르다.

관찰 능력의 확장, 즉 사회의 복잡성 문제를 처리하는 능력의 확장은 학문체계와 그 안에서 사회학의 분화에 달려 있다. 이러한 분화는 잠재성을 관찰하게 하고 자명하게 보이는 것을 우연적인 것으로 설정할 수 있게 하지만 그럼에도 전체 사회의 층위에서 보호 기능을 포기하지 않게끔 한다. 체계이론을 통해 사회학은 사회가 잠재성을 유지하는 가능성을 포기할 필요 없이 자신이 관찰하는 것의 복잡성을 나타낼 수 있다. 계몽은 또한 학문과 사회학이 고유한 잠재성을 특징으로 하기 때문에 이것들을 고려한다. 물론 학문과 사회학은 다른 체계들보다 더 큰 관찰 능력을 제공하지 않는다. 그러나 학문과 사회학의 장점은 그것들의 관찰이 그들 자신의 작동들의 결과임을 관찰할 수 있다는 데 있다.

사회학적 계몽은 사회의 잠재적 구조들과 기능들을 명확하게 하는 것을 의미할 뿐만 아니라 (구조들과 기능들로 사용될 수 있는) 다양한 등가물들을 서로 비교하는 것을 의미한다(「기능적 분석」 참조). 체계가 잠재성의 기능을 인식할 때 그것은 또한 사용 가능한 동등한 대안들을 관찰하기 때문이다.

계몽은 체계의 우연성에 대한 (심리적 체계들에서의) 의식과 (사회적 체계들에서의) 소통 가능성을 촉진한다. 그러나 계몽은 또한, 잠재성 때문에 사회가 볼 수 없는 것을 볼 수 없다는 사실을 보여준다. 그러므로 계몽은 잠재성의 기능이 그 기능 자체를 잠재적 상태로 유지할 것을 요구한다는 것을 명백히 한다. [C. B.]

Soziologische Aufklärung, 1967; Soziale Systeme, 1984.

상징적으로 일반화된 소통매체
symbolically generalized media,
Symbolisch generalisierte Kommunikationsmedien

상징적으로 일반화된 소통매체들은 소통의 성공 개연성을 보장하는 특별한 구조들(「구조」 참조)이다. 이 소통매체들은 기대를 실망으로부터 보호할 수는 없지만 거부 가능성이 있을 때도 수용에 대한 기대를 불러일으킨다. 이 소통매체들의 기능은 소통이 이해된 후에 분명해지는 수용과 거부의 구별에 관한 것이다(「언어」 참조). 그러한 소통매체들은 권력(또는 권력/법), 과학적 진리, 화폐(또는 소유/화폐), 사랑, 예술, 가치이다. 이 모든 매체들은 기능적으로 분화된 사회(「사회분화」 참조)의 발생과 연결된다.

언어(「언어」 참조)는 이해를 가능하게 한다. 따라서 언어는 소통을 거부하는 것도 가능하게 한다. 소통의 거부는 참여자들이 서로를 알지 못하는 경우(왜 모르는 사람의 제안을 받아들여야 하는가?), 정보가 즉시 그럴듯하지 않은 경우(왜 개인적인 경험에 기반하지 않은 지식을 받아들여야 하는가?), 선택의 귀속이 문제가 되는 경우(납세의 이유는 무엇인가?) 등에 발생할 수 있다. 일반적으로 소통의 성공은 쉽게 가능하지 않은데 왜냐하면 자아는 자아 자신의 선택성의 전제인 타자가 제안한 선택(요청, 제안, 명령)을 거부할 수 있기 때문이다.

따라서 타자가 제안한 선택을 받아들이려는 자아의 동기는 다소 비개연적이 되며 상징적으로 일반화된 소통매체들은 이 문제에 응답한다. 즉 이 소통매체들은 타자의 선택을 통해 자아의 동기를 조절할 수 있다. 이때 선택들을 연동케 하는 기준이 자아가 타자의 선택을 수용하도록 동기를 부여하는 기능을 한다. 따라서 상징적으로 일반화된 소통매체들은 선택과 동기를 결합하고, 또한 이에 의해 타자의 선택이 자아의 후속 선택의 기초로 받아들여지는 것을 가능하게 한다. 여기서 '수용'과 '동기' 개념은 자아의 심리적 체계와 관련되지 않는다. 수용과 동기의 심리적 조건들이 알려져 있지 않기 때문에 수용과 동기는 심리적 상태로 관찰되지 않는다. 오히려 우리는 상징적으로 일반화된 소통매체가 이 매체의 특정 형식(「매체/형식」 참조)을 통해 자아의 선택과 타자의 선택을 서로 연동시킬 수 있음을 관찰할 수 있다. 자아와 타자 모두 그들의 선택이 상징적으로 일반화된 소통매체에 의해 좌우된다는 것을 알고 수용한다. 예를 들어, 자아는 타자가 권력을 행사하기 때문에 벌금을 내라는 타자의 명령을 받아들인다. 또한 자아는 지구가 태양 주위를 돈다는 타자의 주장을 받아들이는데 왜냐하면 그것은 과학적 진리에 관한 것이기 때문이다. 그리고 자아는 자신이 타자를 사랑하기 때문에 저녁을 함께 하자는 타자의 제안을 받아들인다.

　상징적으로 일반화된 소통매체는 선택의 수용이 구체적인 상황에 의존하지 않을 때 그 기능을 수행한다. 즉 중요한 것은 개별 선택의 영향이 아니라 선택들을 조정하는 일반화된 조건의 존재이다. 여기서 '일반화'란 다수의 참조들을 하나의 통일성으로 취급하는 것을 의미한다. 특정 소통의 의미('의미', 참조)는 그 소통 자체에서 모두 소진되지 않고 참여자들이 다른 상황들, 다른 시점들 및 다른 소통 상대방들과 관련될 수 있는 단일 형식으로 응축된다. 매체의 일반화는 다수의 준거들 가운데서 통일성을 형성하는 상징들을 통해 이루어진다. 이러한 상징적 일반화 덕분에 매체의 형식은 보편적으로 적용될 수 있고(가령, 사랑은 상대방의 정체성, 만남의 상황, 관계의 이력에 관계없이 사랑이다), 온갖 특정 상황을 규정하지 않고서도 그것을 조정할 수 있다(예컨대 우리는 상대방, 상황 또는 관계의 이력에 따라 다른 방식으로 사랑할 수 있다). 즉 소통 참여자들의 선택들은 안정적으로 연동되며, 그 연동은 사례별로 특화된다.

　상징적으로 일반화된 매체들의 분화는 관련 문제의 분화, 즉 선택과 동기의 결합이라는 특정한 문제에 기초한다. 모든 소통에 상징적으로 일반화된 매체가 필요한 것은 아니다. 모든 소통이 구두로 이루어지는 분절적 사회에서 소통이 수용되거나 거부될 가능성은 다음과 같은 것을 기반으로 결정된다.

즉 공유되고 의심할 여지 없는 세계 경험, 공유된 기억, 참석자들에 의해 가해지는 압력, 관련자에 대한 직접적인 언급 등. 상징적으로 일반화된 매체들의 분화는 장거리 통신의 확산(「확산매체」 참조)이라는 맥락에서 소통의 수용 가능성이 증가함에 따라 사회가 진화하면서 발전해 왔다. 장거리 통신은 부재자를 대상으로 하며 알려지지 않은 미래 발전과 연결되어 있다. 이러한 조건에서는 한편에서의 선택과 다른 한편에서 그 선택을 수용하려는 동기 사이의 결합이 당연하게 여겨질 수 없다.

상징적으로 일반화된 소통매체들은 기능적으로 분화된 사회로의 이행과 함께 완전히 발전했다. 이러한 이행에서 상징적으로 일반화된 소통매체들은 소통의 성공이 수용과 거부의 구별에 달려 있는 일부 기능체계들(정치체계, 경제체계, 학문체계, 가족체계, 예술체계)의 형성에 촉매제 역할을 했다. 상징적으로 일반화된 소통매체들은 이 기능체계들의 작동상 폐쇄성과 통일성을 보장한다. 이 매체들은 환경의 소통 처리에 특화된 기능체계들(심리적 체계들, 신체, 초월적 의미 지평들)에는 존재하지 않는데, 왜냐하면 이러한 체계들은 소통의 성공 가능성이 낮은 주요 문제를 언급하지 않기 때문이다. 이러한 상황에서는 그 기능과 직접 관련되는 약호(「종교」 참조)가 개발되거나 혹은 상호작용 체계가 수용 가능성을 보장하는 중요한 기능을 담당한다(「교육」 참조).

선택과 동기의 결합이라는 특정한 문제에서 출발하여 상징적으로 일반화된 소통매체들의 분화는 연동된 선택들을 귀속(「귀속」 참조)시키는 방식의 분화에 상응한다. 선택들은 행위(전달) 또는 체험(정보)으로 귀속될 수 있다. 상징적으로 일반화된 소통매체들은 자아와 타자가 그들의 행위나 체험과 관련하여 관찰되는지 여부에 따라 분화된다. 그리고 상징적으로 일반화된 소통매체들의 분화는 행위나 체험으로 귀속되는 타자의 선택들과 자아의 선택들의 조합에 기반한다. 이러한 귀속 형식들은 이중 우연성의 비대칭화 그리고 타자에서 자아로 흐를 수 있는 소통의 강화를 가능하게 한다. 그것들은 선택의 조건화를 지시한다. 즉 어떤 선택이 체계(타자의 행위) 또는 환경(타자의 체험)에 명확하게 귀속될 때 자아는 이 선택에 자신의 행위나 체험을 기초하도록 동기를 부여할 수 있다.

네 가지 귀속 구도가 가능하며, 이들 각각은 상징적으로 일반화된 특정 소통매체와 관련이 있다.

(1) 자아의 행위는 타자의 행위가 설정한 조건들과 관련된다. 해당 매체는 권력(또는 권력은 법적으로 규제되어야 하므로 권력/법)이다.

(2) 자아의 체험은 타자의 행위가 설정한 조건들과 관련된다. 해당 매체는 화폐(또는 화폐가 소유물의 취득을 조절하기 때문에 소유/화폐)와 예술이다.

(3) 자아의 행위는 타자의 체험이 설정한 조건들과 관련된다. 해당 매체는 사랑이다.

(4) 자아의 체험은 타자의 체험이 설정한 조건들과 관련된다. 해당 매체는 과학적 진리와 가치이다.

루만은 하나의 요약으로 다음과 같은 도식을 제공한다.

	자아의 체험	자아의 행위
타자의 체험	타자의 체험 → 자아의 체험 **진리** **가치**	타자의 체험 → 자아의 행위 **사랑**
타자의 행위	타자의 행위 → 자아의 체험 **소유/화폐** **예술**	타자의 행위 → 자아의 행위 **권력/법**

도식 2. (*Die Gesellschaft der Gesellschaft*, 1997, S. 336; 국역본 『사회의 사회』, 396쪽).

상징적으로 일반화된 소통매체들의 가장 중요한 구조적 특징은 이항적 도식화에 기반한 약호(「약호」 참조)의 존재이다. 약호는 매체의 형식을 규정하는데, 이는 상징적일 뿐만 아니라 두 값 — 예를 들어 (화폐에서) 지불과 비지불 그리고 (진리에서) 참과 거짓 — 사이의 차이를 생성하기 때문에 '악마적'이기도 하다. 상징적으로 일반화된 소통매체는 약호의 두 값을 구별함으로써 각 사건과 각 상황에서 정보를 얻는다(예컨대 어떤 것이 참인지 거짓인지, 누군가가 지불하는지 지불하지 않는지 등).

약호는 두 값 중 하나('긍정' 값)에 대한 사회적 선호를 특징으로 한다. 그리고 이것은 약호가 이 값에서 자신의 자리를 찾을 수 있게 한다(참된 것에서 진리, 지불에서 화폐 등). 하지만 선호 약호가 선택들의 우연성을 제거하지는 않는다. 즉 사람들은 때로는 권력에 대항하여 행동하거나 혹은 권력을 남용할 수도 있다. 또는 과학적 진리를 받아들이기를 거부하고 다른 대안을 제시할 수도 있다. 그러나 선호 약호는 이러한 우연성을 매체에 의해 설정된 방향에 묶는다는 점에서 유리하다. 즉 우연성은 권력, 진리 또는 화폐와 관련되기 마련이다. 이것은 선택들의 연동의 성공 가능성을 강화한다.

약호의 한 값에서 다른 값으로의 전환을 용이하게 하는 것을 '기술화技術化'라고 한다(「약호」 참조). 이 기술화는 이차 약호의 개발로 촉진될 수 있다. 가령, 화폐는 소유의 이차 약호이고 법은 권력의 이차 약호이다. 또한 매체가 기능적 등가물들(「사랑」, 「예술」 참조)을 대신 사용하여 기술화를 개발하지 않을 수도 있다. 그러나 기술화는 더 큰 연결 가능성 및 상호의존 차단 가능성을 제공하므로 사회적 부분체계들의 더 쉬운 분화에 적합하다. 그리고 기술화는 체계의 작동상 폐쇄성을 용이하게 하므로 기능체계의 형성을 촉진한다. 한 가지 예외는 주요 약호 옆에 종속 약호를 개발하는 진리의 경우이다. 이 종속 약호는 주요 약호가 소통의 수용을 보장할 수 없는 경우 작동한다. 진리는 선택을 수용하도록 동기를 부여하기에 충분한 평가 기준을 제공하지 않을 수 있으므로 사람들은 학문에서 연구자들의 평판에 호소하기도 한다. 가치의 경우에는 궁극적으로 통일된 약호가 없다.

상징적으로 일반화된 소통매체들의 또 다른 중요한 구조적 특성은 다음과 같다. 첫째, 이들 매체는 과정적 반성성(예컨대 사랑은 사랑에 의해 자극되고 화폐는 화폐를 통해 획득되며 권력은 권력을 통해 얻어진다)을 강화하는데, 이 반성성은 매체를 매체 자신에게 의존하도록 만들기 때문에 매체의 분화에 기여한다. 둘째, 이들 매체는 일차 및 이차 관찰(「작동/관찰」참조)과 이차 조건 선택들을 구별한다. 예를 들어, 사랑에 빠진 사람은 자신의 연인이 여전히 자신을 사랑하는지 관찰하고, 투자자는 다른 투자자들이 어떻게 투자하는지 관찰하고, 정치 지도자는 다른 정치 지도자들이 어떻게 관련 이익과 필요를 관찰하는지 관찰한다. 셋째, 이들 매체는 프로그램(「프로그램」참조)을 사용하여 약호값을 할당한다(가령, 이론과 방법은 진리를 할당하고 투자 프로그램은 화폐를 할당한다). 넷째, 이들 매체는 공생적 상징들 또는 메커니즘들과 관련되어 있으며, 이것들은 소통이 참가자들의 신체에 의해 교란되는 방식을 결정한다(과학적 소통은 지각에 의해 교란되고, 화폐와 소유는 욕구와 관련되고, 사랑은 성과 관련된다). 마지막으로, 이들 매체는 너무 많은 신뢰가 주어져 너무 많이 사용될 때(가령, 정치적 결정이 약속되었지만 성공할 수 없는 경우) 인플레이션(평가절하)될 수 있으며, 혹은 이들 매체의 잠재적 신뢰가 개발되지 않아 거의 사용되지 않을 때(가령, 가능하고 지지받는 정치적 결정이 취해지지 않는 경우) 디플레이션(평가절상)될 수 있다.

상징적으로 일반화된 매체들 간의 관계는 약호의 특성에 따라 다르다. 각 매체는 주로 해당 약호가 제한된 영역에서만 유효하기 때문에 도리어 사회에서 일반화된 유효성을 갖는다(예를 들어 화폐는 경제적 유효성만 가지지만 사회 전체에 경제적 소통을 가능하게 한다). 더욱이 프로그램은 다른 매체의 영역 내에서 하나의 매체에 약호값을 부여하기 위한 구체적인 조건들을 규정한다. 예를 들어, 경제적 투자(화폐)는 과학적 연구(진리)의 실현을 가능하게 한다. 그러나 매체들 간에는 이행적 또는 위계적 관계가 있을 수 없다. 가령, 화폐는 진리나 권력으로 직접 전환될 수 없다. 또한 권력은 화폐로, 사랑은 진리로 바뀔 수 없다. [C. B.]

Macht, 1975; Generalized Media and the Problem of Contingency, 1976; Die Gesellschaft der Gesellschaft, 1997, S. 316 ff.

상호작용

interaction, Interaktion

상호작용은 소통 참여자들의 물리적 참석을 요구하는 사회적 체계이다. 상호작용이 일어나는 것은 물리적 참석에 대한 지각이 이중 우연성(「이중 우연성」 참조)에서 발생하는 소통의 기초를 이룰 때이다.

반성적 지각(지각의 지각)은 상호작용의 전前사회적 전제조건이다. 이때의 소통은 지각에 대한 상호 지각을 전제한다. 즉 참여자들은 자신들이 지각된다는 것을 지각한다. 자신들이 지각된다는 것을 지각하고 또 자신들의 지각도 지각된다는 것을 지각한다면, 이 소통 참여자들은 그들의 행동이 정보(「소통」 참조)로 이해된다는 것을 관찰할 수 있다. 이것은 소통을 하지 않는 것조차 소통(즉 소통의 거부)으로 관찰되기 때문에 소통을 피할 수 없게 만든다. 따라서 상호작용체계에서 소통을 하지 않는 것은 불가능하다.

선택의 원칙이자 상호작용체계를 구축하기 위한 유일한 전제조건은 지각에 기반한 물리적 참석이다. 불참한 사람은 상호작용적 소통에 기여할 수 없기 때문에 상호작용을 관찰하기 위한 기본적인 구별은 참석자와 불참자의 구별이지만, 참석한 모든 사람이 반드시 소통에 참여해야 하는 것은 아니다(예컨대, 술집에서 바텐더가 손님들 간의 소통에 반드시 참여해야 하는 것은 아니다). 참석/불참의 구별은 소통 경계에 대한 비교적 단순한 정의를 가능하게 한다. 즉 상호작용은 가장 단순한 사회적 체계이다. 그러나 가능한 소통들의 수數는 선택을 필요로 하기 때문에 상호작용은 여전히 하나의 복잡한 사회적 체계이다(「복잡성」참조).

상호작용의 복잡성은 이항적 도식들을 통해 처리된다(「약호」참조). 소통을 위한 선택들(「소통」참조)은 소통의 전제가 되는 차이 도식들에 따라 사전 구조화된다. 상호작용의 구조들인 이 도식들은 자아/타자(사회적 차원), 불변적/가변적(시간 차원), 내부/외부(사안 차원)의 세 가지 의미차원에 해당한다. 모든 상호작용에서 다음 세 가지 도식들이 모두 동시에 작동한다.

사회적 차원에서 선택들을 자아 또는 타자에게 귀속시키는 것은 책임과 의도성의 귀속 측면에서 상호작용을 조직한다. 즉 우리는 누가 무엇을 말했는지 알 수 있고 그에 따라 행위할 수 있다. 시간 차원에서 불변적 특성과 가변적 성취 간의 차이는 불변하는 것에 의해 규정되는 조건과 가변적인 것의 선택 사이의 구별을 가능하게 한다. 즉 한편에는 구조적 조건화가 있고 다른 한편에는 우연적 선택 과정이 있다. 사안 차원에서 자아 또는 타자로의 귀속은 내부적이거나 외부적일 수 있다.

내부적 귀속은 자아와 타자의 행위 이면에 있는 의도를 이해할 수 있도록 하는 반면, 외부적 귀속은 그들의 체험을 이해할 수 있게 해준다.

상호작용은 소통 생성의 최소 층위를 이룬다. 따라서 상호작용이 전혀 없다면 사회적 체계도 존재하지 않을 것이다. 그러나 상호작용은 사회(「사회」 참조)와 같지 않다. 상호작용들은 사회의 실현에 기여하는 동시에 사회 내에서 그들 자신을 분화하는 에피소드이다. 이때 사회는 상호작용의 전제조건이자 환경이다.

사회와 상호작용의 차이는 모든 소통이 상호작용적이고 구두로 이루어지는 가장 오래된 분절적 사회들에 이미 존재한다. 하지만 단일 상호작용이 모든 소통을 포함할 수 없으며 모든 상대방들이 항상 동시에 존재할 수는 없다. 이후 사회 구조의 변화(「사회분화」 참조)와 소통 수신자들에게 도달할 수 있는 새로운 가능성(「확산매체」 참조)에 따라 사회와 상호작용의 관계가 진화하고 변화한다.

계층화된 사회에서 상호작용은 사회의 위계적 구조에 의존한다. 동시에 이 사회에서는 문자의 발명으로 상대방의 참석 여부에 관계없이 소통이 가능하게 된다. 물론 이때도 상호작용은 사회 계층 내에서 중요한 기능을 유지하고 사회의 재생산에 필수적이다. 예를 들어 궁정에서의 상호작용은 특히 상위 계층과 관련이 있으며 따라서 사회와 관련이 있다.

기능적 분화, 인쇄의 발명, 그리고 이후 새로운 확산매체의 발명과 더불어, 비非-상호작용적(비쌍방향적) 소통이 점점 더 빈번해지고 사회에서 그 중요성이 계속 커지고 있다. 가장 개연성이 낮으면서도 사회적으로 중요한 소통(예컨대 지불, 학술 토론, 정치적 논쟁)의 상당 부분은 더 이상 참여자의 물리적 참석을 필요로 하지 않으며 (인쇄물, 텔레비전 및 컴퓨터를 통해) 부재자들도 포함한다.

이러한 상황에서 상호작용이 갖는 많은 구조적 제한이 나타난다. 우선 그것은 물리적 참석에 의존한다. 더욱이 한 번에 하나의 주제만 논의해야 한다. 또한 그것은 갈등, 불쾌한 소통 또는 위계질서를 강제하려는 시도에 직면했을 때 쉽게 해체된다. 참석자들은 쉽게 물러날 수 있다. 이러한 구조적 제한을 극복하는 일은 비-상호작용적 소통의 성공 가능성을 높이는 매체의 발명으로 가능해진다(「상징적으로 일반화된 소통매체」 참조).

사회는 특정 상호작용을 실현하기 위한 조건들을 전체적으로 규정하고 상호작용이 적응해야 하는 구조화된 사회적 환경을 (부분체계들 및 조직들 속에) 만든다. 상호작용들 자체는 종종 자신의 경계를 넘어선 문제들과 관련이 있다(예컨대 의회 토론, 실무 상담, 연인 간의 만남 등). 이러한 경우 상호작용은 새로운 의미와 중요성을 가질 수 있다. 예를 들어, 상호작용은 상호작용

외부에서 효력을 갖는 참여자들의 역할 기대를 무시할 수 있다
(예컨대, 의료적 상호작용은 환자의 정치적 또는 경제적 역할을 무시한다).
혹은 상호작용은 참여자를 (가족 내의) 전체 인격으로 포함하는
친밀성을 실현할 수 있다. 이렇듯 상호작용은 기능체계들(예컨
대, 경제체계, 정치체계, 학문체계, 교육체계, 가족체계, 의료체계) 내에서와
기능 없는 맥락들(극장 매표소 앞의 긴 행렬, 버스 안, 술집 안) 내에서
모두 관찰될 수 있다.

　　이러한 방식으로 이해될 때 사회와 상호작용의 구별은 미
시사회학(상호작용 분석)과 거시사회학(복잡한 사회적 체계들에 대한
분석) 간의 전통적인 구별과 양립할 수 없다. 이는 사회와 상호작
용이 사회적인 것의 서로 다른 수준들이 아니라 경계 설정의
유형, 소통의 구조적 규칙, 허용된 복잡성의 한계에 따라 구별
되는 체계준거들이기 때문이다. [C. B.]

Soziale Systeme, 1984, S.560 ff.; Schematismen der Interaktion, 1979; The
Evolutionary Differentiation of Interaction and Society, 1987; Die Gesellschaft
der Gesellschaft, 1997, S. 812 ff.

상호침투
interpenetration, Interpenetration

　　상호침투라는 개념은 상호 공동 진화로 발전하는 체계들 간의 구조적 연동(「구조적 연동」 참조)의 특정 방식을 말한다. 이 경우 이들 체계 중 어느 것도 상대편 체계 없이는 존재할 수 없다. 예를 들어, 상호침투는 의식체계들과 두뇌들 사이의 관계, 또는 심리적 체계들과 사회적 체계들 사이의 관계 — 이는 사회학적으로 가장 중요한 경우이다 — 에서 존재한다. 상호침투를 통해 각 체계는 다른(상대편) 체계의 작동들에 자신의 복잡성(「복잡성」 참조)을 사용할 수 있게 한다.

　　사회학이 우세하게 연결되어 있고 인간을 전체(심리적 체계와 유기적 체계의 통일성)로, 즉 더 이상 분할될 수 없는 사회의 최종 요소로 간주하는 인본주의적 전통과는 달리, 사회적 체계이론은 인간을 사회적 체계(이 체계의 최종 요소들은 소통들이다)의 외부에, 즉 체계의 환경에 위치시킨다. 그러나 이 결정은 사회에 대해 인간이 갖는 중요성을 평가 절하하는 것을 의미하지는 않는다. 왜냐하면 체계/환경의 주도적 차이로의 이행과 함께 체계이론의 패러다임 전환은 체계와 마찬가지로 환경에도 최소한 동일한 중요성을 부여하기 때문이다. 따라서 인간을 환경

에 위치 짓는 것은 인간이 사회에 의해 무시되거나 조종될
수 있음을 의미하지 않는다. 오히려 정확히 그 반대이다. 환경
은 항상 체계보다 더 복잡하고 또 체계에 의해 결코 규정될
수 없기 때문에, 인간을 사회적 체계의 환경에 위치 짓는 것은
인간을 사회적 체계의 요소들로 간주하는 경우보다 훨씬 더
큰 자유와 예측 불가능성을 부여할 수 있게 한다. 한편, 사회는
인간들의 소망이나 가정에 의해 결코 완전히 규정될 수 없으며,
사회의 복잡성은 항상 개별 심리적 체계들의 이해 능력을 초과
한다.

　소통체계들과 심리적 체계들(또는 의식)은 두 개의 명확하게
분리된 자기생산적 영역을 형성한다. 이 때문에 참여자의 심리
적 과정에 소통이 직접 개입하는 일은 일어나지 않으며(또한
소통되는 모든 것이 의식에 의해 수용되는 것도 아니다. 의식은 정보가 나타내
는 것을 자율적으로 규정한다), 소통에 의식이 작동적으로 개입하는
일도 일어나지 않는다(생각은 소통의 대상이 될 때만 사회적으로 관련되
며, 생각의 소통적 의의는 심리적 의의와는 별개이다). 그러나 이러한
두 가지 유형의 체계는 서로 밀접하게 결합되어 있으며 상호적
으로 '불가결한 환경의 몫'을 형성한다. 따라서 의식체계들의
참여 없이는 소통이 없으며 소통에 참여하지 않고는 의식의
발전이 없다. 사회는 의식체계들이 ― 통합이라는 열쇳말에
따라 사회학적 분석에서 서술되는 것과 같은 형식들 내에서

— 소통 과정에 충분히 포함되도록 해야 한다(「포함/배제」 참조).
각 심리적 체계가 높은 수준의 복잡성과 자기조절 능력을 달성
할 수 있는 것은 이러한 포함 덕분이다— 즉 사회적 체계들에
대한 참여를 통해 드러나는 사회화 과정 덕분이다.

구조적 연동의 모든 경우와 마찬가지로 두 개의 상호침투
체계의 우연의 일치는 나타나는 순간에 이미 사라지는 사건이
다. 그러나 소통과 의식의 관계의 특수성은 언어(「언어」 참조)를
통한 가용성으로 인해 이러한 우연의 일치가 우연히 발생하는
것이 아니라 예상되고 부분적으로 계획될 수 있다는 사실과
관련이 있다. 언어적으로 명확히 표현되는 소통의 특성은 현재
자리를 함께 한 의식체계들을 거의 불가피하게 '매료'시키고
자체 과정으로 끌어들인다. 예컨대 가까운 곳에서 대화가 진행
중일 때 그로부터 전혀 영향을 받지 않은 채 자신의 생각을
계속 이어가는 것은 거의 불가능하다. 그리고 동일한 강도로
언어적으로 분절된 소리는 (다른) 배경 소음보다 심리적 체계를
방해하는 능력이 훨씬 더 높다. 매체/형식(「형식/매체」 참조)의
구별과 관련하여 언어적 소통은 심리적 체계를 항상 소통 형식
을 취할 준비가 된 매체로 다룰 수 있다고 말할 수 있다. 한편,
의식은 언어를 사용하여 소통을 항상 자신의 형식들을 각인할
수 있는 매체로 취급할 수 있다. 왜냐하면 언어적으로 표현된
생각은 항상 소통될 수 있고 따라서 소통 과정이 심리적 자극을

처리하도록 강제할 수 있기 때문이다.

언어적 형식들의 특징인 유연성은 이 형식들이 서로 다른 체계들에 의해 (각각 고유의 방식으로) 매체로 취급될 수 있도록 하는 동시에 하나의 사건에서 우연의 일치(동시 발생)를 보장할 수 있게 해준다. 이를 통해 언어는 두 체계의 구조적 연동을 만들어낸다. 즉 두 체계는 항상 분리되어 있더라도 체계 복잡성의 구성에 상호 참여할 수 있다.

이러한 방식으로 — 수렴의 반복과 기대 가능성을 통해 — 상호침투 체계들의 공동 진화가 발생한다. 소통의 추상화와 복잡성 가운데 이루어지는 모든 발전은 의식체계들의 상응하는 발전을 전제하며 의식체계들로 하여금 점점 더 비개연적인 소통 맥락에 참여할 수 있게 해준다. 이렇게 변화된 의식체계들은 또한 소통으로 하여금 새로운 요구를 고려하도록 강제한다. 예를 들어, (의무교육을 통한) 모든 사람을 위한 교육의 도입은 사회의 심리적 환경에 큰 변화를 가져오고 있으며, 오늘날 사회는 교육 수준의 일반화로 인한 문제들에 대처해야 한다. 상호침투를 통해 체계들은 (상호 불투명한 조건하에서) 진화에 필요한 환경 조건들을 생성하고 동시에 (순환 과정에서) 추가 진화로 이어질 교란들을 만들어낸다.

따라서 상호침투는 상호 방해가 있는 순환적 관계에서 특히 효과적인 자극 작용을 발휘할 수 있는 작동상 폐쇄된 두 체계 간의 특권적 관계로 간주된다. 각 체계에게 이것은 상대편 체계의 복잡성 구성에 대한 기여를 의미하지만, 그러나 상대편 체계의 작동에 대한 개입을 의미하는 것은 아니며 이러한 복잡성을 제어할 가능성을 의미하는 것도 아니다.

물론 심리적 작동들과 사회적 작동들 간의 엄격한 분리가 소통 내에서 심리적 체계들과의 관련이 불가능하다는 것을 의미하지는 않는다. 그러나 이러한 관련은 소통 구조들을 통해 발생하는 것으로, 이 소통 구조들은 의식체계들의 자기생산에 의해 생성된 통일성들과는 구별되어야 한다. 소통은 이 목적을 위해 인격들의 동일성을 사용한다(「포함/배제」 참조). [E. E.]

Interpenetration — Zum Verhältnis personaler und sozialer Systeme, 1977; Interpenetration bei Parsons, 1978; Soziale Systeme, 1984, S. 286ff.; Wie ist Bewußtsein an Kommunikation beteiligt?, 1988.

세계
world, Welt

관찰자의 관점에서 세계는 체계와 환경의 차이의 통일성이다. 일반적으로 세계는 관찰자에 의해 만들어진 모든 구별의 통일성이다. 하지만 그것은 결코 통일성으로 관찰될 수 없다. 따라서 세계는 모든 관찰자에게 맹점盲點, 사각지대이다.

구유럽의 우주론에서 세계는 보이는 것과 보이지 않는 모든 것의 전체(사물들의 총체universitas rerum 또는 물체들의 집합aggregatio corporum)로 구성된 집합체로 이해되었다. 기능적으로 분화된 사회에서 이 개념은 '사물들'에 대한 관련을 상실하고 그 대신 의미의 미규정성과 관련된다(「의미차원」 참조). 시간 차원은 모든 계획과 예측을 우연적으로 만드는 개방적이고 불확실한 미래를 나타낸다. 사안 차원은 어떤 관계가 고려되어야 하는지를 미리 결정하지 않는 가능적 인과관계들의 끝없는(따라서 확정할 수 없는) 네트워크로 간주된다. 사회적 차원에서 개인들은 저마다 동등한 주체들로 간주되기 때문에 사회 질서는 더 이상 각 개인의 본성에 기초할 수 없다— 오히려 행위는 각 개인의 미규정성에 의해 발생한다. 이러한 배경에서 세계는 세 가지 의미차원을 모두 초월하는 총체적(궁극적) 지평이자 그 안에서 일어나는 작동들의 무정형적 상관 개념으로 이해될 수 있다. 세계는 과거와 미래, 관찰자와 관찰 대상, 자아와 타자적 자아의 통일성이다.

여기서 취한 관점의 추상화 정도를 높이고 조지 스펜서-브라운의 형식 계산과 관련시켜 본다면, 우리는 세계를 구별에 의해 두 부분으로 나뉘는 미표시 공간unmarked space, unverletzter Raum으로 이해할 수 있으며, 바로 이 세계 덕분에 내부 면과 외부 면(「작동/관찰」 참조)을 구별할 수 있게 된다. 다시 말해, 관찰자들은 오직 그들이 구별을 행하는 세계에서만 작동을 수행할 수 있다. 형식으로 지칭되는 선택된 구별은 무언가를 보이게 하는 동시에 작동 자체로 인해 구별로 나타낼 수 없는 것, 즉 구별 자체를 숨긴다.

그러나 세계는 자신의 관찰들과 서술들에 의해 구별될 수 있어야 한다. 왜냐하면 관찰들과 서술들 자체가 세계에서 일어나는 작동들을 통해서만 가능하기 때문이다. 오직 이런 식으로만 관찰과 서술을 위해 어떤 구별들이 사용될 수 있고 그 결과가 무엇인지 알 수 있다.

이러한 의미에서 세계는 역설적 개념(「역설」 참조)인데, 그 이유는 세계는 항상 규정성과 미규정성, 통일성과 차이의 조합으로 생각되기 때문이다. 세계는 외부와 구별될 수 없지만, 세계의 통일성은 예를 들어 자아와 자아 외부 사이의 차이 또는 체계와 환경 사이의 차이와 같이 차이로만 생각될 수 있다. 우리는 구별하지 않고는 지칭할 수 없다. 역설은 자기 자신 속에 자신을 포함하는 세계라는 관념에서 발생한다(「재진입」 참조). 하지만 우리는 어떻게 구별의 통일성을 이루고 있는 것을 구별할 수 있는가? 관찰자는 자신과 환경 사이의 구별의 통일성을 어떻게 나타낼 수 있는가? 우리는 구별이 양쪽 면 중 한쪽 면만을 통해 그것의 통일성, 즉 양쪽 면 모두를 나타내려 한다는 생각에서 출발할 때도 동일한 역설적인 상황에 직면하게 된다. 예를 들어 상징적으로 일반화된 소통매체(「상징적으로 일반화된 소통매체」 참조)의 약호들의 경우가 그러한데, 이 약호들은 자신에게 적용될 때 차이(약호의 차이)를 사용하면서도 동시에 그 차이의 통일성을 나타내야 한다. [G. C.]

Soziale Systeme, 1984, S. 283 ff.; Weltkunst, 1990; Die Gesellschaft der Gesellschaft, 1997, S.46 ff., 145 ff.

소유/화폐

property/money, Eigentum/Geld

화폐는 상징적으로 일반화된 소통매체(「상징적으로 일반화된 소통매체」 참조) 중 하나로, 이는 타자의 행위가 자아에 의해 체험되는 귀속 구도에 해당한다(「귀속」 참조). 이 타자의 행위가 희소 재화에 대한 접근에 영향을 미치지 않는 한, 상황은 문제가 되지 않는다. 즉 보통은 다른 사람들의 행위에 대한 자아의 관찰이 자신의 행위를 유발하지 않는다. 예를 들어 자아는 이웃 사람이 땅을 경작하고 있는 것을 관찰한다. 그러나 희소성 상황이 발생하자마자(예를 들어 토지가 제한된 경우), 타자의 접근(타자가 특정 토지를 경작한다는 사실)은 자아가 접근할 수 있는 남은 기회를 제한한다. 이런 경우에는 자아가 전혀 개입하지 않거나 자신을 그저 체험에 묶어두는 데 만족하지 않을 것이다.

소유/비소유의 관련 약호를 지닌 소유라는 소통매체가 이 문제의 맥락에서 나타났다. 소유할 수 있는 모든 대상과 관련하여 모든 사람은 소유자 또는 비소유자 중 하나가 되는 선택에 직면한다. 소유자라는 사회적 지칭은 자신의 재화를 자유롭게 처분할 수 있는 자유를 나타낸다. 모든 사람은 자신의 소유물로 원하는 것을 할 수 있고 이 권리는 사회에 의해 보장된다.

결과적으로 다른 사람들은 소유자의 매우 구체적인 선택을 자신들의 체험으로 받아들이고 개입하지 않도록 동기를 부여받는다. 소유자의 이러한 선택이 재화를 처분할 그들의 기회를 제한하는 경우에도 마찬가지이다. 재화의 교환을 가능하게 하는 재산은 첫 번째 형식의 경제적 분화(「경제체계」 참조)로 이어진다.

그러나 경제체계의 완전한 분화는 화폐를 통한 소유의 이차 약호화를 필요로 한다. 모든 대상이 화폐가치를 가질 때 소유는 화폐화된다. 긍정값(소유)은 이중화되어 이로부터 지불/비지불의 약호가 생성된다. 즉 화폐의 소유는 지불을 하거나 하지 않는 데 사용될 수 있다. 이제 소유자를 제외한 모든 사람이 재화의 향유에서 배제되는 것을 받아들이고 소유자의 선택을 수용할 가능성이 더 높아진다. 왜냐하면 모두가 다 화폐를 사용한다는 것은 동시에 그 화폐를 다른 사람에게 옮기는 것, 즉 소유의 유통을 의미하기 때문이다.

화폐화는 이 매체의 가용성과 조건화 가능성을 촉진한다. 첫째, 희소성의 이중화가 있다. 즉 재화의 희소성과 함께 이제 화폐의 희소성이 있다. 재화는 자산, 즉 화폐 총액의 등가물로 간주된다. 이제 일차적으로 희소한 것은 화폐이지 상품이 아니다(상품은 화폐로 살 수 있기 때문이다). 화폐는 단순히 지폐의 합이 아니라 유동성 자금으로의 이체 능력의 관점에서 본 모든 재산의 합이다. 이것은 무엇보다도 모든 사람이 항상 더 많은 돈을 필요로 하지만 특정 재화가 반드시 필요한 것은 아니라는 의미에서 희소성의 보편화를 낳는다.

이러한 발전은 화폐를 계량화할 수 있기 때문에 가능하다. 소유는 여전히 사물의 자연적인 불가분성에 묶여 있지만, 화폐는 마음대로 나누고 늘릴 수 있다. 따라서 우리는 가능한 모든 재화를 다른 재화와 비교할 수 있는데, 왜냐하면 각각에는 가격이 있기 때문이다.

화폐경제는 사회의 다른 영역들에서 완전히 분화될 수 있다. 왜냐하면 예를 들어 관련 당사자의 사회적 지위에 영향을 받지 않고 순수한 경제적 기준에 따라 교환이 이루어지기 때문이다. 또한 경제는 외부 제약이나 기억 제한에 의해 방해받지 않는 매우 높은 수준의 결합의 자유가 특징이다. 오히려 일반적인 의미에서의 지불, 특히 가격은 높은 수준의 정보 손실을 특징으로 한다. 예컨대 지불인은 화폐의 출처에 대한 정보를 제공하지 않으며 수취인은 그 돈으로 무엇을 할 것인지 설명할 필요가 없다. 이는 가격 지향적 체계가 거의 기억 없이 작동할 수 있음을 의미한다. 즉 우리는 누가 왜 지불을 실행했는지, 누가 지불을 실행하지 않았는지 기억하지 못한다. 그리고 수취인은 즉시 다른 결합에 화폐를 자유롭게 사용할 수 있다.

매체로서의 화폐의 인플레이션은 화폐의 가치가 그것으로

살 수 있는 재화의 가치에 비해 하락할 때 발생하는 반면, 디플레이션은 화폐의 가치가 그것으로 얻을 수 있는 재화에 비해 상승할 때 발생한다. 인간의 신체적 욕구는 화폐의 공생적 상징이다. 욕구의 개념은 화폐경제에서 일반화되고 기본적인 생존의 영역을 넘어 확장된다. 오늘날 그것은 생산과 관련될 수 있는 모든 것을 포함한다. [E. E.]

Die Wirtschaft der Gesellschaft, 1988.

소통

communication, Kommunikation

소통은 사회적 체계들의 기본 요소이자 작동(「작동/관찰」 참조)이다. 그것은 다음 세 가지 선택들 간의 차이의 통일성으로 구성된다. 즉 (1) 전달, (2) 정보, (3) 전달과 정보의 차이에 대한 이해.

타자가 정보를 전달한 것을 자아가 이해할 때라야 우리는 소통에 대해 말할 수 있다. 즉 이때의 정보가 비로소 자아에게 귀속될 수 있다. 정보의 전달(예컨대 타자가 "비가 와요"라고 말하는 경우)은 이미 독특한 방식으로 의도되고 있기 때문에 그것은 하나의 선택이다. 즉 그것은 의도, 동기, 이유 및 지식을 나타낸다. 소통은 이 정보의 전달이 이해될 때만 실현된다. 즉 정보("비가 와요")와 전달에 대한 타자의 의도(타자는 자아가 우산을 가져가기를 바란다)가 각기 서로 다른 선택으로 이해되는 경우 비로소 소통이 이루어진다. 그런 이해 없이는 소통도 없다. 예컨대, 타자가 자아에게 손을 혼들어 인사하는데 자아는 그 손짓이 인사라는 걸 이해하지 못한 까닭에 그대로 지나쳐버리는 경우가 그러하다. 이해는 소통의 근본적인 구별, 즉 전달과 정보 사이의 구별을 실현한다.

이러한 구별 덕분에 소통은 다른 사람의 행동에 대한 단순한 지각이 아니다. 따라서 자아가 타자를 보거나 그의 목소리를 듣는 것만으로는 충분하지 않다. 지각에는 정보와 전달의 구별이 없다는 점에서 지각은 소통과 다르다. 지각은 타자의 선택성을 파악하는 것을 허용하지 않는다. 예를 들어, 타자의 배에서 꼬르륵 하는 소리를 듣게 되더라도 나는 그의 위장에 전달의 의도가 있다고 여기지 않기 때문에 그의 위장과는 소통하지 않는다.

정보, 전달, 이해는 각기 선택이다. 타자가 무언가를(가령, "비가 와요") 말한다(전달한다)는 사실은 타자의 선택이다. 그는 말한 것에 대한 책임을 지고 있으며 그에게 기인되는 어떤 이유로 인해(예를 들어 날씨에 관한 질문을 받았거나, 혹은 자신이 집에 머무르는 편이 낫다는 것을 분명히 하고 싶기 때문에) 그렇게 말하는 것이다.

정보(예컨대, 비가 오고 있음)는 말한 내용과 그로 인해 배제된 내용(예컨대, 그것은 눈이 오거나 태양이 빛나고 있는 경우를 배제한다) 사이의 구별을 세계 속에 형성한다는 의미에서 하나의 선택이다. 여기서 중요한 것은 타자의 전달이라는 선택과는 구별되는 하나의 자율적인 선택이 성립한다는 점이다. 소통에서 정보는 한 참여자에 의해 말해지고 적어도 또 다른 참여자에 의해 이해된다. 따라서 소통에서 정보(「정보」 참조)는 단순히 (이쪽에서 저쪽으로) 옮겨지는 것이 아니라 특정 선택으로 구성되는 셈이다. 정보는 타자에게서 사라지거나 또 자아에 의해 획득되는 것이 아니라(즉 타자는 "비가 와요"라는 진술을 잃지 않고 있으며 자아는 이를 단순히 획득하는 것이 아니다), 타자에 의해 전달되고 자아에 의해 이해된다.

이해 역시 궁극적으로 하나의 선택인데, 왜냐하면 이해는 전달과 정보 사이의 특정 차이를 현재화하고(예컨대, 자아는 타자가 자신에게 화가 나 있어서 황망하게 인사하는 걸 이해한다) 이 차이의 현재화와 관련된 다른 가능성들을 배제하기(예를 들어, 자아는 타자가 급한 약속이 있어서 자신에게 급히 인사하는 것이 아니라는 걸 이해한다) 때문이다. 이러한 방식으로 이해한다고 해서 이해한다는 것이 참여자들의 동기나 감정이 지닌 진정성 — 또는 정보의 객관적인 현실 — 이 파악된다는 의미는 아니다. 이해한다는 것은 단지 전달과 정보가 구별되고 각기 선택들로 할당된다는 것을 의미한다. 이해(즉 소통)는, 설령 동기에 대한 오해가 있거나(가령, 타자는 단지 우산을 가지고 가라는 조언을 하고 싶었을 뿐이지 자신이 그냥 집에 있는 편이 더 낫겠다는 것을 내비치려던 의도는 아니었다) 정보에 대한 오해가 있더라도(가령, 타자는 정작 "비가 안 와요"라고 말했다는 것을 사람들은 나중에 알게 된다) — 그리고 심지어 기만이 있더라도(가령, 타자가 특정 이유에서 비가 온다고 말하지만 실은 비가 오지 않는다), 발생하기 마련이다. 유일한 기본 데이터는 전달(타자가 말함)과 정보(비가 온다)라는 두 가지 선택들 간의 차이를 이해하는 것이다.

이해는 개별 소통을 실현할 뿐만 아니라 소통이 스스로를 관찰하게 하고 누가 전달했고 무엇이 전달되었는지 확인할 수 있게 한다. 또한 그래야만 소통은 정보와 전달의 구별과 관련될 수 있고 계속될 수 있다. 따라서 모든 소통에서 이해는 후속 소통의 전제조건이기도 하다. 이해는 후속 소통들을 위해 소통의 연결 가능성을 생성한다. 이해가 소통에서 선택으로 관찰될 때 우리는 심리적 측면들과 관련되는 것이 아니다(비록 심리적 측면들이 항상 소통과 연동되어 있긴 하지만. 「상호침투」, 「구조적 연동」 참조). 심리적 이해는 생각의 재생산과 관련이 있다. 그러나 소통에서 이해는 사회적 체계의 재생산만을 허용한다.

정보, 전달, 이해는 소통의 관찰에서 구별될 수 있다. 그러나 소통 자체에 있어서 그것들은 분해될 수 없는 통일성을 형성한다. 이 통일성은 지속성이 없는데 왜냐하면 정보와 전달이 구별되는 순간에 이해가 실현되기 때문이다. 따라서 소통은 선택들의 연쇄 관계가 아니라 즉시 사라지는 사건이다(「사건」 참조). 모든 개별 소통은 지속성 없는 사건이기 때문에 소통은 끊임없이 새로운 의미 내용을 만든다. 소통의 이 연쇄 관계는 각 소통 다음에 또 다른 소통이 뒤따르는 소통 과정(「과정」 참조)에서만 실현된다.

사회적 체계에서 소통은 체계의 통일성을 정의하는 재귀적 소통 네트워크에서 생성된다. 따라서 소통은 또한 사회적 체계의 요소들을 생성하는 작동이기도 하다. 소통은 사회적 체계들을 특징짓는 특정 작동이다. 다시 말해서 소통의 지속은 사회적 체계들의 자기생산의 지속이다(「자기생산」 참조). 사회적 체계는 소통 외에 다른 작동을 하지 않으며 사회적 체계 외부에는 소통이 없다. 모든 소통은 사회적 체계의 내부 작동이므로 사회적 체계와 환경 사이에는 소통이 없다. 사회적 체계는 소통을 통해 소통을 생산하기 때문에 환경에 폐쇄적이다. 또한 사회적 체계는 환경에서 정보를 받지 않는다.

그러나 소통의 작동을 통해 사회적 체계는 환경을 관찰할 수 있다는 의미에서 환경에도 열려 있다(「작동/관찰」 참조). 이때 환경은 정보로서 소통적으로 구성된다. 즉 소통이 아닌 것(의식, 유기적 생명체, 물리적 기계, 화학 원소 등)은 소통에서 정보로 관찰될 수 있다. 심리적 체계 자체는 사회적 체계의 일부가 아니라 사회적 체계의 환경에 속한다.

소통에서는 선택들을 체계에 귀속시키는 것(전달로서)과 환경에 귀속시키는 것(정보로서)이 관찰되고 구별될 수 있다. 따라서 소통에서는 자기준거(체계에 대한 준거)와 타자준거(환경에 대한 준거. 「자기준거」 참조)가 구별되고 재조합될 수 있다. 이러한 가능성은 이해를 통해 전달과 이해를 구별하고 결합하는 소통의 재생산의 기반이 된다.

선택들을 체계에 귀속시키는 것은 소통과 행위 사이의 관계를 나타낸다. 소통은 행위와 동일하지 않다. 초기 접근방식에서 루만은 행위를 사회적 체계들의 최종 요소로 간주할 것을 제안했는데, 그 이유는 이러한 체계의 선택들이 행위에만 귀속될 수 있기 때문이었다(「귀속」참조). 그러나 행위는 사회적 체계의 작동이 아니라 체계에서 이 작동을 가시화하는 방법이다. 따라서 행위의 개념은 루만의 최근 이론에서는 소통에 대한 단순화된 서술을 의미한다. 즉 어떤 소통(예컨대 "비가 와요")이 이해가 아니라 타자가 전달했다는 사실에만 관련되는 경우 행위로 관찰된다. 행위를 관찰하기 위해 우리는 소통의 재귀적인 자기생산적 결합, 즉 각 소통의 통일성이 후속 소통을 통해서만 실현된다는 사실까지 고려할 필요는 없다. 귀속될 수 있으면 그것으로 충분하다. 즉 무언가를 말했음(예컨대, 비가 온다는 것)을 자아가 관찰하는 것으로 충분하다

행위를 관찰할 때라야 책임, 의도, 동기가 귀속될 수 있다. 이때 우리가 누구에게 향해야 하는지 알 수 있다. 따라서 행위는 자기생산을 실현하는 데 필수적인 기능을 가지고 있다. 행위의 귀속을 통해서만 누군가가 무언가를 말했음(정보와 전달의 구별)을 관찰할 수 있다. 후속 소통은 대답, 질문, 거부 등을 통해 그보다 앞서 말해진 것과 관련될 수 있다. 그리고 행위의

귀속을 통해 소통 과정은 자기 자신과 관련될 수 있다. 행위의 귀속은 사회적 체계가 자체 작동과 관련하여 자신의 작동을 구축할 수 있도록 하는 필수적인 자기 단순화이다. 그러나 행위의 귀속은 항상 사회적 체계의 최종 요소로 남아 있는 소통의 자기생산의 지속을 전제로 한다. 왜냐하면 행위가 이해되어야만 그것의 귀속이 가능하기 때문이다.

소통의 생산 없이는 사회적 체계도 없다. 그럼에도 불구하고 소통은 비개연적인 사건이다. 그것은 세 가지 비개연성 수준을 가지고 있다. 첫째, 가장 기본적인 층위에서 소통은 그것이 이해되는 일이 비개연적이다. 즉 소통이 실제로 성공에 이르는 것이 비개연적이다. 둘째, 좀 더 복잡한 상황에서 전달이 수신자에게 도달되는 일이 비개연적이다. 셋째, 가장 복잡한 상황에서 소통이 받아들여지는 일이 비개연적이다.

사회학적으로 중요한 하나의 문제는 이처럼 비개연적인 소통이 어떻게 개연적이 될 수 있는지를 설명하는 데에 있다. 세 가지 비개연성은 일련의 매체(「형식/매체」 참조)에 의해 다루어진다(그리하여 소통은 더 개연적이 된다). 언어(「언어」 참조)는 이해의 비개연성을 개연적이 되도록 처리하고, 확산매체(「확산매체」 참조)는 수신자에게 다가가는 것을 가능하게 하며, 상징적으로 일반화된 소통매체(「상징적으로 일반화된 소통매체」 참조)는 소통 수용의 가능성을 높인다. [C. B.]

Soziale Systeme, 1984, S. 193 ff.; Die Gesellschaft der Gesellschaft, 1997, S. 81 ff.; The Autopoiesis of Social Systems, 1986; Was ist Kommunikation?, 1987.

시간
time, Zeit

시간은 과거와 미래의 차이를 바탕으로 현실을 관찰하는 것으로 정의된다. 각 체계는 항상 현재에만 존재하며 자신의 환경과 동시적(공시적^{共時的}, synchron)으로 존재한다. 이러한 의미에서 과거는 출발점이 아니고 미래는 목표가 아니며 오히려 두 경우 모두 가능성 지평들에 관한 것이다(「의미」 참조).

의미구성 체계들은 현재성과 잠재성의 차이로 현실을 구성한다. 이 차이는 구별의 이중화를 통해 시간화될 수 있다. 잠재성 측면에서 우리는 과거와 미래 사이를 계속 구별할 수 있다. 현재는 체계가 자기생산적으로(「자기생산」 참조) 스스로를 재생산한다는 사실에 의해 항상 확보된다. 한편, 시간적 지향은 자기 재생산의 현재성과 현재적이지 않은 것, 즉 체계에 동시적이지 않은 것 사이의 구별로 이어진다. 이리하여 동시성과 비동시성이 동시에 주어지는 역설적 상황이 만들어진다. 역설은 예를 들어 과거와 미래의 차이와 같은 특정한 시간적 차이를 통해 전개된다.

각 관찰자에게(「작동/관찰」 참조) 시간이 존재하는 까닭은 모든 구별이 양면을 가지고 있고 한쪽 면에서 다른 쪽 면으로 옮겨가기 위해서는 작동, 따라서 시간이 필요하기 때문이다. 그리하여 항상 현재적인 관찰자 자신과, 구별의 한쪽 면에서 다른 쪽 면으로의 이행을 가능하게 한 사건에 의해 생성된 이전/이후의 차이 사이에 다시금 차이가 나타난다. 한편에서의 동시성과 다른 한편에서의 이전/이후 차이 사이의 차이가 곧 시간이다.

현재에서는 과거와 미래라는 비현재적 시간 지평들이 형성된다. 이 현재는 시간 속에서 움직이고 그에 따라 지평들도 움직인다. 매 순간 속에 과거와 미래가 매번 새롭게 투영되지만 미래로 이동하거나 과거로 돌아갈 수는 없다. 지평들로서의 과거와 미래는 사건들로 구성된 양量이 아니라 (관찰자의) 체계가 선택적으로 거둬들이는 성과들이다. 일어나는 모든 일이 과거를 구성하는 것과 관련이 있는 것은 아니다. 이러한 과거 구성 또한 체계에 따라 다르며 '실제로' 일어난 것과 완전히 일치할 수 없다. 이는 미래에도 마찬가지인데, 미래의 가능성에 대한 예측은 전적으로 체계에 달려 있기 때문이다.

시간 차원의 구성은 변화와 지속을 동시에 관찰할 수 있는 가능성을 기반으로 한다. 의미구성 체계들은 배경 역할을 하는 무언가를 일정하게 유지할 수 있을 때만 사건과 상황 변화를 관찰할 수 있다. 반대로, 일정하게 유지되는 모든 것은 오직 진행 중인 사건들의 배경에 대해서만 그렇게 나타날 수 있다.

현재는 두 가지 상호 조건화 방식으로 설명될 수 있다(「의미차원」 참조). 첫째, 현재는 시간을 철저히 엄수하되 또한 움직여감으로써 미래를 과거로 바꾼다. 이때의 시간은 돌이킬 수 없고 필연적으로 지나간다. 두 번째 측면에서 현재는 사건의 경과로부터 추상화되는 지속성으로 관찰 가능하다. 이때의 현재는 과거 상황을 기억하거나 미래 상황을 예상할 수 있게 한다. 이 두 가지 시간적 관점에 따라 의미구성 체계들은 구조들(「구조」 참조)과 과정들(「과정」 참조)을 구별하며, 이 둘 간의 공동작용을 통해 사회적 작동들과 심리적 작동들에 의미를 계속 접근할 수 있게끔 한다.

체계 내 과거 지평들과 미래 지평들은 상상적인 것이므로 구조적으로 결정된 구성물들이며 관찰 체계의 환경과 일치하지 않는다(「체계/환경」 참조). 체계와 그 환경은 현재에만 존재하며 동시적으로만 존재한다. 그러나 시간적 지평들의 투영 덕분에 체계는 자신을 변화시킬 필요 없이 언어적 상수를 사용하여 변화들을 관찰할 수 있다. 체계의 시간은 자신의 환경에서 일어나는 것과 동시성을 갖지 않는다. 만약 이 둘이 동시적이라면 그것은 체계 경계들의 해체를 의미할 터이기 때문이다.

시간 차원의 이 복잡한 구성은 사회 구조들에 따라 다른 특성을 나타낸다. 이 구성은 우선 일차적인 사회분화(「사회분화」 참조)의 유형과 관련이 있다. 전통은 시간을 운동, 즉 이전과 이후의 차이의 통일성을 지칭하는 개념으로 본다. 근대 이전 사회의 시간적 지평은 시간과 영원 사이의 구별을 적용한다. 여기서 영원은 모든 시간들이 동시에 주어지는 신성한 위치를 나타낸다. 영원은 모든 것이 신의 뜻에 따라 일어남을 보증한 다. 이는 영원과 관련해서만 그 의미가 해석될 수 있는 시작과 끝을 가진 유한한 창조의 시간과는 다르다. 기능적으로 분화된 사회에서는 운동이 현재라는 관념으로 대체된다. 일차적인 시 간적 지평들은 완료된 과거와, 체계가 수많은 가능한 현재들을 그 속에 투영할 수 있는 불확실하고 개방적이며 우연적인 미래 가 된다. 이 사회에서 선택들은 과거가 미래의 전제일 뿐이라는 사실에 따라 행해진다. 그리하여 이때의 과거는 미래의 관점에 따라 재조합이 가능한 이미 완료된 선택들의 역사로서 '자본 화'된다.

이러한 근현대적 시간관은 사회의 역사적 서술에도 영향을 미쳤다. 역사는 사회와 관련된 사건들이 이전/이후의 구별에 기초하여 관찰될 때마다 생성된다. 고대로부터 적어도 17세기 까지는 이전/이후의 차이가 시간적 지평 자체라는 배경에 대한 하나의 통일성으로 간주되었고, 이는 흘러가는 시간과 신의 영원을 구별함으로써 반영되었다. 18세기 이후 근현대에 이르 러 역사는 자기준거적인 것으로 파악되고 역사가들이 처한 역사적 순간에 따라 끊임없이 새롭게 기록되어야 한다. 다시 말해 역사는 그 자신의 입장에서도 역사적인 것이다. 요컨대 역사는 재진입(「재진입」 참조)을 통해 역사에 다시 나타난다. 오늘날 역사를 쓴다는 것은 선택된 이론적 접근법에 따라 데이터를 재조합하는 것을 의미한다. 이제 데이터의 필요성은 더이상 발견되고 고려될 수 있는 출처들에 의존하지 않고 오히려 이론적 접근방식 자체에 달려 있다. 따라서 사회학적 관점에서 흥미로운 것은 역사적으로 서술되어야 할 사건들의 일관성이라기보다는 사회이론이 제공할 수 있는 이론적 접근의 일관성이다.

과거와 미래 사이의 구별과 결합은 현재에서 기억에 의해 관리되며, 이 기억은 과거에서 구별들을 감지하여 미래가 그 안에서 진동할 수 있는 하나의 틀을 제공한다. 기억은 기억과 망각의 이중 기능을 통해 수행되는 현실 구성에 대해 체계 작동의 일관성을 테스트하는 기능을 가지고 있다. 기억하는 작용은 반복되는 것들을 이미 알려진 것으로 인식함으로써 같은 것을 반복해서 배워야 할 필요성을 극복한다. 망각하는 것은 체계가 스스로를 차단하는 것을 방지하고 처리 용량을 확보할 수 있다. 기억의 형식들은 사회 진화에 따라 변한다. 고대 사회에서 기억은 사물 및 제의와 관련이 있었지만 문자는 기억을 더 유동적으로 만들었다. 더 많이 기억하고 잊어야 하는 너무나 복잡한 근현대 사회는 동일성 지향적인 형식들에서 문화로 실현된 비교 지향적인 형식들로 이동했다. 각 기능체계들에는 대중매체에 의해 조정되지만 통합될 수는 없는 자체적인 특별한 기억들이 있다. 대중매체는 당연하게 여겨질 수 있는 준거 현실을 제공하면서 사회의 전반적인 기억으로 작동한다. 대중매체가 구축한 합의 의무 없는 제2의 현실은 다른 모든 사람에게도 알려짐과 동시에 끊임없이 새로워진다는(잊혀진다는) 것을 모두가 알고 있다. [G. C.]

Soziale System, 1984, S.70 ff., 253 ff.; Geheimnis, Zeit und Ewigkeit, 1989; Gleichzeitigkeit und Synchronisation, 1990.

심리적 체계
psychic system, Psychisches System

　심리적 체계들 또는 의식체계들은 사회적 체계들(「사회적 체계」 참조)과 생명체계들과 함께 자기생산(「자기생산」 참조)을 이루는 세 가지 유형 중 하나이다. 의식의 작동들(「작동/관찰」 참조)이란 환경과의 접촉 없이 하나의 폐쇄된 네트워크에서 재귀적으로 재생산되는 생각들thoughts, Gedanke이다. 의식 내 생각의 흐름에 직접 접근하는 것은 불가능하다. 우리는 각각의 관찰자의 방식과 형식으로 외부로부터만 생각들을 관찰할 수 있을 뿐이다.

　다른 자기생산적 체계들 역시 폐쇄된 체계로서의 의식에 접근할 수 없다. 즉 유기체도 소통도 생각의 흐름을 규정할 수 없다. 그것들은 단지 의식이 자체 형식과 자체 구조에 따라 자유롭게 처리할 수 있는 자극들만을 제공할 수 있다(「구조적 연동」 참조). 사회적 체계들은 심리적 체계들의 환경에 속하며 서로 다른 체계 유형들의 자기생산 간의 관계는 상호침투의 형식을 취한다(「상호침투」, 「구조적 연동」 참조). 의식체계들의 사회화는 외부 개입을 통해 수행되는 것이 아니라 전적으로 '자기사회화'를 통해 수행된다. 이때 심리적 체계들은 자신의 특정 작동 모드에 따라 구조들을 재지정하기 위해 환경의 자극들을 사용한다. 사회가 심리적 체계들과 관련되는 것은 가능하지만 이는 특정 소통 구조들에 기반을 둔 경우에만 가능하다. 인격들의 동일성은 이러한 목적을 위해 구성된다(「포함/배제」참조).

심리적 체계들의 작동상의 폐쇄성은 또한 의식체계들 간의 직접적인 관계를 배제한다. 심리적 체계들은 소통을 통해서만 간접적으로 접촉할 수 있다. 그러나 소통은 항상 서로에게 암흑상자black box로 남아 있는 심리적 체계들의 이중 우연성과 상호 불투명성을 전제로 한다.

자기생산적 작동들로서의 생각들은 맹목적으로 단순한 연속을 유지하면서 재생산된다. 자기생산 과정에 대한 제어는 관찰의 층위에서만 실행될 수 있다(「작동/관찰」참조). 그러나 의식은 하나의 의미구성 체계이다(「의미」참조). 따라서 의식은 그 작동에 항상 자기관찰이 수반되는 체계이다. 모든 각 생각은 관찰을 통해 (동일한 체계에서) 이전 생각과 결합되기 때문에 심리적 체계를 하나의 통일성으로 재생산하는 데 기여한다.

관찰에는 항상 구별에 대한 지향이 필요하다. 다른(새로운) 생각을 통한 생각의 관찰은 자기준거/타자준거의 구별을 사용한다(「자기준거」참조). 의식은 자신의 신체와의 동일시를 통해 이러한 구별을 구성하는데, 왜냐하면 이때 의식은 자신의 신체를 외부와 내부에서(예를 들어 체중이나 통증으로서) 모두 관찰할 수 있고 또한 필연적으로 그것을 다른 신체나 다른 대상과 구별하기 때문이다. 자기준거/타자준거의 구별에 기초하여 하나의 생각은 어떤 것-의-표상representation-of-something으로 관찰되며, 다음 생각은 '쌍쁳안정성'의 상황에서 이전 생각의 자기준거(즉 표상)를 지향하는지 또는 타자준거(즉 표상된 '어떤 것')를 지향하는지 여부를 결정할 수 있다.

이러한 방식으로 체계는 또한 이전 생각의 자기준거적 측면을 구별하고 동시에 그것에 연결시킬 수 있기 때문에 자신에 대한 일종의 제어력을 행사할 수 있다. 따라서 생각은 다른 생각들을 생각하며, (반드시 환경의 사건들에 의해서가 아니라) 이전 생각들에 의해 촉발되는 더 복잡하고 추상적인 형식들로 발전한다. 언어(「언어」 참조)는 이 과정에서 중심적인 역할을 한다. 생각들이 언어로 표현될 때 그것들은 더 쉽게 관찰될 수 있는 반면, 언어 형식과 언어 규칙은 자기통제를 뒷받침할 수 있다.

이를 기반으로 의식은 반성성과 반성(「반성」 참조)과 같은 진전된 자기준거 형식들을 개발할 수 있다. 반성은 심리적 체계가 자신을 하나의 통일성("내 모든 생각들")으로 관찰할 때, 즉 의식 자체 내에서 의식의 동일성에 대한 표상을 만들어낼 때 발생한다. 체계는 자신을 하나의 동일성으로 파악한다. 즉 환경과 구별되는 것으로 인식되고 또 변화하는 맥락에서 계속 인식될 수 있는 하나의 동일성으로 파악한다.

그러나 의식을 통한 의식의 자기관찰은 외부로부터의 관찰에 비해 특권적 지위를 가지고 있지 않다. 두 경우 모두에는 자체 맹점이 있는 특정 관찰 도식을 기반으로 한 단순화가 수반된다. 이 때문에 자기분석은 심리적 체계에 대한 완전한 자기서술로 이어지지 않는다. [E. E.]

Soziale Systeme, 1984, S. 346 ff.; Die Autopoiesis des Bewußtseins, 1985; Die Form 'Person', 1991.

약호
code, Code

약호는 관찰 영역 내의 각 통일성이 체계의 해당 통일성과 상관되도록 하는 '이중화 규칙'이다. 이것은 무엇보다도 모든 긍정적 어법과 해당 부정적 어법의 상관관계를 허용하는 언어 약호(「언어」 참조)에 적용된다. 즉 "오늘 비가 올 것이다"라는 긍정적 진술은 "오늘 비가 오지 않을 것이다"라는 부정적 진술의 부정으로 이해될 수 있다. 언어를 기반으로 하여 이것은 항상 이항적 도식화를 기반으로 하는 다양한 기능체계들(「사회분화」 참조)의 약호에도 적용된다.

이항적 도식은 세 번째 값을 배제하는 엄격한 이항성을 특징으로 하는 구별(「동일성/차이」 참조)의 특정 형식이다. 이 이항성은 배중률排中律, 즉 제3의 명제가 배제되는 원리를 통해 논리적으로 표현된다. 예를 들어, 과학적 소통은 참이거나 거짓이며 다른 선택지는 없다. 유기체는 살아 있거나 살아 있지 않거나일 뿐, '조금만 살아 있을' 수 없다. 이항성은 부정을 통해 서로 관련된 두 가지 선택만으로 가능성들의 무한한 범위를 제한하는 급격한 환원을 의미한다. 이러한 조건을 충족하는 구별을 '기술화技術化'라고 하는데, 여기서 기술은 모든 암시적 의미참조들을 고려하지 않음으로써 발생하는 정보 처리의 단순화를 의미한다.

이항성은 특정 이점을 제공한다. 그것은 구별의 한 값에서 반대 값으로의 이행을 용이하게 한다. 세 번째 값이 배제될 수 있다면, 하나의 부정만으로 구별의 한쪽 면에서 다른 쪽 면으로 이동하기에 충분하다. 예컨대, 불법에 도달하려면 합법을 부정하는 것으로 충분하며, 거짓을 얻기 위해서는 참을 부정하는 것만으로 충분하다. 반대값과의 결합이 다른 구별들에서 주어지는 값들과의 결합보다 더 직접적이다. 따라서 참은 합법, 아름다움 또는 그 밖의 어떤 것보다 거짓과 더 직접적으로 결합되어 있다.

이러한 방식으로 약호의 완전성이 보장된다. 즉 각 통일성에 대해 그와 상관된 통일성을 확인하는 기능이 하나의 부정이면 충분하다. 이항적 구별은 해당 적용 분야에서 보편적으로 유효하다. 그것은 가능한 모든 소통을 담당한다. 예를 들어, 소통은 참 또는 거짓으로 규정될 수 있다. 이와 동시에, 약호에 기반한 모든 소통은 불가피하게 다르게도 될 가능성(즉 반대값)을 지시하기 때문에 우연성(「이중 우연성」 참조)이 일반화된다. 가령, 참인 것은 거짓이 아니기 때문에 참이다. 진리는 다른 선택지 없이 주어질 수 없으며 오히려 그것은 비진리라는 버려진 가능성과 관련하여 나타나는 셈이다.

따라서 정보 수집 능력도 일반화된다(「정보」참조). 정보는 추가 구별들을 생성하는 구별로서 체계 내에서 만들어진다. 모든 소통을 부정값과 긍정값의 구별 형식으로 축소함으로써 약호는 체계가 모든 소통을 하나의 구별(즉 정보)로 처리할 수 있게 한다.

그러나 이항적 도식화는 특정 어려움을 야기하기도 한다. 무엇보다도 세 번째 값의 인위적인 배제는 잠재적 또는 비잠재적 역설(「역설」참조)의 근절 불가능한 존재를 수반한다. 약호는 자신에게 적용될 때 항상 역설을 생성한다. 가령, 참/거짓 약호를 사용하여 참과 거짓 간의 구별 자체가 참인지 거짓인지를 결정하는 것은 불가능하다(따라서 다음과 같은 에피메니데스의 역설이 생긴다. 즉 "나는 거짓말을 하고 있다"는 말이 참인가 거짓인가?). 마찬가지로 합법과 불법의 구별을 사용하여 이 구별 자체가 합법의 편에 서 있는지 불법의 편에 서 있는지 분별하는 것은 불가능하다. 약호에는 두 개의 값만 있으며 모든 소통에 대해 그중 하나를 할당해야 한다. 그런가 하면 동시에, 참/거짓 약호는 자신의 이항성을 유지할 수 없으며 "나는 거짓말을 하고 있다"라는 진술이 무의미하다고 주장할 수도 없다("무의미하다"는 세 번째 값일 것이다).

작동상의 폐쇄성(「자기생산」참조)이 이항성에 더해지면 자기생산적 체계의 분화로 이어질 수 있다. 예를 들어, 학문체계의 경우 이는 제한성의 조건으로 표현된다(「학문」 참조). 제한성은 (약호와 관련된 규정이 여전히 가능한 것의 영역을 제한하는 방식으로) 가능한 선택들의 영역이 축소되는 것을 의미한다. 거짓의 발견은 진실을 찾는 데 아무런 정보도 제공하지 않는 부정적인 사실일 뿐만 아니라 동시에 여전히 가능한 진리들의 영역에 대한 긍정적인 정보이기도 하다. 이러한 조건에서 모든 약호 지향 작동은 외부와 체계의 경계를 명확히 하고 내부 결합들을 지정하는 데 기여한다. 따라서 상호 결합된 소통들의 네트워크가 생성되어 사회의 나머지 부분들로부터 독립된 하나의 형식을 발전시킨다. 예를 들어 과학적 소통은 참/거짓 약호에 대한 지향을 통해 사회에서 스스로를 분화한다. 과학적 소통은 자기생산적 체계를 형성하며, 이 체계의 작동은 참/거짓 약호를 지향하는 이전의 작동들(이것들이 추가 진리의 조건과 가능성을 규정 짓기 때문에)과 이후의 소통들(이 소통들이 동일한 방식으로 미래의 작동 영역을 지정하기 때문에)과 관련된다.

　　따라서 약호들이란 체계가 자체 작동들을 관찰하는 데 사용하는 구별들이다. 동시에 약호들은 체계의 통일성을 규정한다. 약호들은 체계가 자신의 재생산에 기여하는 작동과 그렇지 않은 작동을 재인식할 수 있도록 한다. 예를 들어 참/거짓 약호를 지향하는 모든 소통들만이 학문체계에 속하며, 합법/불법 약호를 지향하는 소통들만이 법체계에 속한다. 각 체계는 자체 약호값을 통해서만 자신의 모든 소통들을 처리한다. 소통의 법적 판단이나 미적 아름다움은 과학적 진리와 관련이 없으며 그 반대의 경우도 마찬가지이다. 약호를 지향하는 모든 작동은 내부와 외부 사이에 경계(즉 자기준거와 타자준거 사이의 구별)를 형성한다. 이것은 약호화 문제들과 준거 문제들 사이의 구별을 낳는다(「구성주의」 참조).

하나의 기능체계는 (다른 기능체계들에 속하는 소통들을 포함하여) 자신의 약호를 통해 모든 가능한 대상을 처리한다. 예를 들어 합법/불법 약호를 지향하는 법적 소통이 학문체계에 의해서는 참/거짓 구별에 따라 처리된다. 고트하르트 귄터가 제안한 표현대로 루만은 모든 기능체계의 약호가 다른 체계에 의해 지향되는 이항성과 관련하여 거부값rejection value, Rejektionswert 역할을 한다고 주장한다. 따라서 이 거부값을 통해 다른 소통의 이항적 도식화를 거부하고 다른 관점에서 처리할 수 있다. 그리하여 사회 전체는 '다맥락적'으로 규정되며 이는 각각 다른 구별을 지향하는 많은 '맥락들'을 포함한다는 것을 의미한다.

이항성은 약호값을 대칭적으로 처리해야 하는 약호의 기능을 위해 필수적이다. 긍정값(가령 아름다움, 합법, 진리 등)에 대한 제도화된 선호는 긍정값과 부정값 사이의 가역성을 더 어렵게 만들고 이항성의 이점을 부분적으로 파괴한다. 약호 자체는 행위에 대한 기준을 제공하지 않으며 어떤 선호도 지정하지 않는다. 그러나 약호를 지향하는 작동 내에서 두 값 중 어느 하나를 선택하는 것은 다른 결과를 낳는다. 참, 합법, 소유(긍정값)는 작동들의 '연결 가능성'과 그 견고함(서로 다른 진리들이 서로를 확인하거나 동화시킨다)을 나타내며, 부정값은 '반성값'(비진리는 이전 진리들의 수정으로 이어진다)을 나타낸다. 따라서 약호의 엄격한 대칭에 도입되는 비대칭의 형식은 약호를 행위 지침으로 변환하는 프로그램들(「프로그램」 참조)의 문제로 이어진다. [E. E.]

'Distinctions directrices'. Über Codierung von Semantiken und Systemen, 1986; Die Codierung des Rechtssystem, 1986; Die Wissenschaft der Gesellschaft, 1990, S. 173 ff., 194 ff.

언어
language, Sprache

언어는 소통의 이해를 가능하게 하는 기능을 가진 매체이다(「상징적으로 일반화된 소통매체」 참조). 언어는 지각될 수 있는 것의 영역을 넘어서게 하고, 기호 형식의 상징적 일반화의 도움하에 존재하지 않거나 가능할 뿐인 것에 대해 소통하는 것을 가능하게 한다.

소통, 즉 정보와 전달의 차이에 대한 이해(「소통」, 「정보」 참조)가 반드시 언어의 형식을 취해야 하는 것은 아니다. 그것은 또한 지각에 근거하여 발생할 수 있다. 예컨대 자아는 (빠르고 바쁘게 움직이는) 타자의 행동을 지각하고 그것을 특정 정보를 전하기 위한 전달로 해석한다(즉 타자는 멈춰 서서 말하고 싶어 하지 않는다). 하지만 지각 자체는 소통이 아니다. 우리는 소리, 이미지 및 자극을 소통과 결합시키지 않은 채 지각하며, 대신 그것들을 정보로 처리한다. 방금 말한 예로 말하면, 지각을 통해 우리는 타자가 단순히 빠르게 움직이고 있음을 인지할 수 있을 뿐이다. 이러한 지각은 추가 정보와 그것의 전달 간의 구별이 작용하는 경우에만(그리고 특히 소통이 그것을 전달하는 사람에게 귀속되는 경우에만) 소통이 된다. 즉 소통인 경우라면 타자는 자신이 현재 누구를 응대할 형편이 아님을 알리고 있다.

지각의 층위에서 우리는 그것이 정말로 소통의 문제인지 아니면 단순히 다른 목적에 따른 행동(이 경우라면 타자는 그저 늦었기 때문에 빠르게 움직였을 뿐이다)인지 결코 확신할 수 없다. 즉 이 경우 정보와 전달의 구별은 결코 뚜렷하거나 명확하지 않다. 전달이 언어를 사용할 때 상황은 변한다. 이 경우, 소통 의도를 부정하기가 매우 어려울 정도로 인식 가능한 방식으로 발음되는 특정 소리가 생성된다. 언어적 소리는 우연히 만들어지는 것이 아니다.

구두 언어는 특정 형식을 가진다(「동일성/차이」 참조). 소리와 의미의 구별이 그것이다. 소리는 의미가 아니지만 의미가 무엇인지를, 즉 현재 거론되고 있는 것을 규정한다. 의미는 소리가 아니지만 주어진 의미를 표현하기 위해 어떤 소리를 사용해야 하는지를 규정한다. 언어의 자유재량 내지 임의성은 이러한 구별을 기반으로 한다. 언어 기호와 지칭된 내용 사이의 결합은 그들 사이의 유사성('책상'이라는 대상과 'ㅊ-ㅐ-ㄱ-ㅅ-ㅏ-ㅇ'이라는 소리 연쇄 사이의 유사성)에 기반하지 않으며, 특정 내용을 다른 소리 연쇄가 아닌 특정 소리 연쇄로 나타내야 할 내부적인 이유는 없다. 이 때문에 언어적 소통은 내용과 그것을 표현하는 형식을 엄격하게 구별한다. 언어적 소통은 정보와 전달의 구별을 명확하게 하고 이것을 일반화한다. 우리는 해당 대상이 존재하고 지각될 수 있는지 여부에 관계없이 모든 소통 내용에 대한 언어적 기호를 생성할 수 있다. 따라서 결코 지각할 수 없는 '추상적 대상'에 대해 이야기하는 것도 가능하다. 예컨대 진리, 정의, 불멸의 사람들, 소통에만 존재하는 대상들, 부재하거나 불가능한 것들, 그리고 무엇보다 이전의 소통들이 이에 해당한다.

언어는 소통이 모든 가능한 내용을 대상으로 취급할 수 있게 함으로써 소통이 반성적 형식(「자기준거」 참조)을 취하도록, 즉 소통 자신에 대해 소통할 수 있도록 한다. 언어는 정보와 전달 사이의 구별을 더 많은 소통의 대상으로 만들 수 있을 만큼 충분히 명확하고 분명하게 한다. 따라서 우리는 특정 정보가 왜 그렇게 전달되고 다른 방식으로는 전달되지 않았는지 묻거나 우리가 제대로 이해한 것인지 여부를 확인할 수 있다. 그러므로 언어적 소통은 매우 높은 수준의 복잡성에 도달할 수 있는데 왜냐하면 한편으로 그것은 이전의 소통들과 재귀적으로 관련되어 이전 소통의 전제들을 시험할 수 있으며, 다른 한편으로는 훨씬 더 개연성 낮은 형식들(우리는 소통 상대방에게 알려지지 않았거나 또는 아예 불가능한 것들에 대해서도 이야기한다)에 대한 리스크를 감수할 수 있기 때문이다. 또한 필요한 경우, 오해의 소지가 반성적 층위에서(즉 소통에 관한 소통의 도움을 통해) 해소될 수도 있다. 문자와 그 이후 인쇄술(「확산매체」 참조)의

도입은 현재 눈앞에 존재하지 않는 사람이나 심지어 모르는 사람에게도 메시지를 전할 수 있게 함으로써 소통의 비개연성의 더 높은 수준까지 달성해낸다.

부정적 지각(비-대상에 대한 지각)이라는 것은 없지만, 언어적 수단을 사용하여 우리는 부정(「부정」 참조)을 전달할 수 있다. 예컨대 우리는 주어지지 않은 대상을 지각할 수는 없지만 그 대상에 대해 존재하지 않는 것이라고 말할 수 있다. 부정의 능력은 언어 매체의 특정 약호(「약호」 참조), 즉 예/아니오 약호에 기인한다. 언어는 모든 긍정적 진술('예' 어법)과 그에 상응하는 부정적 진술('아니오' 어법)을 연관시키므로 모든 언어적 소통은 필연적으로 가능한 반대 진술을 지시하기 마련이다. 모든 언어적 소통에 대해 부정적 진술이 정식화될 수 있으며 이 가능성은 항상 암묵적으로 내재되어 있다. 따라서 소통은 상반되는 두 가능성들 사이의 구별의 형식을 취하며, 그 구별로 인해 정보(「정보」 참조)로 처리될 수 있다. 이리하여 언어는 어떤 내용이든 정보의 방식으로 전달되도록 허용하고, 따라서 사회 진화(「진화」 참조)의 변이 메커니즘을 나타낸다.

언어는 또한 그 고유한 특성 덕분에 심리적 체계들과 사회적 체계들의 상호침투(「상호침투」 참조)에 필수적인 역할을 한다. 비록 고도로 구조화된 요소들(하나의 음소가 변경되면 단어가 더 이상 동일하게 되지 않을 정도로 엄격한 지시 관계들에 의해 서로 결합되어 있는 언어 용어들)로 구성되어 있더라도, 언어는 소통과 의식 모두를 위한 매체(「형식/매체」 참조)로서의 역할을 하며 이때 소통과 의식은 언어에 자신들의 형식을 부과할 수 있다. 더욱이 언어는 모든 생각을 표현하고 모든 소통을 정식화하는 데 적합하다

이러한 이해에 따르면 그리고 널리 받아들여지는 언어이론과는 반대로, 언어 자체는 체계가 아니라 체계가 자체 작동을 구조화하기 위해, 특히 반성성을 얻기 위해 사용하는 매체인 셈이다. 언어에는 특정한 작동이 없다. 언어는 심리적 체계들과 사회적 체계들의 작동들에서만 존재한다. 언어의 내적 체계성은 언어 체계의 작동들이 아니라 그것을 사용하는 체계들의 자기생산으로 소급되어야 한다. 이러한 견해에서 비롯된 귀결들 중에서 특히 중요한 것은 언어적 용어들이 외부 지시대상을 나타내는 기호가 아니라 심리적 체계들과 사회적 체계들의 자기생산의 표현이라는 점이다. 자기생산적 폐쇄성의 조건하에서 이러한 작동들은 외부 세계와 관련되는 것이 아니라 해당 체계의 내부 작동들에만 관련된다. [E. E.]

Soziale Systeme, 1984, S. 208 ff., 367 ff.; Wie ist Bewußtsein an Kommunikation beteiligt?, 1988; Die Wissenschaft der Gesellschaft, 1990, S. 47 ff.; Die Gesellschaft der Gesellschaft, 1997, S. 108 ff., 205 ff.; Zeichen als Form, 1993.

역설
paradoxe, Paradoxie

　　역설이 발생하는 것은 작동의 가능성에 대한 조건들이 동시에 작동의 불가능에 대한 조건들일 때이다. 역설의 가장 잘 알려진 예 중 하나는 에피메니데스에 의해 "이 문장은 거짓이다"라는 진술로 제시되었다. 이때 이 진술이 참인지 거짓인지를 결정하는 일은 불가능한데 왜냐하면 이 진술이 거짓이 될 조건들이 동시에 이 진술이 참이 될 조건들이기 때문이다(그리고 그 반대의 경우도 마찬가지이다). 만약 이 진술을 참이라고 가정한다면 그것은 이 진술이 표명하는 것(즉 "이 문장은 거짓이다")과 모순된다(그렇다면 가정이 잘못 되었으므로 이 진술은 거짓으로 귀결된다). 그러나 이 진술을 거짓이라고 가정한다면 우리는 (거짓된 진술을 거짓이라고 했으므로) "이 문장은 거짓이다"라는 진술 자체에 동의할 수밖에 없다(이렇게 되면 이 진술은 참으로 귀결된다). 따라서 역설은 (자체 모순적이지만 역설적인 진술은 아닌) "A = A 아님A = not A"이라는 형식이 아니다. 오히려 역설은 진술의 긍정의 조건이 동시에 부정의 조건인 "A가 아니기 때문에 A(이다)A because not A"라는 형식이다. 관찰자의 입장에서 이것은 결정 불가능성의 상황인데, 이는 다른 값을 지칭하지 않으면서 한 값을 지칭하는 것이 불가능한 경우이기 때문이다. 이 경우 관찰자는 양쪽 사이에서 동요하기 시작하고 관찰을 계속할 수 없게 된다.

역설은 그러한 구별들에 관계하는 관찰자가 현재 사용하는 구별의 통일성에 의문을 제기할 때 발생한다(「작동/관찰」 참조). 모든 각 구별은 그 양면이 항상 동시에 존재하기 때문에 본질적으로 역설적이다. 즉 하나는 지칭된 면으로, 다른 하나는 지칭과 관련되지만 암시될 뿐인 면으로 존재한다.

모든 관찰에서 이러한 이중성의 한 예는 체계와 환경(「체계/환경」 참조) 간의 근본적인 구별이다. 각 체계는 환경과 자신을 구별할 수 있을 때, 즉 체계 자신이 아닌 것을 부정할 때만 체계로서의 고유한 동일성을 구축할 수 있다. 그러나 부정의 작동은 체계 고유의 작동으로만 생성될 수 있으므로 환경은 체계 내부의 작동을 기반으로 해서만 구별될 수 있다. 따라서 체계는 자기 자신과 자신의 산물로서의 환경 사이의 구별을 관찰해야 한다. 이것은 역설적인데, 왜냐하면 체계는 자신에게 속하지 않는 환경과 자신을 구별해야 하는 동시에 이 환경이 체계의 작동의 내부 산물일 뿐임을 관찰해야 하기 때문이다. 그런데 이것은, 관찰 가능하며 따라서 부정 가능한 자기준거적 체계(「자기준거」 참조)가 스스로를 관찰할 때 항상 발생한다.

이러한 자기관찰은 기능체계들에서 수행될 때 오늘날 사회에서 특히 문제가 된다. 그러한 사례 중 하나는 근현대 사회의 부분체계들에서 일어나는 반성이다(「반성」 참조). 예컨대 학문의 경우, 과학적 약호의 구별이 스스로에게 적용되어 앞서 언급한 에피메니데스의 역설로 이어질 수 있다. 즉 참/거짓의 구별은 위에서 설명한 방식으로 추가 관찰들의 가능성이 차단된다는 역설적인 결과와 함께 스스로를 관찰한다. 이 문제는 기능적으로 분화된 모든 부분체계들에서 발생한다. 누가 법적으로 옳은 지 누가 그른지를 구별하는 기준에 따라 작동되는 법체계는 그것이 누가 옳은지 아닌지를 판단할 권리가 있는지에 대해 의문을 가질 때 역설적인 상황에 직면하게 된다. 이 물음은 대답될 수 없는데, 왜냐하면 어떤 대답(이를테면 사회적 계약, 그리고 후속 행위에 의해 정당화되는 원래의 폭력 행위 등)도 불가피하게 구별의 양쪽 면에 영향을 미치므로 문제를 해결할 수 없게 되기 때문이다. 부분체계들 및 상징적으로 일반화된 소통매체들(「상징적으로 일반화된 소통매체」 참조)에 속하는 모든 약호에 대해서도 유사한 예가 주어질 수 있다. 관찰이 관찰 자체가 사용하는 동일한 이항적 도식에 적용되는 경우 체계는 현재 사용 중인 구별의 통일성을 ― 역설적인 결과와 함께 ― 나타내야 한다. 따라서 부정을 행할 능력이 있는 모든 자기준거적 체계는 자기관찰을 확립할 수 없는데 왜냐하면 자기관찰은 결코 완전할 수 없기 때문이다. 완전성을 기하기 위해서는 자신이 사용하는 구별도 관찰할 수 있어야 하는데, 이것은 가능하지 않다(「작동/관찰」

참조).

역설은 관찰자에게 문제이지만 반드시 관찰체계의 작동에 문제가 되는 것은 아니다. 학문이 역설적으로 작동한다는 것은 체계의 관찰자(그는 과학 자체일 수도 있다)에게만 문제가 된다. 이러한 의미에서 역설은 작동과 관찰을 분리하는 역할을 한다. 즉 역설은 작동 발생을 허용하지만 관찰을 차단한다. 작동은 스스로를 관찰할 수 있는 능력 없이 맹목적으로 실행된다. 작동을 관찰하기 위해서는 첫 번째 작동의 역설적 구성을 관찰할 수 있으면서 동시에 맹목적으로 진행되는 두 번째 작동이 요구되기 마련이다. 모든 관찰은 체계가 어떻게 관찰하는지 또는 작동이 어떻게 생성되는지에 대한 질문을 제기할 수 있지만 스스로에게 이 질문을 할 수 없다. 모든 관찰에 있어서 그것이 사용하는 구별은 하나의 사각지대 또는 맹점盲點이다. 이런 식으로 역설은 체계의 자기생산을 차단하는 것이 아니라 체계의 관찰 가능성에 대한 문제를 나타낸다.

구조적 관점에서 볼 때 모든 구별은 양쪽 면의 동시성에서만 존재한다. 반면, 작동적 관점에서 구별은 한쪽 면(다른 쪽 면이 아닌)의 지칭으로만 실현될 수 있다. 이러한 이유에서 모든 체계는 구조적 층위에서 역설을 펼쳐야 한다. 즉 모든 체계는 관찰들이 차단되지 않는 방식으로 스스로를 탈역설화해야 한다.

이것은 자기준거의 순환성을 비대칭으로 만들고 사용된 구별들 내에서 참조들의 합선合線을 방지하는 조건이 도입될 때 발생할 수 있다(「비대칭화」 참조). 그러한 조건들은 체계의 유형과 사회 전체의 분화형식(「사회분화」 참조)에 따라 다양한 형식들을 취할 수 있다. 기능적으로 분화된 부분체계들에서 탈역설화 기능은 체계가 약호의 두 값 사이의 관계를 고려하는 방식으로 수행될 수 있다. 작동들은 약호를 통일성이 아니라 자기모순적인 차이로 간주한다는 점에서 약호의 이항적 도식화를 지향한다. 따라서 학문체계에서 관찰은 참 또는 거짓이며, 한 값은 다른 값을 배제한다. 이때 결정은 특정 프로그램(「프로그램」 참조)에 의해 촉진되는데 학문체계의 경우 그것은 이론과 방법이다. 이 이론과 방법은 값의 할당 기준을 확립함으로써 체계가 작동할 수 있게 하는 반면, 과학적 반성만이 과학적 진리의 역설적 구성의 문제와 특정 비대칭을 도입할 필요성을 다룬다. 이러한 비대칭화는 체계가 자체 구별 값들 사이에서 결정 불능 상태로 동요하지 않고 통일성 있게 서술할 수 있도록 하는 우연성 정식의 형식을 취한다.

비대칭화가 어떤 형식을 취하든, 비대칭화를 통해 체계는 항상 자체 작동의 고정점을 찾을 수 있다. 이러한 관점에서 역설은 관찰자들을 교란시키는 기능을 수행하는 것으로 보인다. 왜냐하면 이때의 관찰자들은 역설에 직면하여 불가능한 결정을 내릴 수밖에 없는 자신을 발견했을 때 관찰이 차단되어 이를 포기하거나 아니면 어떤 형식의 비대칭성을 찾아 창의적이 되기 때문이다. 다양한 학문 분야(가령 사이버네틱스, 체계이론, 예술, 논리학 등) 내에서 역설을 피하기보다는 추구하려는 최근의 경향은 아마도 그들 자신의 작동을 구조화하는 새로운 형식을 찾고 있는 관찰자들(즉 우리 자신들)을 교란시키려는 목적을 가지고 수행될 것이다. [G. C.]

Tautologie und Paradoxie in den Selbstbeschreibungen der modernen Gesellschaft, 1987; Sthenographie und Euryalistik, 1991; Die Paradoxie der Form, 1993.

예술

art, Kunst

예술은 상징적으로 일반화된 소통매체(「상징적으로 일반화된 소통매체」 참조) 중 하나로, 화폐와 마찬가지로 타자의 행위가 자아에 의해 체험되는 그러한 귀속 구도에 해당한다. 예술가는 행위하고 관찰자는 체험한다. 그런데 타자가 행위를 통해 산출한 것이 자아에게 의미 있는 것으로 받아들여지기 어렵게 될 때, 즉 예술작품이 재인식 가능한 목적을 결여한 채 그저 누군가에 의해 생산된 대상으로 나타날 때 이는 문제가 된다.

어떤 대상이 누군가의 행위의 결과물이라고 인식될 때, 즉 그 자체가 인위적인 것이라고 인식될 때 그것은 '자연적' 대상과 구별되는 예술작품으로 지각된다. 예술작품에는 우연에 기인할 수 없는 놀라운 것이 있으며 그것이 어떤 목적으로 생성되었는지에 대한 의문을 불러일으킨다. 예술작품의 목적에 대한 의문은 예술이 자율적인 사회적 기능체계(「예술체계」 참조)로서 분화되어 있고 외부 동기와 지원 없이 형성되는 경우에 특히 두드러진다. 이 경우 예술의 목적은 더 이상 직접적으로 접근할 수 없는 무언가에 대한 참조 또는 자연의 모방이 아니라 새로운 형식들의 조합을 동반한 실험일 따름이다. 다른 인공물과는 달리 예술작품은 외적 효용성이 없다. 예술작품은 자기목적이다.

예술이라는 소통매체는 오로지 예술작품 자체에만 위치하는 구별들의 도움으로 특정 대상이 관찰될 가능성을 더 개연적으로 만드는 역할을 한다. 예술은 배제된 가능성들을 다시 활성화하기 위해 노력한다. 예술은 특정 사물들을 실현함에 따라 단순한 가능성들로 축소되어버린 그러한 가능성들과 관련되며, 이 영역에서 자신의 필연적인 질서가 어떻게 가능한지를 보여주고자 한다. 따라서 예술작품은 일반적인 현실과 다른 자신만의 (허구적 또는 상상적) 현실을 확립한다. 그것은 현실을 실제적 현실과 허구적 현실로 분리시킨다. 우리는 예술작품 내의 구별들이 비임의적이고 조합적인 유희 작용에서 어떻게 다른 구별들로 이어지는지, 그리고 외부 질서에 기인된 것일 수 없는 하나의 질서를 어떻게 생성하는지 관찰해야 한다. 예술가가 예술작품 제작 과정에서 취하는 모든 개개의 구별(붓의 터치, 음향의 선택, 소설의 도입부)은, — 사용 중인 매체의 물질적 특성 때문이 아니라 오로지 예술 자신의 내적 제약 때문에 — 향후 더 많은 모색에 이용할 수 있는 가능성들을 제한하기 마련이다.

예술에 대한 관찰은 전통 미학에서는 미/추의 구별로 표현되는 특정한 약호를 기반으로 한다. 오늘날 이 구별은 적합/부적합이라는 대안적 구별로 재해석된다. 그리하여 예술작품 내에서 각각의 새로운 형식은 이전 형식들과 비교되어 이 새로운 형식이 이전 형식들에 적합한지 아닌지 그리고 그것이 예술작품에서 연결 가능성을 생성하는지 여부가 밝혀져야 한다. 만약 이것이 성공한다면 예술작품은 자신의 필연성을 지닌 자체 질서를 생성한다—그리고 여기서 관건이 되는 것은 소통인데, 왜냐하면 이때의 질서는 전달되고 이해되어야 하는 정보를 포함하고 있기 때문이다.

예술은 특정한 공생적 상징을 가지고 있는데, 왜냐하면 관찰자는 자신의 지각적 성과를 가지고 직접적으로 예술의 소통에 관여하기 때문이다. 예술은 언어에 의존하지 않은 채 의식체계들과 소통체계들의 구조적 연동(「구조적 연동」 참조)을 실현하며, 이런 의미에서 그것은 언어의 기능적 등가물이다. 예술작품을 통한 소통(물론 언어로 이루어지는 예술작품에 대한 소통과는 구별된다)에서 지각은 새롭고 매력적인 방식으로 관여한다. 지각된 대상은 일반적인 질서와는 다른 질서에 관련되어야 한다 — 그렇지 않으면 단지 색상의 얼룩이나 음향의 연속만 지각될 뿐 예술작품 자체는 지각되지 않는다.

우리 세기의 전위예술Avantgarde은 일상용품을 예술작품으로 직접 표현함으로써 예술 약호의 인플레이션 경향에 주의를 기울였다. 무엇이든 예술이 될 수 있다. 이들 일상용품은 특별한 자기준거적 관계로 인해 종래의 예술작품과 구별된다. 즉 중요한 것은 다름 아닌 예술이라는 점을 그것들은 스스로 주장한다. 이 경우에 예술은 예술작품이자 동시에 자기서술이라고 주장하는 형식을 취한다. [E. E.]

Das Kunstwerk und die Reproduktion der Kunst, 1986; Weltkunst, 1990; Die Kunst der Gesellschaft, 1995.

예술체계

art system, Kunstsystem

예술체계의 작동들은 예술작품을 지향하는 관찰들이다. 예술의 소통은 그런 목적을 위해 특별히 제작된 대상을 필요로 한다. 일상적인 대상은 단순히 있는 그대로 관찰되는(또는 관찰될 수 있는) 반면, 예술작품으로 관찰되는 대상은 누군가에 의해 제작되었고 그것을 만든 사람의 관찰과 관련하여 관찰되어야 하는 인공적인 대상으로 지각된다(「예술」 참조). 관찰자와 예술가 모두 이차 관찰을 실현한다(「작동/관찰」 참조). 예술가는 다른 사람들이 그것을 관찰하게 될 방식과 관련하여 제작될 예술작품을 관찰해야 한다. 또한 그는 예술작품을 통해 관찰자의 기대를 이끌고 놀라게 하려고 노력해야 한다. 관찰자는 자신의 입장에서 예술작품의 구별 구조를 해독해야 하며 또한 이 구별들이 관찰들을 결속하기 위해 만들어졌다는 것을 인식해야 한다. 예술작품에 주어진 특정 참조들을 통해 관찰자는 다른 사람들의 (조정되거나 조정되지 않은) 관찰들과 자신을 연결한다.

예술의 기능은 배제된 가능성들의 관점에서 자신을 관찰할 수 있는 가능성을 세계(「세계」 참조)에 제공하는 데 있다. 세계 내의 모든 각 구별은 특정 가능성들을 생성하는 동시에 시야에서 벗어나 있고 접근할 수 없는 상태로 남아 있는 다른 가능성들을 배제한다. 예술작품은 일반적인 현실과는 구별되는 자체 현실을 확립한다. 그래서 현실을 실제적 현실과 상상적 현실로 이중화하는 일을 실현한다. 예술은 이 허구의 영역, 즉 실현되지 않은 가능성들의 영역에서 질서가 어떻게 발견될 수 있는지 보여준다. 임의의 출발점에서 시작하되 상호 제한하는 작동들의 단순한 연쇄가 그 후에는 필연적으로 보이는 하나의 질서를 만든다. 실제적 현실은, 임의적이지 않은 다른 질서가 적용되는 다양한 대안적 가능성들의 영역과 대조된다. 자신의 특정 (허구의) 현실 영역 내에서 예술은 다양한 형식들을 가지고 실험할 수 있다. 그리하여 예술은 결코 실현된 적이 없는 완전성의 이상과 관련하여 현실을 모방할 수 있고 더 나아가 현실을 비판할 수 있다. 또한 그것은 관찰자 개인의 흥미를 끌 수 있고 그를 일상적 맥락과는 다른 방식으로 관찰하도록 유도할 수 있다(소설의 경우처럼). 다시 말해, 예술의 기능은 자신을 관찰할 수 있는 가능성을 세계에 제공하는 것, 즉 세계를 세계 속에 나타나게 하는 것이다. 따라서 우리는 '대상 예술'이 아니라 '세계 예술'에 대해 말할 수 있다. 여기에는 또한 예술 자신이 생성하는 동시에 해소하는 예술의 특정 역설, 즉 관찰할 수 없는 것의 관찰 가능성의 역설(또는 오직 가능할 뿐인 것의 필연성의 역설)이 존재한다.

예술은 외부 준거들이 차단될 때 자율적 기능체계로 분화된다. 예술작품이라고 불리는 비개연적 대상의 생성을 설명하기 위해 우리는 유용성이나 기타 상황적 요인에 의존할 수 없다. 근현대에서는 예술의 목적이 더 이상 자연을 모방하거나 예술 자체의 외부에 있는 어떤 것에 대한 그 밖의 참조들에 있다고 보지 않는다. '예술을 위한 예술L'art pour l'art'(자기목적)과 같은 정식은 형식들의 조합을 실험하는 데 특화된 체계의 자율성을 표현하며, 이 체계는 외부의 아무것과도 관련되지 않고 단지 구별하는 단순한 작용만 수행한다.

예술체계는 '미/추' 약호를 지향하는 모든 소통, 즉 특정 형식이 예술작품 내의 형식들의 조합에 적합한지 여부에 대한 물음이 제기되는 작동들을 포함한다. 근현대에는 예술작품에 새로움이 요구될 뿐 더 이상 특정 규칙의 올바른 적용이 요구되지 않기 때문에, 각 구별에 대해서 그것이 적합한지 여부를 결정할 수 있도록 하는 특정 프로그램이 필요하다. 예술의 경우 자기 프로그램화에 대해 말할 수 있다. 즉, 각 예술작품은 이 프로그램화에 의해 생성된 질서의 필연성이 예술작품 자체 내에서 이루어진 결정들의 결과라는 의미에서 스스로를 프로그램화한다. 형식들의 선택에서 예술작품이 따르는 규칙은 이 형식들의 선택 자체에 의해 생성되며 이 형식들의 선택은 점차적으로 스스로를 결속한다. 따라서 이 결속은 외부 법칙에서 오는 것이 아니라 예술가가 예술작품을 시작한 방식에서 비롯된다. 프로그램은 스스로 프로그램화를 수행하는 작동들의 결과이다.

각 예술작품이 특정 프로그램의 결과라고 해도 매번 처음부터 다시 시작할 필요는 없다. 양식樣式, styles, Stile은 서로 다른 예술작품들 사이의 결합을 만들며, 예술작품들을 서로 연결시키고 예술을 체계로 확립하는 것을 가능하게 한다. 하나의 양식을 작품에 귀속시킴으로써 예술작품이 예술체계에 속해 있는 것을 인지할 수 있다. 반면, 어떤 양식에도 포섭될 수 없는 것은 예술작품으로서의 의미를 상실하고 예술로서 관찰될 수 없다. 그러나 양식은 형성되어야 할 구별들에 대한 정확한 지침을 제공하지 않기 때문에 메타 프로그램이 아니다. 자신을 새로운 것으로 제시하는 예술작품을 생성하기 위해선 양식을 따르는 것만으로는 충분하지 않다. 오히려 요구되는 것은 자기 프로그램화 그리고 새로운 형식들의 조합의 생성이다. 따라서 양식은 예술작품의 자율성을 유지하지만 따르거나 따르지 않을 수 있는 일반적인 지침을 제공하지는 않는다. 더욱이 예술이라는 사회적 체계의 존재는 개별 예술작품이 자기생산적으로 재생산되는 네트워크 안에 있어야 함을 요구하며, 따라서 각 예술작품이 다른 예술작품들과의 재귀적 결합 내에서 그리고 예술에 대한 서면 또는 구두로 확산된 언어적 소통 내에서 실현되기를 요구한다. 이를 위해서는 전시회, 박물관, 극장, 복제품, 공개 토론 등이 필요하다.

다른 기능체계들과 비교할 때 예술에는 체계의 자율성에 대한 특별히 민감한 반성이 존재한다. 이것은 19세기부터 아방가르드 운동이 예술을 더 이상 예술로 인식할 수 없는 경계로 끌어올릴 때까지 예술작품 자체 내에서 예술에 대한 자기서술을 선보이는 계기가 되었다. 이에 따라 체계의 자율성은 작동들의 재생산이 그 자신의 부정을 포함하는 지점에까지 도달했다. [E. E.]

Das Kunstwerk und die Reproduktion der Kunst, 1986; Weltkunst, 1990; Die Kunst der Gesellschaft, 1995.

의미

meaning, Sinn

의미는 모든 심리적 체계들과 사회적 체계들의 보편적인 매체, 즉 이들 체계에서 생성되는 모든 형식들에 대한 매체(「형식/매체」참조)이다. 의미라는 매체에서 체계의 모든 작동은 생성되는 것의 배경에 남아 있는 작동 생산의 다른 가능성들을 나타낸다.

의미는 현실적 선택과 가능적 선택 사이의 느슨한 연결을 생성하기 때문에 체계 내 선택들 사이에 모든 유형의 긴밀한 연결을 허용하는 매체이다. 따라서 의미는 체계에서 생성되는 모든 형식들의 기본 매체이다. 이것은 의미에도 형식이 있기 때문이다. 즉 의미의 형식은 현실적/가능적 또는 현재적/잠재적이라는 구별이다. 의미는 사회적 체계들과 심리적 체계들의 선택의 형식이다. 그것은 자기준거와 구조화된 복잡성에 형식을 부여하는 사회적 체계들 및 심리적 체계들의 진화적 성취이다. 의미에 기반한 체계 선택들은 무언가를 실현하되, 동시에 실현되지 않은 가능성들을 배경으로 남겨 둔다. 물론 선택은 다른 모든 것의 부정을 통한 어떤 것의 실현이다. 이때 부정은 파괴가 아니라 의미가 작동하는 근본적인 방식이다.

의미의 형식을 현실적/가능적 또는 현재적/잠재적 간의 구별로 관찰한 것은 에드문트 후설의 현상학에서 비롯된다. 의미는 각 체험을 처리하기 위한 전제이다. 의미는 각 현재적 체험에 포함된 체험의 후속 가능성들에 대한 참조들의 잉여에서 드러난다. 따라서 의미는 현재성과 가능성(잠재성)의 동시적 제시이다. 모든 현실적 데이터는 추가 가능성들의 지평에 투영되고 각 실현은 추가 가능성들을 잠재적으로 만든다. 가능성과 현실성, 잠재성과 현재성은 오로지 함께만 나타난다. 의미는 의미를 현재화하는 체험을 통해 재생산되며, 동시에 현재화되지 않은 추가 체험들과 관련된다.

　　의미에 대한 이 현상학적 정의는 체계이론에 통합된다. 의미는 사회적 체계들과 심리적 체계들에서 구성된다. 즉 소통과 생각의 체계 작동들은 의미라는 매체에서 실현된다. 이러한 의미구성 체계들은 다른 가능성들에 선택적으로 열려 있다. 사회적 및 심리적 체계들에서 모든 작동은 가능한 대안들 중에서 현재적 내용을 선택하는 것이며, 추가 작동들은 항상 다른 가능성들을 선택(현재화)할 수 있다. 모든 작동은 다른 선택을 가능한 것으로 남겨 둔 채로 무언가를 현재적인 것으로 만드는 특정한 결정이다. 이때 의미는 또 다른 곳에서 결정할 수 있는 가능성을 통해 명백해진다. 역설적이게도 의미는 그러한 가능성을 전제로 하는 작동들의 산물이며, 이러한 작동을 통한 재생산에서만 의미가 존재할 수 있다. 심리적 체계들과 사회적 체계들은 둘 다 그들의 작동에서 의미를 전제하고 생성한다. 한편으로 소통(생각)은 추가 소통(생각) 가능성들에 대한 관련에서만 구성된다. 다른 한편으로 특정 소통(생각)의 현재화는 더 많은 소통(생각) 가능성들을 여는 토대를 마련한다. 의미는 사회적 및 심리적 체계들의 기본적인 자기준거를 용이하게 한다. 소통(생각)은 그것이 잉여의 소통(생각) 가능성들을 열 때 더 많은 추가 소통들(추가 생각들)과 연결될 수 있다. 의미는 이러한 체계가 계속 작동할 가능성을 보장하는 요소들의 연결성을 규정한다.

의미구성 체계들의 경우 모든 것이 의미를 가지고 있는데, 왜냐하면 오직 의미에 기초해서만 모든 것이 소통(생각)될 수 있기 때문이다. 세계는 오직 이 체계들 안에서만 실현되는 의미라는 매체를 통해서만 관찰될 수 있다. 따라서 의미와 체계는 상호 필요조건이다. 즉 양자는 함께만 가능하다. 사회적 및 심리적 체계들에서 의미는 지나간 선택들의 역사를 기반으로 현재의 결정을 보장하는 동시에 미래의 대안 가능성들을 열어준다.

의미는 현재적인 것과 가능적인 것 사이의 차이의 통일성이므로 모든 것(현실적인 것과 가능적인 것의 총체)은 의미를 갖는다. 의미에는 그 자체의 부정도 포함된다. 즉 의미의 부정에도 의미가 있다. 비-의미의 존재는 의미를 통해서만 관찰될 수 있다. 비-의미에 대한 연관은 의미를 재생산한다. 따라서 체계 작동들에서 비-의미는 반드시 의미를 가져야 한다. 모든 의미 내용은 추가 의미에 대한 연관에서만 현재적 현실성을 갖게 되며, 이 연관에는 동일한 내용을 재현재화할 수 있는 가능성도 포함된다. 의미는 지속적으로 의미를 나타낸다. 즉 그것은 자기 준거적이다. 한편으로 의미는 생성된 가능성들 중 일부만 현재화되고 다른 모든 것은 배경에 남아 있을 것을 요구한다. 다른 한편으로 의미는 현재적이 아닌 모든 것과 관련된다. 즉 그것은 가능성이 고려될 수 있도록 허용한다. 의미는 세계가 현재화되지 않았기 때문에 세계를 접근 가능하게 하고, 데이터의 현재화에서 가능성이 사라지는 것을 방지한다. 세계는 의미연관들의 총체성으로 나타난다. 이때 의미는 사회적 및 심리적 체계들에 대한 연관들의 잉여를 규정한다. 이 잉여는 세계의 복잡성을 구성하며 세계는 특정 내용들의 현재화를 위한 조건이다. 의미 개념을 사용함으로써 우리는 불변의 궁극적 원리들에 대한 가정에서 모든 것을 우연적인 것으로 관찰할 가능성으로 전환한다.

체계와 환경을 구별하는 경계도 의미라는 매체로 형성된다 (「체계/환경」 참조). 따라서 사회적 및 심리적 체계들의 경우 우리는 의미 경계들에 대해 이야기한다. 이 경계는 공간적이거나 구체적인 경계들이 아니다. 의미 경계들은 체계 내의 가능성들의 영역을 포함한다. 따라서 그것들은 이 체계를 자체 작동들을 생성하는 하나의 선택 맥락으로 관찰할 수 있도록 만든다. 이 경계들은 체계에서 복잡성이 축소된 특정 조건들이 적용됨을 보여준다. 의미는 체계 내에서 세계의 복잡성을 축소하는 동시에 유지할 수 있게 한다.

의미의 개념은 생명체계들(유기체, 두뇌)과 대조적으로 사회적 및 심리적 체계들의 특수성을 이해할 수 있게 한다. 의미는 생명체계들과의 유비를 허용하지 않는 사회적 및 심리적 체계들의 진화적 성취이다. 즉 의미와 생물학적 생명은 서로 다른 유형의 자기생산적 조직으로 구별되어야 한다. 의미체계들의 진화적 특수성과 연관되기 위해서는 체계적 개념들(예컨대 자기생산, 자기준거, 관찰)이 본연의 바이오-인공두뇌학적인 맥락에서 추상화되어야 한다. 따라서 사회적 및 심리적 체계들에 대한 비환원주의적 이론은 이러한 체계들이 생명체계들과 마찬가지로 자기생산적이라는 가정 위에서 구성되지만 이 가정은 의미 개념을 통해 구체화되는 셈이다. [C. B.]

Soziale Systeme, 1984, S. 64 ff., 92 ff.; Die Gesellschaft der Gesellschaft, 1997, S. 44 ff.; Der Sinn als Grundbegriff der Soziologie, 1971.

의미론
semantics, Semantik

의미론은 사회에서 관찰들을 조정하기 위한 지침으로 반복
적으로 사용되고 확립되며 안정화될 수 있는 일군의 구두 및
서면 형식들이다. 따라서 의미론은 자율적 체계가 아니라 사회
적 체계로서의 사회(「사회」 참조)에서 생산된 일련의 형식들이
다. 의미론의 개념은 의미(「의미」 참조) 및 소통(「소통」 참조)의 개념
을 참조한다. 실제로 의미론은 세계관, 과학 이론, 의견, 에세이,
토론과 같은 소통상의 일군의 주제들로 사용되고 구성될 수
있는 구두, 서면 또는 지각적 형식의 개념들 및 아이디어들로
이루어져 있다.

의미론은 사회에서 의미 내용들을 선택하는 데 사용될 수
있는 일군의 형식들이다. 그것은 유지할 가치가 있는 일군의
의미 전제들을 확립하고 안정화시킨다. 이 일군의 형식들은
소통에 잠재적으로 포함될 수 있는 주제들을 보존하는 가운데
의미라는 매체에서 정보를 선택하는 데 사용된다. 의미론에는
소통에 사용할 수 있는 응축되고 재사용 가능한 의미 내용들이
포함된다. 의미론의 개념은 사회의 역사에서 생산된 일련의
개념과 아이디어의 집합이라는 의미로 사용되는 문화의 개념

을 대체한다.

의미는 하나의 사건으로서 현재에만 존재하지만, 의미 선택들의 조정을 가능하게 하기 위해서는 사회의 모든 의미 내용이 기대될 수 있어야 한다. 따라서 의미는 일군의 형식들과 관련하여 처리되고 유형화되고 정의되어야 한다. 의미의 처리와 유형화에는 친숙한 것뿐만 아니라 새롭고 기대 가능하며 심지어 모호한 것을 개발할 수 있는 가능성이 수반된다. 따라서 이례적이거나 비판적인 의미 내용도 친숙한 의미 내용의 지속적인 사용과 결합될 수 있어야 한다. 의미론은 보존된 의미 형식들을 참조하여 소통들을 결합한다. 이를 통해 사회에서 기존 관찰들(「작동/관찰」 참조)을 재사용하고 기존 관찰들과 연결할 수 있는 새로운 관찰 가능성들을 열 수 있다. 따라서 의미론은 의미를 일반화하여 사회에서 관찰을 지향하는 구별들을 만들어낼 수 있다.

의미론은 소통의 새로운 내용들에서 선택되는 일반화된 의미로 이루어진다. 이러한 내용들은 유형화되어 있고 개별 상황과 무관하게 사용될 수 있다. 이러한 의미 유형화는 소통들을 접속해야 할 필요성에 부합한다. 이때 소통들의 결합은 새로운 것과 이미 알려진 것 사이의 결합을 이해 가능하게 하는 특정 유형에 따라 특정 의미 내용을 선택함으로써 이루어진다. 의미 유형화를 통해 의미론은 사회를 특정 소통 내용에는 민감하게 만들고 그 밖의 다른 내용에는 그렇지 않게 만든다.

의미론의 두 가지 생성 층위가 사회에서 구별될 수 있다. 첫 번째 층위는 모든 텍스트들과 소통 주제들(예컨대 저주, 관용어)을 포함한다. 이것은 친숙한 소통을 지향한다. 두 번째 층위는 첫 번째 층위의 선택이다. 즉 그것은, 자기서술을 위해 보존되고 재생되며 역사 문화 자료와 사회이론을 포함하는 정제된 의미론이다.

사회의 진화는 확산매체(「확산매체」 참조)의 발전과 사회 구조의 변화(「사회분화」, 참조)와 관련이 있다. 분절화된 분화가 있는 문자 이전 사회에서 의미론은 구두로만 사용 가능하며 참여자들의 기억에 의존한다. 문자가 발명된 후에 (계층적 사회에서는) 서면 텍스트에 의미론을 고정시키는 것이 가능해졌다. 이 경우 의미론은 사회 발전과정을 예상하거나 아니면 해체할 수 있으며 심지어 구식 전통을 고집할 수도 있다. 이때의 의미론의 선택은 타당성과 증거의 기준에 따라 이루어진다. 그 선택은 일군의 도그마로서 안정화된다. 인쇄에서 인터넷에 이르는 새로운 확산매체의 발명과 사회의 기능적 분화는 중요한 변화를 야기한다. 즉 의미론적 형식들이 전개되고 분화되는 가운데, 이전의 선택 기준들에서 벗어나서 탈도그마화되며 기능체계들의 반성(「자기준거」, 참조)에 연결된다. 따라서 근현대 사회에서 정제된 의미론은 다양한 기능체계들(가령 학문체계, 경제체계, 법체계, 종교체계) 내의 서술들로 생성된다.

의미론의 변화는 사회 복잡성의 매개 변수를 통한 사회 구조의 변화와 상관관계가 있다. 사회 구조의 변화에 따라 소통들 간의 접속의 선택성도 변화한다. 이는 사회적 복잡성 수준의 변화를 의미한다. 그러한 변화는 소통 지향적 기능을 하는 의미론의 변화를 요구한다. 의미론은 소통들 간의 접속이 변화하고 더 이상 그 의미론이 소통의 재생산을 지향할 수 없을 때 변화한다. 따라서 구조와 의미론 사이의 관계는 순환적이다. 즉 의미론의 변화는 구조 변화에 의존하지만 동시에 의미와 소통의 새로운 유형화 형식의 성공을 규정한다. 이러한 순환성에도 불구하고 의미론은 구조 변화와 비교하여 항상 시간적 지연과 함께 진화한다. 따라서 사회에 대한 자기서술은 항상 새로운 발전을 이해하는 데 다소 부적절하다. [C. B.]

Gesellschaftsstruktur und Semantik I, 1980; Liebe als Passion, 1982; Die Gesell-schaft der Gesellschaft, 1997, S. 866 ff.

의미차원

meaning dimensions, Sinndimensionen

의미(「의미」 참조)는 현재적인 것과 가능적인 것의 차이를 세 가지 의미차원으로 표현한다. 의미구성 체계는 다른 차원들에서 해당 가능성을 반드시 현재화하거나 부정할 필요 없이 각 차원에서 상대적으로 자율적인 방식으로 가능성을 현재화하거나 부정할 수 있다. 이것은 모든 규정들과 부정들이 각 의미차원의 특정 지평과 연관된다는 사실에 의해 가능해진다. 세 가지 의미차원은 사안 차원, 사회적 차원, 시간 차원이다.

(a) 사안 차원에서 참조지평은 '이것/다른 것'의 차이에 따라 구조화되며, 여기서 어떤 것('이것')의 규정은 다른 것의 (암시된) 부정을 요구한다. 가령, 말은 소가 아니며 숫자는 게임이 아니며 속도는 색이 아니다. 사회적 체계들의 경우 이 차이는 소통의 주제들과 관련되며, 심리적 체계들의 경우 이 차이는 의식된 주목 대상들과 관련된다. 모든 주제와 모든 대상에 대해 사안 차원은 두 지평 사이의 차이, 즉 관찰에 의해 지칭되는 것의 내부와 외부의 차이를 나타낸다. 관찰자는 구별의 한쪽 면을 지칭하고 다른 쪽 면을 부정할 수 있으며 또한 이 다른 쪽 면을 계속해서 추가 지칭을 위해 사용할 수 있도록

유지한다. 사안 차원에서 우리는 예를 들어 체계/환경의 패러다임적 구별을 통해 체계준거를 선택할 수 있다. 따라서 관찰자는 체계를 지향하고 배경에 있는 다른 모든 것을 체계의 환경으로 남겨 둔다. 이 경우 관찰된 체계의 동일성이 관찰과 관련된 내부이고 다른 모든 것은 이 형식의 외부를 형성한다. 일반적으로 소통에 의해 선택된 주제나 의식이 주목하게 되는 대상의 경우에 중요한 관건이 되는 것은 환경 복잡성(「복잡성」 참조)의 축소로, 바로 이 축소를 통해 우리는 관찰체계에서 추가 작동들을 위한 연결을 찾을 수 있다. 복잡성은 다른 주제들이나 다른 가능한 대상들의 형식으로, 즉 (특정 주제 또는 의도된 대상과 관련하여) '다른 것'으로 유지된다.

(b) 사회적 차원은 두 소통 상대방인 '자아'와 '타자'의 가능성 지평에서 구성된다. 이 경우 의미는 주제나 대상과 관련하여 처리되지 않고 오히려 자아와 타자의 관점의 차이로 응축된다. 사회적 차원은 두 소통 상대방의 비동일성을 기반으로 하며 이 비동일성을 이중적 참조지평으로 취급한다. 여기서 중요한 것은 단순히 자아가 타자의 내부 지평을 사안 차원에서 관찰된 하나의 체계로 지칭한다는 사실이 아니다. 그보다는 타자 또한 우연적이고 예측 불가능하게 작동하는 관찰자라는 것이 오히려 더 중요하다. 자아와 타자는 서로를 상호적으로 관찰하며, 서로에 대한 이러한 상호 의존은 자아/타자 차이의 사회적

특성을 이룬다.

　사회적 차원에서는 세계를 사회적 세계로서 구성하는 관점들 간의 연관이 확립된다. 바로 여기에서 다른 관점들, 다른 선택들, 다른 사람의 경험들, 합의 및 반대가 관찰될 수 있다. 사회적 차원은 이중 우연성(「이중 우연성」 참조)으로 나타나며, 이를 처리하려면 사회적 체계들이 필요하다. 이 이중 우연성은 의미의 사회성을 다수의 체계준거로 파악하게 할 뿐만 아니라 다수의 관찰 관점으로 파악하게 한다. 자아는 의미가 규정되는 관찰 가능한 방식을 이중화한다는 점에서 타자를 타자적 자아로 관찰한다. 그러므로 가능적인 것에 대한 참조지평은 사안 차원에 국한되지 않고, 의미의 선택성이 다른 관점에 대한 각 관점의 특수성으로 구성되는 사회적 차원에서도 규정되어야 한다.

　(c) 시간 차원은 과거 지평과 미래 지평으로 표현되는데 이것은 현재에서만 구성될 수 있다(「시간」 참조). 시간의 흐름을 파악할 수 있는 가능성은 시간 차원의 특히 복잡한 구성에 기초한다. 이 가능성은 현재를 규정하는 두 가지 다른 방식을 필요로 하며 이는 동시적으로만 가능하다. 한편으로 현재란 항상 사건으로, 즉 특정 시점에 발생하며, 온갖 변화가 더 이상 되돌릴 수 없게 되는 특정 순간을 나타낸다. 다른 한편으로 이 사건적 성격은 지속성이 있고 가역성의 가능성을 보장하는

현재를 기반으로 해서만 관찰될 수 있다. 시간이 엄수되고 있는 현재에서 미래는 끊임없이 과거가 된다. 이것은 시계로 측정되는 시간이며 계속해서 흘러가는 시간이다. 사건의 비가역성에도 불구하고 가능적인 것에 대해 접근할 수 있는 지속적인 현재는 기간의 시작과 끝을 결정할 수 있고 과정을 가속 또는 감속할 수 있으며 불변하는 상황을 관찰할 수 있는 그런 현재이다. 이리하여 상황의 지속성은 사건의 비가역성을 관찰할 수 있는 배경이 되는 반면, 사건의 시간 엄수는 지속적인 상황을 관찰하는 것을 가능하게 한다. 시간 엄수와 지속성의 구별만이 미래와 과거의 투영을 가능하게 한다. 왜냐하면 불가역성과 지속성 중 어느 하나만을 기반으로 해서는 과거의 선택들에 대한 기억을 형성하거나 아직 발생하지 않은 시간을 투영하는 일이 불가능하기 때문이다. 두 현재의 동시성 덕분에 우리는 시간적 상황의 지속성 또는 해당 상황에서 발생하는 순간적 사건들의 연쇄 관계가 고려되는지 여부에 따라 구조(「구조」 참조)와 과정(「과정」 참조)을 구별하는 것이 가능해진다.

모든 각 의미구성 체계는 의미가 표현되고 분화되는 이 세 가지 차원을 구별할 수 있는 가능성에 기반한다. 이 세 가지 차원은 하나의 의미차원에서의 구체적인 현재화가 다른 의미차원들에서 현재화될 수 있는 것을 규정하지 않는다는 점에서 분화된다. 예컨대 한 대상의 지속성(시간 차원)은 그 대상의 현존에 대한 합의(사회적 차원)에 의해 규정되지 않는다. 마찬가지로 시간의 선택(시간 차원)은 관찰될 수 있는 것(사안 차원)이나 관찰되는 사람(사회적 차원)을 규정하지 않는다.

그러나 이 세 가지 차원이 서로 구별될 수 있다고 해서 그것들이 완전히 조정되지 않는다는 의미는 아니다. 오히려 이와 반대로, 관찰될 수 있는 것을 구성하는 일은 이 세 가지 차원들의 상호 의존성을 요구하는데 왜냐하면 한 차원에서 현재화되는 것은 다른 차원들에서 의미를 규정할 가능성을 제한하기(물론 규정은 아님) 때문이다. 예를 들어, 주어진 상황에서 미래에 대한 관점이 바뀌면 합의 또는 반대의 가능성과 현재 실현될 수 있는 것들의 실제적인 스펙트럼 모두에 영향을 미칠 수 있다. [G. C.]

Soziale Systeme, 1984, S. 112 ff.; Teoria della società, 1992; Der Sinn als Grundbegriff der Soziologie, 1971.

의료체계(환자치료체계)
medical system, Medizinsystem

의료체계 또는 환자치료체계patient treatment system, System der Krankenbehandlung는 기능적으로 분화된 사회의 부분체계 중 하나이다. 이 체계에서의 소통은 인간의 유기적 또는 정신적 상태에 관한 것이다. 그리고 이 소통은 주로 사회의 환경과 그곳에서 관찰된 문제들을 지향한다. 의사는 사람들이 소통을 위한 유기적 또는 신체적 기반으로 더 이상 쉽게 역할을 할 수 없을 때 활동하게 된다. 하지만 의료체계의 목적은 소통을 통해 직접 도달될 수 없다. 환자와의 소통은 분명 역할을 하지만 환자의 신체적 또는 정신적 상태를 진단하고 치료함으로써 그 기능을 수행한다.

환자치료 기능은 질병/건강 약호(「약호」 참조)에 대한 지향을 기반으로 한다. 질병/건강 구별은 의사와 환자 간의 소통 영역을 형성하여 사회 어디에서도 이행되지 않는 기능을 수행한다(권력도 화폐도 치유 능력이 없다). 따라서 '건강' 및 '질병'이라는 용어는 특정 신체적 또는 정신적 상태를 나타내는 것이 아니라 약호값을 나타낸다. 그런데 질병이 긍정값이고 건강은 부정값이다.

의사의 관점에서 볼 때 인간의 삶은 질병과 관련해서만 유의미하기 때문에 의사는 주로 질병을 지향한다. 따라서 질병에 대한 소통은 체계 내에서 연결을 찾을 수 있다. 반면에 건강은 그러한 자극을 제공하지 않는다. 건강은 질병이 아닌 것에 대한 반성을 강화할 수 있을 뿐이다. 의료체계는 누군가가 아플 때만 작동한다. 따라서 많은 질병과 단 하나의 건강이 있다. 다시 말해 질병에 대한 명칭은 다양한 데 비해, 건강의 개념은 규정하기 어렵거나 비어 있다. 의료적 관점에서 건강은 아프지 않은(또는 더 이상 아프지 않은) 사람 또는 아직 진단되지 않은 상태로 고통받는 사람과만 관련이 있다. 의료체계의 약호화는 다음과 같은 특성을 통해 다른 기능체계들의 약호화와 구별된다. 즉 의료체계의 약호화는 사회적으로 선호되는 값(건강)이 (체계에 연결될 수 있는 것이 아니라) 반성(부정적 약호값)을 유발하는 유일한 약호화라는 점이다.

질병의 유의미성은 서로 다른 두 가지 자기생산적 체계(「자기생산」 참조)인 신체와 의식 간의 관계에서 비롯된다. 의식은 자신의 신체를 직접 관찰할 수 없으며 표상을 통해서만 물리적, 화학적, 유기적 과정을 재구성할 수 있다(「심리적 체계」 참조). 의식은 이 표상을 통해서만 외부에 무언가가 있다는 것을 알 수 있다. 반면, 신체는 세계와 동시성이 있음을 분명히 한다. 신체는 통증을 통해 의식에 영향을 미친다. 이 통증은 신체에 대한 의식의 구조적 냉담함에 대한 보상이다. 통증은 신체에 주의를 집중시켜 복잡성을 축소시킨다. 그것은 다른 모든 것이 무의미해졌을 때 여전히 의미가 있는 마지막 것은 신체라는 사실을 강조한다. 질병과 상처는 고통을 통해 나타나므로 우선권을 갖는다. 그리하여 신체가 도움을 요청할 때 의사가 우선권을 가진다.

의료체계의 프로그램들은 건강/질병 구별과 관련되어 있으므로 질병(질병 치료, 치료 과정)에 중점을 둔다. 의료체계의 기능은 주로 사회의 환경에 초점을 맞추고 소통의 비개연성을 다루지 않기 때문에, 그 약호는 상징적으로 일반화된 소통매체(「상징적으로 일반화된 소통매체」 참조)를 규정 짓지 않는다. 소통의 성공을 위해서는 협력 의지와 특수 기호들(기술적 명칭이 있는 의약품, 정확한 복용량 지침)의 조건으로 충분하다. 질병이 긍정값이기 때문에 의료체계는 반성이론(「반성」 참조)에도 기여하지 않는다. 의료 행위는 건강의 가치와 관련이 있지만 건강은 체계 내에서 연결 가능성이 없기 때문에 반성될 수 있는 것은 아무것도 없다. 그래서 의료는 단지 환자의 치료에 관한 것이다. 반성보다는 (사회의 최대 가치인) 건강의 가치와 의사의 직업윤리가 월등히 우선한다.

유전 공학 덕분에 이차 약호화도 생겨났다. '유전적으로 완전한/유전적으로 의심스러운'이라는 구별은 질병이 구별의 양쪽 면에 요구되기 때문에 질병과 관련하여 '치료 가능/치료 불능'의 이차 구별을 규정할 수 있게 한다. 이러한 이차 구별은 미리 정해진 기준(윤리적 기준 포함)에 의해 제어될 수 없는 체계 내의 내부 동역학의 개발을 허용하기 때문에 이차 약호화로 규정될 수 있다. 사회학적 관점에서 유전 공학에 관한 근본적인 질문은 그것이 약호의 기술화를 수반하는지, 아니면 신체에 대한 많은 새로운 개입 중 하나만을 나타내는지 여부이다.

의료체계에는 다른 기능체계들의 노력이 필요하다. 예를 들어 의료에는 정치적 결정, 과학적 지식, 재정 및 법적 제어가 필요하다. 그러나 이 상호 의존성은 의료체계의 자율성에 영향을 미치지 않는다. 왜냐하면 과학 출판물, 재정 자원, 의회 회의, 윤리위원회, 성직자, 친척 등이 관여하더라도 질병의 구성(진단 및 치료, 정보 및 제안)은 의료 영역 내에 남아 있기 때문이다.

사회의 진화와 함께 의료체계의 관련 영역이 확장되어 오늘날에는 개인의 생활방식 전체를 포함한다. 이러한 진화적 변화는 환자 치료에 대한 수요의 팽창과도 관련이 있다. 치료 과정이 가능한 한, 치료는 무시되지 않을 수 있고 이 점에서 의료적 불평등은 추문으로 간주된다. 이러한 수요 증가는 또한 확장 정책의 도입 및 그에 따른 재정 문제와도 관련이 있다. 비용을 줄임으로써 수요를 감소시키려는 시도는 의료체계의 자율성을 침해한다. 경제적 계산은 동시에 통증의 계산이 아니기 때문이다. 이러한 상황에서 요구사항의 규제는 개인들에게 맡겨져 있으며 의사는 궁극적으로 진단, 치료 및 약물 처방으로 자동 응답하게 된다.

의료체계에 대한 근본적인 질문은 통증에 대한 기능적 대용물을 제시할 수 있는지 여부이다. 문제는 통증이 아닌 환경적 소음의 경우 신체에 대한 의식의 기능적 무관심을 제거하여 보다 일반화된 예방 형식들을 취하는 일이다. 이 예방은 신체와 의식 사이의 상호침투 영역을 확장할 수 있다. 이러한 전망에서 보자면 반성이론의 필요성이 더욱 시급해지고, 치료 가능한 질병과 난치성 질병의 차이가 더 명확하게 드러날 수 있을 것이다. [C. B.]

Medizin und Gesellschaftstheorie, 1983; Anspruchsinflation im Krankheits-system, 1983; Der medizinische Code, 1990.

이중 우연성

double contingency, Doppelte Kontingenz

탤컷 파슨스의 이론에서 유래한 이중 우연성(또는 사회적 우연성)이라는 용어는 자아와 타자 모두 자신들의 선택들을 우연적인 것으로 상호 관찰한다는 사실을 나타낸다.

논리학에서 우연성은 필연성과 불가능성을 모두 배제하는 것을 의미한다. 우연성이라는 개념은 다른 가능한 대안들과 관련하여 현재의 데이터를 규정한다. 그것은 현재의 것(즉 불가능하지 않은 것)이 다르게도 될 수 있는(즉 필연적이지 않은) 상황을 말한다. 따라서 우연성은 어떤 데이터가 현재와 다를 가능성을 나타낸다. 데이터는 그것이 배경 가능성들의 영역에서 하나의 선택으로 관찰될 때 우연적이다. 또한 이 데이터는 자신의 비존재마저 다른 가능성들의 존재로서 규정하는 하나의 선택에서 비롯된다.

의미구성 체계들(「의미」 참조)의 선택성은 항상 우연적이다. 즉 이러한 (사회적 및 심리적) 체계들의 작동들(「작동/관찰」 참조)은 사전에 명확하게 규정되지 않는다. 우연성은 사회적 및 심리적 체계들에서 선택성 조정을 위한 근본 문제이다. 왜냐하면 소통 가능성들과 생각 가능성들은 실제로 가능성들일 뿐이기 때문이다. 이들 가능성은 기대나 예상과 다르게 실현될 수 있다(「기대」 참조). 따라서 우연성은 실망의 가능성과 리스크 감수의 필연성을 의미한다. 사회적 차원에서 이 문제는 이중 우연성으로 나타난다. 즉 모든 선택은 자아와 타자 모두에 의존하며 이들은 둘 다 의미구성 체계들이다.

각 자아에 대해 타자는 그 행동이 예측할 수 없고 변화 가능한 타자적 자아이다. 자아와 타자는 모두 자신의 경계 내에서 자신의 행동을 자기준거적으로(「자기준거」 참조) 규정한다. 각자의 선택 기준은 외부에서 관찰될 수 없기 때문에 각자는 상대방에게 하나의 암흑상자black box이다. 자아가 볼 수 있는 유일한 것은 타자의 작동상 폐쇄성에 의한 선택성이다. 모든 사람은 다른 모든 사람을 하나의-환경-내-체계로서 관찰하고 오직 그 환경과의 투입 및 산출만 관찰할 수 있으며 타자의 자기준거적 작동 자체를 관찰할 수는 없다. 모든 체계는 자신의 선택들에 대한 확정성과 함께 자신의 자기준거의 불확정성을 다른 체계들에게 보여준다.

이러한 제약으로 인해 이중 우연성은 단일 우연성을 두 번 의미하는 것이 아니라 우연성의 특정 사회적 특질을 의미한다. 즉 그것은 사회적 세계의 구성이 이중적 관점 지평(자아의 관점들과 타자의 관점들)을 통해 이루어진다는 것을 의미한다. 자아는 타자에 의해 현재화된 가능성들의 관점에서 데이터를 관찰할 수 있으며, 따라서 이 가능성들은 자아의 가능성들이 되기도 한다. 자아는 타자의 경험들을 체험할 수 없지만 타자의 관점들을 관찰하고 필요에 따라 자신의 관점으로 채택할 수 있다. 따라서 이러한 제약과 함께 타자의 세계는 자아에게 이용 가능하게 된다(그리고 그 반대의 경우도 마찬가지다). 세계는 사회적으로 우연적이 된다. 자아와 타자 모두 이중 우연성을 경험한다. 그들은 각자 자신의 관점에 상대방의 관점을 포함시킨 다음 이를 고려해야 한다.

두 상대방 모두 이중 우연성과 그에 따른 행동의 불확정성을 관찰한다. 이것은 자아와 타자 둘 다에 의존하지 않는 동어 반복적 순환성의 출현으로 이어지는데, 이 순환성 내에서 자아는 "내가 원하는 대로 네가 한다면 나도 네가 원하는 대로 하겠다"라는 일반적인 패턴에 따라 끊임없이 타자를 참조하고 그 반대의 경우도 마찬가지이다.

이 순환성은 새로운 체계 질서에 의해 중단되고 비대칭이 된다(「비대칭화」, 참조). 새로운 질서는 자아와 타자의 상호 관찰과 이 관찰이 만들어내는 정보에서 비롯된다. 이 새로운 질서는 타자와 자아의 우연적 선택들의 조정을 통해 자기생산적으로 재생산되는 작동상 폐쇄된 사회적 체계이다. 따라서 이중 우연성은 사회적 체계들의 자기촉매 작용의 기초이다.

이중 우연성은 그 출현이 문제 해결로 이어지는 과정을

촉발하기 때문에 지속적으로 해소된다. 따라서 이중 우연성은 '순수한' 형식으로는 존재하지 않는다. 오히려 그것은 체계들 자신의 재생산의 근본적인 부분으로 사회적 체계들에 포함되어 있는 하나의 지속적인 문제연관이다.

이중 우연성의 상황에서 확실성이 주어지지 않는다는 바로 그 이유로 인해 사회적 체계가 발생한다. 사회적 체계는 타자에 대한 자아의 선택성과 자아에 대한 타자의 선택성의 불확정성을 기반으로 소통 가능성들을 구조화하여 불확실성을 조절한다. 기대구조들(「기대」 참조)은 불확실성을 조절하고 선택들을 조정할 수 있는 가능성을 보장하며 사회적 체계들을 구조화하는 기능을 수행한다. [C. B.]

Soziale Systeme, 1984, Kap. 3; Generalized Media and the Problem of Contingency, 1976; Die Ausdifferenzierung von Erkenntnisgewinn, 1981.

자기생산
autopoiesis, Autopoiesis

자기생산이라는 용어는 칠레의 생물학자 움베르토 마뚜라나가 생명체의 조직에 대한 정의를 개발하려는 시도의 일환으로 만들어졌다. 이에 따르면 생명체계는 자신을 구성하는 요소들을 스스로 생산하고 재생산하며 또한 그렇게 함으로써 자신의 통일성을 정의할 수 있는 능력으로 특징지어진다. 그래서 모든 세포는 그것이 속한 체계의 네트워크의 내부 작동들(「작동/관찰」 참조)의 결과이지 외부 개입의 결과가 아니다.

사회적 체계이론은 자기생산이라는 개념을 받아들이고 이 개념의 관련 틀을 확장한다. 생물학의 영역에서 이 개념은 생명체계들에만 적용되지만, 루만에 따르면 해당 체계에서만 발생하는 특정 작동 모드를 식별할 수 있는 모든 경우에 우리는 자기생산적 체계에 대해 말할 수 있다. 따라서 자기생산적 체계들의 구성에 대한 두 가지 추가 층위가 규정되며, 그 각각은 사회적 체계들과 심리적 체계들의 특정 작동들로 특징지어진다. 사회적 체계(「사회적 체계」 참조)의 작동들은 다른 소통들을 기반으로 스스로 재생산하고 또 이를 통해 체계의 통일성을 확립하는 소통들이다. 그래서 사회적 체계들 외부에는 소통들이 존재하지 않는다. 심리적 체계(「심리적 체계」 참조)의 작동들은 생각들이다. 그리하여 의식체계들 외부에는 생각들이 존재하지 않는다.

따라서 모든 자기생산적 체계들은 작동상의 폐쇄성을 특징으로 한다. 작동상의 폐쇄성이라는 이 용어는 체계에서 새로운 요소들을 생성하는 작동들이 동일한 체계의 이전 작동들에 의존함과 동시에 이후 작동들을 위한 전제조건임을 나타내는데 사용된다(「자기준거」 참조). 이 폐쇄성은 체계의 자율성을 위한기초이며 체계가 환경과 구별되도록 한다. 생명체계의 경우,새로운 세포의 생성으로 이어지는 변형들은 전적으로 내부변형들이다. 즉 유기체의 요소들의 재생산이 세포 외부의 물질(소모되어야 할 유기 분자)을 사용하더라도 생명 유기체 외부에서세포 생성은 일어나지 않는다. 여타의 자기생산적 체계들도마찬가지이다. 가령 사회적 체계의 작동들 — 소통들 — 은 이전 소통들의 결과이며 그 자체가 추가 소통들을 촉발한다.사회적 체계의 통일성은 예를 들어 의식체계들이나 관련 유기체들의 심리적 과정이 아니라 소통들의 재귀적인 상호 연결에전적으로 기반한다. 사회적 체계만이 소통할 수 있다. 또한심리적 체계의 작동들 — 생각들 — 은 다른 생각들의 결과로끊임없이 스스로를 재생산할 뿐, 유기적 과정들이나 소통 과정들을 직접 반영하지 않는다. 의식만이 생각을 할 수 있다(그러나

의식은 자신의 생각을 다른 의식으로 옮길 수 없다. 이를 위해서는 소통에
의존해야 한다). 생명, 의식, 소통은 각기 고유한 자율성을 가진
자기생산의 분리된 층위들이다.

작동상의 폐쇄성이라는 용어는 체계가 자신의 경계를 넘어
작동할 수 없다는 주장의 귀결이다. 각 체계는 물론 환경을
가지고 있으며 환경과의 양립 가능성에 계속 의존한다(「구조적
연동」 참조). 예를 들어 의식체계들이 관여하기를 중단한다면
사회적 체계는 더 이상 스스로를 재생산할 수 없을 것이다.
그러나 요소들의 구성 층위에서 체계는 오로지 '자기 접촉'으
로만 작동한다 — 따라서 체계는 자체 작동들의 네트워크와만
관련되며 폐쇄 상태를 유지할 수 있는 한에서만 '살아남을'
수 있다. 외부의 판정 기관이 체계 작동들의 과정을 지시하고
요소들의 구성을 방해하는 순간, 체계의 자율성은 상실되고
체계의 종료가 불가피해진다. 생명체계의 경우 체계의 존립이
종료되는 것은 죽음을 의미한다. 유기체는 자신의 세포들에
의해 새로운 세포들을 재생산할 수 있는 한에서만 살 수 있다.
새로운 소통들을 생성할 수 없는 사회적 체계 역시 하나의
체계로서 사라지기 마련이다 — 비록 의식체계들이 여전히 과
거 소통들과 결합된 내용을 생각하고 있더라도 (이 내용을 표현하
지 않고 따라서 다른 사람들이 이해하지 못하고 있는 경우라면) 말이다.
체계의 존재는 체계와 환경을 분리시키는 경계 유지 능력에

달려 있다. 이와 동시에 작동들의 자기생산적 재생산은 요소들의 통일성, 요소들이 속한 체계의 통일성, 그리고 체계와 환경 사이의 경계를 생성한다. 이렇게 이해할 경우 '상대적 자율성'이라는 생각은 배제된다. 왜냐하면 체계는 자기생산적이거나 그렇지 않거나 둘 중 하나이기 때문이다(후자의 경우라면 '체계'라는 말을 언급할 수조차 없다).

하나의 사회적 체계 내에서 더 많은 자기생산적 체계들이 성립할 수 있으며, 그들 각각은 이 체계에서만 나타나는 특정 유형의 작동, 즉 특정 소통방식을 재생산한다. 이를 통해 체계와 환경 사이에 그리고 이번에는 체계 자체 내에 추가 경계가 형성된다(「사회분화」, 참조). 예를 들어 근현대 사회에는 여러 기능 체계들이 있는데, 이들 각 기능체계는 특정 약호에 대한 지향을 이용하여 다른 사회 내적인 소통들과 구별된다.

외부와의 직접적인 접촉이 배제됨에 따라 체계의 폐쇄성이라는 용어는 근본적인 의미를 띠게 된다. 체계가 갖는 통일성들은 내부에서 외부로 내보내지거나 또는 외부에서 내부로 들여올 수 없다. 예를 들어 소통들은 환경이 소통의 주제인 경우 환경에 주어진 것을 간접적으로만(즉 체계 고유의 형식들 내에서만) 언급할 수 있다. 또한 소통에 참여하는 의식체계들의 관심과 동기는 (소통이 관심과 동기와 관련되는 경우) 소통 주제의 형식으로만 나타날 수 있다. 따라서 어떤 체계도 자신의 작동들을 통해 환경과 결합할 수 없으며, 또한 이러한 작동들을 사용하여 환경에 '적응'할 수도 없다. 오히려 체계는 그것이 존재하고 작동하는 한 이미 환경에 적응되어 있다.

체계의 폐쇄성을 강조하는 것은 체계에 대한 환경의 관련성을 부정하는 것이 아니다. 개방적 체계와 폐쇄적 체계의 고전적인 비교는 폐쇄성이야말로 체계의 개방성의 조건이라는 주장으로 대체되고 극복된다. 자율성이라는 조건하에서만 체계는 환경에 대한 경계를 형성하고 환경과 자신을 구별할 수 있다. 체계는 특정 조건들이 유효하고 세계의 상황에 대한 직접적인 적응이 필요하지 않은 영역을 규정함으로써 자신의 요소들을 구성하기 위한 외부 재료를 처리할 수 있다. 이러한 방식으로만 체계는 (자신의 형식 내에서) 환경으로부터의 교란에 반응할 수 있다(「체계/환경」, 참조). 그리고 이러한 방식으로 체계는 고유한 구별들(「동일성/차이」, 참조)을 도입하며, 이러한 구별들을 사용하여 자체적으로 정보(「정보」, 참조)를 생성하는 환경의 상태들 및 환경의 사건들을 처리할 수 있다.

자기생산의 층위에서 체계는 작동들을 재생산하는 것으로 스스로를 제한한다. 체계와 환경의 구별은 내부 과정들을 외부 영역과 결합하는 관찰자를 전제로 한다(「작동/관찰」, 참조). 따라서 관찰자만이 환경과 체계 사이의 인과관계의 존재를 증명할 수 있다. 시간, 기능, 적응, 진화 등에 대한 표상들을 포함하여 자기생산적 체계에 대해 말할 수 있는 모든 것은 관찰자에 의해 말해질 수 있을 뿐 작동들의 작용과는 관련이 없다. 그러나 복잡성의 특정 수준에서 체계 자체가 자신의 자기생산의 관찰자가 될 수 있다.

자기생산 개념에 대한 이러한 이론적 결정은 일반적인 인식이론 및 인식론의 측면에서 실질적인 수정으로 이어진다(「구성주의」 참조). 특히 자기생산 개념의 도입은 자기조직화의 개념과 관련하여 중요한 진보를 가져왔다. 자기조직화의 개념은 체계가 자체 구조들을 구성하고 수정할 수 있는 능력을 고려하는 반면, 자기생산의 개념은 체계가 자체 요소들의 구성에서도 자율적으로 작동하며 체계의 모든 것(요소들, 과정들, 구조들 및 체계 자체)이 내부적으로 생성된다는 점을 강조한다.

사회과학, 특히 루만의 이론에서 자기생산 개념의 도입은 단순히 생물학적 개념의 직접적인 차용이 아니다. 이 개념이 생명 유기체들에 대한 연구에 유용함이 밝혀졌다는 사실은 사회학 영역에서의 설명력에 대해 아무것도 말해주지 않는다. 오히려 사회학의 영역에서 이 개념이 갖는 중요성의 전제는 생명체계들과의 유사성의 관찰이 특히 사회학적 관심을 이루는 결합들을 자극한다는 사실이다. 그리고 이 점은 경우에 따라 원래 개념에 대한 수정 및 보완을 의미한다. 루만의 자기생산 버전에서 가장 중요한 혁신은 사회적 및 심리적 체계들의 최종 요소들의 '사건 특성'(「사건」 참조)에 대한 강조이다. 소통들과 생각들은 사건들이다. 즉 그것들은 지속성이 없고 나타나는 바로 그 순간에 사라진다. 사회적 체계들과 심리적 체계들은 순간순간에만 존재하며, 시간(「시간」 참조)의 연장은 그 자체가 체계의 작동인 이전/이후의 구별에 따른 관찰의 결과이다. [E. E.]

The Autopoiesis of Social Systems, 1986; Autopoiesis als soziologischer Begriff, 1987; Die Wissenschaft der Gesellschaft, 1990, S. 28 ff., 128 ff.; Die Gesellschaft der Gesellschaft, 1997, S. 65 ff.

자기준거
self-reference, Selbstreferenz

자기준거의 개념은 자신의 작동을 통해 자기 자신과 관련되는 체계들이 있다는 사실을 일컫는다(「작동/관찰」참조). 이것들은 이러한 자기 접촉 때문에 현실을 관찰할 수 있는 (유기적, 심리적, 사회적) 체계들이다(「체계/환경」참조).

관찰의 작동이 그 지칭되는 것에 포함될 때, 즉 작동이 그 작동 자체를 포함하고 있는 것을 지칭할 때 자기준거가 존재한다. 예를 들어 사회적 체계는 소통을 재생산할 수만 있고 소통을 통해서만 세계를 고려할 수 있다. 이때 자기준거는 전달의 형식으로 모든 소통 속에 함축되어 있다(「소통」참조). 마찬가지로 의식은 생각만 할 수 있고, 현실은 사고의 대상 연관으로서만 관련성을 가질 수 있다.

자기준거의 개념은 순전히 분석적이지도 않고 초월적 주체의 특성도 아니다. 체계이론은 인간이나 주체를 관찰하지 않는다. 유기적, 심리적, 사회적 체계들의 자기준거적 구성은 경험적 발견으로 인정된다. 이러한 체계들은 현실 세계에 존재하며 실제로 자기준거적이다(「구성주의」참조). 또한 이러한 이해는 명목론과 실재론 사이의 갈등을 극복하려고 시도한다. 왜냐하면 자기준거는 세계에 대한 유아론적이거나 초월적인 표상을 가리키지 않기 때문이다. 자기준거적으로 구성된 체계는 체계에 속한 것(체계 자체의 작동들)과 환경에 귀속되는 것을 구별할 수 있어야 한다. 한편으로 자기준거는 관찰(즉 무엇에 대한 지칭)에 사용되는 모든 구별이 체계 자체 내의 작동들에 의해 구성되어야 하는 방식으로 체계 자체의 작동들을 재생산할 가능성을 요구한다(「자기생산」 참조). 다른 한편으로 체계는 외부 현실, 즉 환경과 혼동되어서는 안 된다. 체계의 작동성과 인식의 각 형식을 위한 조건은 자기준거와 타자준거를 '내부적으로' 구별할 수 있는 가능성이다. 이러한 가능성은 (하인츠 폰 푀르스터에 따르면) 자기준거적 체계들을 다른 평범한 기계들과 구별하게 한다. 후자는 항상 같은 방식으로 투입을 산출로 변환하지만 자기준거적 기계들의 경우 산출은 체계의 특정 내부 상태에 따라 다르다. 따라서 체계의 서로 다른 상태들에 따라 동일한 투입이 완전히 다른 결과들을 초래할 수 있다.

자기준거의 개념은 동어반복의 개념과 일치되지 않는다. 이 개념에서 중요한 것은 자기 자신을 직접 지칭하는 작동(가령, A=A)이 아니라 작동 자체가 거기에 속해 있는 그 어떤 것(준거의 '자기')을 지칭하는 작동이다. 이러한 지칭은 자신과 관련되는 것이 다른 것과 구별되도록 허용하는 차이에 기초하여 만들어질 수 있다. 동어반복은 체계의 작동들에 치명적일 수 있는 비정보적 형식의 자기준거일 것이다. 다른 것들에 대한 관련을 배제할 때 모든 작동적 연결이 차단될 터이기 때문이다(「비대칭화」 참조).

자기준거는 '자기'를 지칭하는 데 어떤 구별이 사용되느냐에 따라 세 가지 유형으로 상론될 수 있다.

(a) 자신과 관련되는 것이 체계의 요소(소통, 생각, 세포)인 경우 우리는 기초적 자기준거에 대해 말한다. 요소의 개념은 더 이상 분해될 수 없는 체계의 기본 단위를 나타낸다. 한편으로 모든 요소는 체계와 관련해서만 요소이며, 요소들이 속해 있는 체계 없이는 어떤 요소도 존재하지 않는다. 다른 한편으로 요소들은 다른 요소들과 관련해서만 존재한다. 요소들을 구성하는 것은 요소와 관계의 구별 및 상황이다. 요소와 관계의 구별로 인해 요소는 자신과 관련될 수 있다. 이러한 구별은 체계 작동들이 다른 작동들과의 연결 내에서 자신들에 대한 순환적 참조들을 만드는 기반이다. 따라서 자기준거는 의미의 형식인데(「의미」 참조), 왜냐하면 현재화된 것은 가능적인 것에 대한 참조 내에서 자기 자신에게로 돌아가기 때문이다. 사회적 체계들의 경우 소통들이 다른 소통 이외의 여타 관련점이 없는 한 기초적 자기준거가 존재한다. 즉 오로지 소통들만의 이러한 관련 덕분에 소통들은 체계의 자기생산을 허용한다. 요소들 사이에 허용되는 관계들은 체계의 구조들(「구조」 참조)에 의해

선택된다. 이런 의미에서 요소와 관계의 차이는 구조들의 층위에서 관찰될 수 없고, 자기생산의 층위에서만 관찰될 수 있다. 의미구성 체계들은 자체 요소들을 작동들로 생성하고 이 생성에 대한 철저한 책임을 진다. 즉 한 요소의 동일성과 특질은 그 요소가 요소로 존재하는 체계 내에서만 구성될 수 있다. 외부 작동들로부터의 투입이나 작동들 사이의 관계에 대한 외부적 규정은 모두 상상할 수 없는 일인데 왜냐하면 그것은 체계의 파괴를 의미하기 때문이다.

(b) 준거의 '자기'가 하나의 과정(「과정」 참조)일 때, 우리는 이전과 이후의 구별에 기초하여 관찰될 수 있는 반성성에 대해 말한다. 반성성은 과정 자체에 과정을 적용하여 과정의 선택성을 강화하는 데서 이루어지며, 이는 처리되는 것에 과정을 적용하는 것보다 더 우선한다. 한 가지 예는 학습에 대한 학습이다. 이는 학습의 대상에 직접 관련되는 것이 아니라 학습 자체의 과정과 관련되므로 학습의 능력과 선택성이 강화된다.

(c) 세 번째 경우 체계는 자체 작동들을 통해 자신과 관련되며, 이는 체계가 내부(자기 자신)와 외부(자신의 환경)로 구별될 수 있도록 요구한다. 이 경우에 우리는 반성에 대해 말한다. 이 경우 자기 관련을 유도하는 구별은 체계와 환경의 구별이다 (「반성」 참조). 반성에서 체계/환경 차이의 재진입이 체계 내에서 실현된다. 이것은 체계 자체에서 추가 작동의 도움으로 수행되

261

며 이러한 의미에서 반성은 자기생산을 계속하지만 동시에 체계가 자신에 대한 정보를 얻을 수 있게 한다. 이것은 차이(체계/환경의 차이)의 형식으로 체계에 의해 전해지며, 이는 우연적 존재로 나타나되 다른 대안적 가능성들과 비교된다.

이러한 모든 유형의 자기준거에서 우리는 환경의 존재를 부정하지 않는 폐쇄된 순환성을 다루고 있다. 오히려 반대로, 환경은 체계의 선택들의 전제조건이다. 자기준거적 체계들은 이 폐쇄성을 사용하여 자기생산을 유지하고 자신의 관찰들을 가능하게 하는 자율적인 체계들이다. 이러한 이유로 우리는 자율성을 독립성이 아니라 자기준거적 폐쇄성으로 이해해야 한다. 이때 환경은 작동 가능성들의 범위를 제한하거나 확장할 수 있지만, 그러나 이는 작동들이 체계에 의해서만 그리고 체계 내에서만 생성되고 서로 결합될 수 있다는 사실을 변경하지 않는다. 그런 까닭에 자율성은 항상 절대적이지 결코 상대적이지 않다. 왜냐하면 부분적으로만 자율적이거나 '약간'만 폐쇄된 체계를 생각하는 것은 이치에 맞지 않기 때문이다. 체계에 대한 외부적이고 관찰 가능한 영향은 체계의 교란 가능성 정도나 다른 체계들의 수행 요구에만 영향을 미치며 자율성이나 폐쇄성에는 전혀 영향을 미치지 않는다. 따라서 자율성은 체계와 환경 사이의 독립성과 의존성의 관계 방식으로서 이해되어야 하며, 이 차이는 체계 내에서만, 즉 자기준거적으로 도출될 수 있을 따름이다. 예를 들어, 과학 연구는 사용 가능한 재정 자원(경제적 작동들)에 의존하는 것이 분명하지만 이러한 자원이 과학적 진리를 살 수는 없다. 학문체계는 도덕적, 종교적, 정치적 요구의 영향을 덜 받게 되면 자체 복잡성을 증가시키고 그에 따라 스스로를 구조화할 수 있다. 그러나 학문이 기능적으로 분화된 사회(「사회분화」 참조)의 하나의 부분체계가 되었을 때라야 그것은 비로소 지식의 생산, 연구, 그리고 참과 거짓의 차이에 관한 결정을 내릴 수 있다. 따라서 우리는 자신의 기초적인 자기준거를 통해 자기생산적 층위에서 스스로를 재생산하고 인식론의 형태로 자신의 반성을 전개하는 하나의 체계를 관찰할 수 있는 셈이다. 환경의 관련성은 이 체계의 자기준거적 구성에 의해 부인되지 않는다. 즉 우리는 환경을 체계의 구조들에 의해서만 규정될 수 있는 하나의 복잡성으로 생각하지만, 체계 내부의 복잡성 구축을 허용하는 것은 환경의 복잡성이다 (「복잡성」, 「체계/환경」 참조).

따라서 자기준거의 개념은 체계와 환경의 연속성을 배제한다. 이것은 체계를 통한 환경의 모든 서술(즉 모든 타자준거 및 모든 개방)이 체계의 구성으로서만 가능하다는 것을 의미한다. 하지만 비록 언뜻 보기에는 똑같아 보일지라도 자기준거를 관찰자와 동일시해서는 안 된다. 관찰자의 형식은 단순한 자기지칭에 있는 것이 아니라 차이로서의 자기준거와 타자준거의

차이에 있다. 더 근본적으로 말하면 관찰자는 이 차이의 통일성
이다. 자기는 타자와의 구별에서만 언급될 수 있으며 일반적으
로 관찰자의 통일성은 차이의 통일성, 자기준거와 타자준거의
동시성이라는 점에서 역설적으로 나타난다. [G. C.]

Soziale Systeme, 1984, S. 57 ff., 539 ff.; The Autopoiesis of Social Systems, 1986;
Selbstreferentielle Systeme, 1987.

작동/관찰
operation/observation, Operation/Beobachtung

작동/관찰의 구별은 루만의 구성주의 접근법(「구성주의」 참조)의 기초이며 자기생산(「자기생산」 참조)의 개념을 생물학적 체계에서 의미구성 체계로 확장하기 위한 기초이다. 이 구별에서 시작하여 자기생산적 작동들의 절대적인 결정은 관찰의 우연성과 결합될 수 있다.

작동이란 체계의 존재 자체에 대한 전제조건인 자기생산적 체계의 요소들을 통해 해당 체계의 요소를 재생산하는 것으로 이해된다. 체계 고유의 작동방식이 없이는 체계란 존재하지 않으며, 또 거꾸로 작동이 속해 있는 체계 없이는 어떤 작동도 존재하지 않는다. 자기생산 이론에 따르면, 존재하는 모든 것은 체계의 작동들로 거슬러 올라가야 한다. 가능한 모든 대상은 체계가 그것을 하나의 통일체로 구성하기 때문에만 존재한다.

자기생산의 층위에서 체계의 문제는 동일한 체계의 다른 모든 작동에 새로운 작동을 연결하여 작동상의 폐쇄성을 유지하는 능력을 필요로 하는 재생산의 문제일 따름이다. 작동들은 항상 맹목적으로 실행된다. 기본적인 재생산은 목적론적 계획이나 기능에 대한 지향 또는 적응의 필요성에 의해 인도되지 않는다. 작동들은 항상 즉각적으로 세계와 동시성에 묶여 있기 때문에 작동들에는 시간(「시간」 참조)조차 존재하지 않는다. 이전/이후의 구별과 마찬가지로 이러한 범주는 작동들(이는 기본적으로 제어되지 않는 방식으로 자체 재생산된다)의 실행을 관찰하는 관찰자에 의해서만 도입된다.

따라서 관찰자만 작동들에 대해 말할 수 있다. 그러므로 관찰들 자체가 작동들임에도 불구하고 작동들의 층위를 관찰들의 층위와 구별하는 것이 매우 중요하다. 다만 관찰들 그 자체가 전혀 작동들이 아니라면 그것들을 하나의 체계로까지 거슬러 올라가 파악하는 것은 불가능할 것이고 따라서 관찰들의 존재를 고려하는 것도 불가능할 것임은 물론이다

관찰은 하나의 구별(「동일성/차이」 참조)을 사용하여 구별의 한쪽 면 또는 다른 쪽 면을 지칭하는 특정 작동방식이다. 체계가 구별들에 기초하여 작동하고 정보를 얻고 처리할 수 있을 때 관찰들은 항상 존재한다. 이때 중요한 것은 의미구성 체계들(「의미」 참조)의 고유한 작동방식으로, 이는 각각의 현재화된 데이터를 통해 추가 가능성들을 지시할 수 있게 한다.

관찰에 대한 이 정의는 매우 추상적이되 사람이나 시각에 대한 관련과는 무관하다. 이 정의는 오히려 조지 스펜서-브라운의 논리적 계산과 관련되는데, 이에 따르면 각 구성은 공간을 두 면(예를 들어 세계를 두 개의 개별 영역으로 나누는 체계/환경의 구별)으

로 분리하고 동시에 두 면(체계 또는 환경) 중 하나를 지칭(지시in-dication)하는 초기 구별(구별 짓기distinction)을 기반으로 하고 있다. 따라서 어떤 것을 다른 것과 구별되는 것으로 지칭하지 않고 구별을 하는 것은 불가능하다(체계와 환경의 구별에서 체계는 환경과 구별되는 것으로 지칭된다). 이런 의미에서 초기 작동은 지칭과 구별의 기능을 동시에 실현한다. 그런 다음에는 이 초기 구별에서 출발하여, 이전 지칭을 반복하거나(이 경우 동일성[「동일성/차이」 참조]의 구성으로 이어지는 응축이 있다) 아니면 다른 쪽 면과 관련되는(그리고 이렇게 해서 이전 지칭을 '삭제'하는 경계 넘기crossing를 실현한다) 추가 작동을 수행할 수 있다. 작동들의 연쇄 관계는 복잡한 체계의 구축으로 이어지지만 항상 첫 번째 구별에 의존한다.

각 관찰은 특정 구별(체계/환경, 전체/부분, 형태/배경 등)을 사용하여 후속 구별들의 네트워크를 구축하고 관찰된 것에 대한 정보(「정보」 참조)를 얻을 수 있다. 체계의 자기 재생산을 실현하는 작동은 맹목적으로 실행되지만(그리고 이는 작동으로서의 관찰에도 적용된다), 관찰로서의 작동은 더 많은 자유를 가진다. 왜냐하면 관찰로서의 작동은 세계와의 동시성이라는 조건에 종속되지 않기 때문이다. 관찰로서의 작동은 그것의 대상과 즉각적으로 일치하지 않는다. 관찰은 대상들을 식별할 수 있고 또한 (예를 들어 체계/환경의 구별을 지향할 때) 체계 내적 과정들과 체계에 속하지 않는 과정들을 구별할 수 있다. 그리고 더 나아가 내부와 외부 사이의 인과관계를 규정할 수 있으며 체계에 목표를 부여할 수도 있다.

초기 구별은 관찰을 수행할 수 있게 하는 조건인 동시에 관찰을 제한하는 조건이다. 즉 구별 없이는 우리는 관찰할 수 없지만 각 구별은 그것이 관찰을 할 수 있게끔 하는 것만을 관찰할 수 있게 한다. 초기 구별의 선택은 (나중에) 관찰될 수 있는 모든 것을 규정한다. 우리는 어떻게 관찰하느냐에 따라 다르게 본다. 예를 들어 체계/환경의 구별은 전체/부분의 구별을 통해 얻은 정보와는 다른 정보로 이어진다. 그것은 예컨대 사회적 체계들의 환경에 심리적 체계들이 포함되게끔 한다. 그리하여 이때 심리적 체계들은 더 이상 사회의 일부로 간주되지 않는다. 또한 체계/환경의 구별은 심리적 체계와 유기적 체계의 통일체로서의 개인의 개념과 양립할 수 없다. 유기체와 의식은 각기 자율적이고 분리된 자기생산적 체계들이 된다.

그러나 관찰 역시 체계 내에서의 작동이며 따라서 자신의 재생산을 보지 못하게 된다. 특히 초기 구별은 맹점盲點(「구성주의」 참조), 즉 관찰할 수 없는 지점이다. 예컨대, 참/거짓의 구별을 지향하는 관찰은 이 구별 자체가 참인지 거짓인지를 관찰할 수 없다. 또한 합법/불법의 구별에 바탕해서도 우리는 그 구별 자체가 합법의 편에 있는지 불법의 편에 있는지를 결정할 수 없다. 어떤 구별도 명확한 지칭을 만들어내기 위해 그 자신에게 적용될 수 없다. 왜냐하면 그것은 자기생산적 작동이자 또 계속 그런 작동으로 남아 있기 때문이다. 즉 구별은 무언가를 관찰하기 위해 작동으로서 생성된다. 이것은 구별을 자신에게 적용할 때 항상 발생하는 역설(「역설」 참조)의 형식으로 귀결된다. 초기 구별은 그 자체가 작동으로서의 관찰이며, 이는 다른 구별, 즉 다른 관찰자의 초기 구별과 구별된다고 말할 수 있다. 어떠한 관찰의 작동도 자신을 관찰할 수 없다. 관찰자가 볼 수 없는 것을 보기 위해서는 이 관찰과 일치하지 않되 이 관찰을 관찰하는 '이차 관찰자'가 필요하다(「구성주의」 참조). 그러나 이것은 항상 이차 관찰자 자신이 관찰할 수 없는 구별, 즉 삼차 관찰이 규정할 수 있는 구별에 기초하여 발생하며 이는 계속된다.

관찰은 (객관적 현실에 접근한다는 의미에서의) 특권적인 인식형식을 의미하지 않는다. 그것은 그 자체가 특정 제한들에 따라 자기생산을 수행하는 체계의 작동이다. 또한 작동으로서 관찰은 항상 관찰될 수 있으며 '올바른' 관찰을 할 수 있는 최종 위치는 없다. 더욱이 '옳음/그름'의 구별은 그 자체의 제한과 맹점이 있는 관찰적 도식이므로 세계 적합성에 대한 특별한 보장을 제공하지 않는다.

우리가 관련 맺는 모든 각 통일성은 관찰자의 구성이며 적용된 특정 구별에 의존한다. 모든 구별은 필연적으로 세계를 자신의 형식들로 변환하므로 관찰자와 독립적인 객관적 세계에 대한 접근을 허용하지 않는다. 그러므로 세계는 결코 외부에서 관찰될 수 없다. 또한 관찰은 그것이 대면하는 세계를 불가피하게 변화시킨다. 인식론에서 작동/관찰의 이 구별은 주관/객관의 고전적 구별을 대신한다. 급진적 구성주의는 이러한 고려의 결과를 정교하게 설명한다.

특별한 경우는 자기관찰의 경우인데, 즉 이 자기관찰이란 관찰하고 있는 체계 자체의 작동인 동시에 그 체계의 자기생산에 참여하고 있는 경우를 말한다. 그러나 자기관찰은 계속되는 관찰로 자신을 관찰하는 작동(이는 불가능하다)으로 이해되지 않고, 자기 자신도 속해 있는 무엇인가를 관찰하는 작동(작동 자신이 거기에 참여하는 그러한 체계의 또 다른 작동. 「자기준거」 참조)으로 이해된다. 관찰의 이 작동은 요소들을 재생산하는 진행 중인 과정과 양립되어야 하며 체계의 자기생산을 조절하는 특정 조건들의 영향을 받는다. 자기생산적 체계(「자기생산」 참조)의 작동상 폐쇄성이라는 조건으로 인해, 외부로부터의 관찰은 그것이 관찰된 체계의 작동들의 진행에 영향을 미치는지 여부와 방법을 결코 알 수 없다. 반면에 자기관찰은— 자기생산적 재생산에 직접적으로 기여하기 때문에— 불가피하게 작동들의 후속 발전에 영향을 미치며 그 동역학의 한 계기를 이룬다. 그러나 체계 내에 자리 잡는다고 해서 체계 전체를 관찰할 수 있는 것은 아니다. 특정 구별에 대한 의존은 극복될 수 없고 자기관찰 역시 관찰된 체계의 선택적인 그림만을 제공할 뿐이다. 자기관찰은 그것의 구별이 관찰할 수 있는 것만 관찰할 수 있으며, 외부로부터의 관찰과 대조적으로 체계 내에서 연결을 찾아야 할 필요성에 의해 제한된다. 따라서 자기관찰은 항상 맹목적으로 실행되는 작동들의 재생산을 규정할 수 없다.

어떤 구별을 사용하느냐에 따라 자기관찰은 다른 형식들을 취한다. 가장 기초적인 자기관찰은 의미구성 체계들에서의 모든 작동들의 특성이다. 체계의 다른 작동들에 재귀적으로 연결하려면 이 작동들은 체계에 속하지 않는 다른 모든 것과 체계를 구별해야 한다(「자기준거」 참조). 예를 들어 사회적 체계의 경우, 각각의 소통은 그것이 소통이고 누가 소통하고 있고 무엇이 소통되고 있는지를 동시에 소통해야 한다. 그래야만 소통은 다른 소통들을 생성할 수 있다. 따라서 소통의 모든 각 작동은 이를 위해 정보와 전달 사이의 특별한 구별을 사용하여 *스스로*를 관찰해야 한다. 체계가 자체 작동들을 관찰하는 것에서 자체 관찰들을 관찰하는 것으로, 그리고 마지막으로 (체계/환경의 구별, 즉 자기준거와 타자준거의 구별에 기초하여) 체계 자체를 관찰하는 것으로 전환할 때 보다 복잡한 형식들의 자기관찰이 나타난다. 이러한 방식으로 재진입(「재진입」 참조)이 발생하고 체계는 자신을 구성하는 구별에 기초하여 스스로를 관찰한다(「반성」

참조).

자기관찰은 체계에 정보를 제공하고 스스로 새로운 인식을 얻는 역할을 한다. 그러나 자기관찰들은 작동들로서 항상 사건들(「사건」 참조)이며 각각의 상황에 구속된다. 따라서 이러한 관찰들을 서로 조정하는 것이 유용하다. 이에 따라 관찰들을 반복하고 의견이 더해지며 분명하게 표현할 수 있게 하는 텍스트들이 생성된다. 이 텍스트들이 체계의 자기서술이다. 사회의 자기서술 형식은 사회 자체의 진화에 따라 변한다. 근대 이전 사회에는 항상 서술 자체와 그 대상 간의 분리를 전제하는 자기서술 형식들이 있었다. 때문에 이 형식들은 외부화(「비대칭화」 참조)에 의존했다. 이와 달리 오늘날 사회에 대한 적절한 자기서술에는 항상 '자기포함적' 요소들이 포함되어야 한다. 즉 그것은 사회를 서술하려는 시도가 사회 안에서만 일어날 수 있다는 사정을 반성해야 한다. 서술 자체가 그 대상의 범위 내에 속해 있으며 이때의 대상은 자기 자신을 서술하는 대상으로 설명되어야 한다. [E. E.]

Die Gesellschaft der Gesellschaft, 1997, S. 69 f., 897 f., 910 f.; Die Wissenschaft der Gesellschaft, 1990, S. 271; Kap. 2, VII; Kap. 1, VII.

재진입
re-entry, Re-entry

재진입의 개념은 (체계의 통일성의 생성을 가능하게 하는) 구별에 기초하여 분화된 자기생산적 체계들(「자기생산」, 참조)이 이러한 구별을 자신 속으로 도입하여 자체 작동들을 구조화하는 데 사용할 수 있는 능력을 말한다. 예를 들어 약호(「약호」, 참조)의 특정 구별에 기초하여 분화된 기능체계가 이러한 구별을 내부적으로 처리하는 방법을 학습할 때 재진입이 일어난다. 가령 그 작동이 참/거짓 약호에 맞춰져 있는 학문체계가 참/거짓 약호를 사용하여 참/거짓 약호의 사용을 관찰하는 학문이론을 개발하는 경우가 그러하다. 인식론적 반성은 이 참/거짓 구별에 기초하여 확립된 체계 속으로 이 참/거짓 구별을 재진입시키는 것이다. 따라서 과학적 작동들의 진리, 즉 참/거짓 구별의 진리에 의문이 제기되는 그러한 학문의 작동이 존재한다. 이리하여 구별이 동일한 구별(해당 체계 작동들의 특정 구별인 경우)인 동시에 다른 구별(관찰된 구별인 경우)이 되는 상황이 발생한다. 이 상황에서 뒤따르는 문제는 어떻게 하면 이 역설(「역설」, 참조)에 갇히지 않고 이에 대처할 수 있는가 하는 것이다. 재진입의 문제는 '동일한 것의 타자성', 즉 동일한 구별을 마치 다른 구별인 것처럼 처리해야 하는 필요성이다.

재진입이라 함은 하나의 구별이 그 구별 자체를 통해 구별된 영역 속으로 '재도입되는 것'을 의미한다. 이 개념은 조지 스펜서-브라운의 논리적 계산(「작동/관찰」, 참조)에서 유래되었는데, 이것의 특징은 전적으로 지시/구별indication/distinction의 연산에 기초한다는 점이다. 체계이론은 이 연산을 관찰로 해석한다. 즉 무언가가 지칭되는 동시에 다른 것들과 구별된다. 하나의 동일한 체계 내 작동들 간의 결합은 형식 계산이 충분한 복잡성 수준에 도달할 때까지 한층 더 복잡한 형식들의 구성으로 이어진다. 이 경우 체계는 (외부 대상을 나타내는 것이 아니라) 체계 구성적인 지칭/구별의 작동, 즉 작동 자체가 실현하는 동일한 작동을 다시 지칭하는 그러한 작동을 포함한다.

시간에 대한 의존을 통해 체계는 자신 내에서 이 작동을 처리할 수 있다. 따라서 체계 자신의 구별을 그 밖의 다른 것과 구별하는 하나의 (관찰적) 작동, 즉 체계 고유의 구별과 진행 중인 구별(즉 관찰하는 구별과 관찰된 구별)로 구별이 두 번 나타나는 그러한 작동을 생성하는 것이 가능하다. 여기에 재진입이 있다.

재진입의 개념은 체계가 작동들의 시간적 연속에 의존하여 역설을 무력화할 수 있는 방법을 보여주기 때문에 역설(「역설」, 참조) 문제를 해결하는 데 무엇보다도 유용하다. 그것은 또한 가능한 이항적 구별들(「약호」 참조) 중 어느 것이 체계의 자기생산을 안내하는 데 적절한지를 판별할 수 있기 때문에 유용하다. 재진입이 가능한 구별들만이 체계의 구축에서 최소 수준의 복잡성을 달성하는 것을 가능하게 한다. 이러한 구별들은 구별의 양쪽 면 중 하나에서 구별의 통일성을 처리할 수 있다. 그러한 예 가운데 하나가 체계/환경의 구별이다. 즉 체계가 특정 수준의 복잡성에 도달하면 그 체계는 환경과의 관계에 대한 문제를 해결할 수 있다. 재진입 능력은 체계/환경의 구별을 전체/부분의 구별과 같은 다른 대안과도 구분 짓는다. 만일 전체와 그 부분들 간의 구별만 있다면 전체를 부분들의 단순한 합 이상으로 만드는 잉여를 고려하는 것이 불가능할 것이다. 이 잉여를 제대로 규정하기 위해서는 부분들과 전체의 대립과는 무관하게 정의되는 하나의 개념이 필요한 셈이다. 즉 우리는 다른 구별에 의지해야 마땅하다. [E. E.]

Die Wissenschaft der Gesellschaft, 1990, S. 83 ff., 479 ff.; Observing Reentries, 1993.

정보
information, Information

    정보는 체계의 상태들을 선택하는 하나의 사건(「사건」 참조), 즉 체계의 구조들(「구조」 참조)에 선택적인 영향을 미치고 변화들을 유발하는 사건으로 정의된다.

    정보를 처리하는 능력은 구별들을 지향하는 능력(「동일성/차이」 참조)에 달려 있다. 즉 하나의 메시지는 수신된 것과 기대된 것의 차이로 인해 정보로 간주된다. 따라서 정보는 하나의 차이이다. 또한 정보는 결과적인 내부 구조 조정에서 추가 차이들을 유발한다. 체계의 현재 상태와 기대 상태의 차이는 정보를 고려하기 위해 변경되는 체계 자체의 구조에 수많은 조정을 강제한다. 그러므로 정보는 체계 내에서 더 많은 차이들을 생성한다. 이러한 이유로 우리는 그레고리 베이트슨의 정식을 사용하여 정보가 "차이를 만드는 차이"라고 말한다. 정보는 구별들을 지향한다. 이는 정보가 동일한 체계 내의 다른 지점들의 변화의 결과로 자신의 상태들을 바꾸는 체계의 구조들에서만 생성된다는 것을 의미한다.

    환경의 유일한 기능은 교란과 방해이다. 즉 환경에서 일어나는 일은 체계에 '방해'로만 기록된다. 정보는 교란들이 체계의 자체 구조들에 의해 처리될 때 제공된다. 따라서 파악되기를 기다리고 있는 환경에는 정보가 존재하지 않는다 — 하인츠 폰 푀르스터의 말처럼 "환경에는 정보가 없다. 환경은 그저 있는 그대로이다."

그 구조들이 기대구조들(「기대」 참조)인 사회적 체계의 경우 예기치 않은 사건이 우리가 나중에 기대하는 것을 변화시킬 때 정보가 발생한다. 경제체계의 경우 제품 가격이 변경되는 사건은 지불 기대들의 재조정을 의미한다. 즉 그 순간부터 우리는 더 많이(또는 더 적게) 지불할 준비를 해야 하거나 더 이상 해당 제품을 구매하지 않기로(또는 지금 한 번만 구매하기로) 결정한다.

정보를 말하기 위해서는 새로움의 요소가 필요하다. 반복되는 뉴스(예를 들어, 추가 내용 없이 다른 신문에서 두 번째로 읽은 기사)는 더 이상 정보적 가치가 없는데, 왜냐하면 그것은 기대들의 재구조화를 의미하지 않기 때문이다. 오히려 이 경우의 기대들은 정보를 고려하여 이미 재구성되어 있다. 한편, 특정 체계에게 정보로 간주되는 것이 반드시 또 다른 체계에게도 정보로 간주되는 것은 아니다(예를 들어, 다른 체계는 뉴스의 내용을 이미 알고 있거나 이해하지 못할 수 있다). 따라서 정보성은 항상 각 체계의 구조들에 상대적이다.

또한 정보는 항상 누군가에게 있어 정보이므로 소통(「소통」

참조)을 단순히 정보 자체의 이동transfer, Übertragung이라고 정의하는 것은 적절하지 않다. 메시지 송신자는 여전히 정보를 잃지 않고 있고 메시지 수신자는 무언가를 받는 것이 아니기 때문에 사실상 이동되거나 옮겨지는 것은 없는 셈이다. 오히려 수신자는 소통적 자극을 받은 결과로 자신의 형식들에 따라 자신의 구조들을 자율적으로 처리하는 것이다.

따라서 정보의 개념은 (비록 체계 자체 내의 선택이 체계가 아닌 환경에 기인할지라도, 「귀속」참조) 자체 내부 상태들에 따라 내부 상태들을 변경하는 그런 자기준거적 체계(「자기준거」, 참조)를 전제한다. 예를 들어, 수은이 발암성일 수 있다는 것을 알게 되면 체계는 그 데이터를 환경 상태로 처리한다. 하지만 그것은 체계가 그것을 처리할 수 있기 때문에 하나의 정보일 뿐이다.

우리는 외부에서 변화가 규정될 때가 아니라 "자기규정을 위한 규정"의 경우에만, 즉 체계가 자신의 형식과 방식에 따라 자체 구조들을 변경하기 위해 환경에 기인한 자극을 사용하는 경우에만 정보에 대해 말할 수 있다. 이때 중요한 것은 언제나 자기준거적 체계들의 내부 과정들이다.

차이의 개념에 초점을 맞춘 이러한 정보의 의미는 심지어 주어져 있지 않은 것(예컨대 결핍, 실수, 실망 등)에도 정보적 가치를 갖게끔 할 뿐만 아니라 체계가 자신의 과거 또는 이전의 구조 상태와의 비교를 통해 '스스로에게 정보를 제공'할 수 있게도

한다. 왜냐하면 차이로 처리될 수 있는 모든 것이 정보로 기능
할 수 있기 때문이다. [E. E.]

Soziale Systeme, 1984, S. 68, 102 ff., 194 f.; Selbstorganisation und Information im politischen System, 1991.

정치
politics, Politik

정치, 곧 정치체계는 기능적으로 분화된 사회(「사회분화」 참조) 내의 한 부분체계이며, 그 기능은 집단적으로 구속력 있는 결정을 내릴 수 있는 능력을 보장하는 것이다.

정치체계는 권력(「권력」 참조)의 보유 및 사용과 밀접하게 결합되어 있다. 물론 모든 정치적 소통이 권력을 사용하거나 권력을 위협하는 것은 아니다(예를 들어 의회 토론 및 정당 내 토론의 경우가 그러하다). 그러나 정치체계는 권력이 구속력 있는 결정을 수용하도록 동기를 부여할 수 있을 때만 분화된다. 권력의 약호(열등/우위)는 정치적 소통을 재생산할 수 있게 한다.

권력이라는 매체와 정치체계는 동시에 발전한다. 정치적 기능은 권력의 매체를 필요로 하고, 권력은 정치체계를 필요로 한다. 정치체계의 분화는 권력 자원의 집중과 일반화를 허용하지만, 사회 전체는 중앙 정치권력에 의존하지 않는다. 예를 들어 경제체계, 학문체계, 종교체계는 권력의 매체에 기반을 두지 않고 그 대신 화폐, 진리, 믿음 등과 같은 다른 매체와 약호를 기반으로 작동한다. 권력은 고위 관직들을 통해 분화되고 고정된다. 우위/열등의 구별은 공직자들(지배자들)과 복종하는 자들(피지배자들)의 구별에 해당한다. 국가 기관을 통한 공식적인 권력 보유는 권력 사용에 대한 통제권을 확보한다. 이러한 배경하에서 만약 개인과 관직을 혼동한다면 그것은 일탈이 아니라 부패로 간주된다.

공직을 맡은 사람은 다른 사람들이 같은 직책을 맡지 못하도록 배제하기 때문에 고위 관직들의 구조는 정부와 야당 간의 구별에 의해 주어진다. 관직과 권력이 있는 자는 다스리고 관직이나 권력이 없는 자는 야당에 위치한다. 따라서 정부/야당의 구별은 정치체계의 추가 약호화이며, 이는 권력의 약호(「약호」 참조)가 기술화될 수 있음을 의미한다. 즉 이 이차 약호화 덕분에 우리는 열등에서 우위로 또는 그 반대로 직접 전환할 수 있다. 여기서 관건이 되는 것은 선호 약호이다. 체계의 경우 정부와 야당은 동등하게 관련되지만, 정부는 긍정값(연결값)을 나타내고 야당은 부정값(반성값)을 나타낸다. 이 약호를 통해 정치체계는 스스로를 관찰할 수 있고 모든 결정을 정부 또는 야당에 귀속시킬 수 있는 지점에 도달할 수 있다.

정부/야당의 구별은 민주주의라고 불리는 정치체계의 기본 형식이다. 민주주의는 정치체계의 정점을 가르는 정부와 야당의 구별로 정의될 수 있다. 이 정점은 지배자들이 교체될 수 있기 때문에 대안적인 가능성을 만들어내는 출발점이 된다. 공직을 맡는 것은 조건부이다. 이는 인격 및 프로그램을 선택한 결과이며 이 선택은 주기적으로 수정된다. 야당의 부재는 사회가 정치적으로 계층화되기 때문에(즉 독재가 되기 때문에) 민주주의의 부재를 의미한다. 또한 야당의 부재는 정치체계의 분화를 제한하는데, 왜냐하면 정치체계의 약호값 중 하나(야당)의 상실과 함께 정치적 약호가 사라지기 때문이다. 이때 약호화는 조직(국가, 단일 정당)에 대한 관련으로 대체된다.

정치체계에서 권력을 보유하는 일에는 정당성이 주어져야 한다. 이 정당성은 정부/야당의 약호가 허용하는 절차를 통해 수행된다. 선거는 이러한 절차 중 가장 중요한 것이다. 정치선거와 정당한 정부 구성은 약호와 정치 프로그램들이 함께 조정을 거치는 과정이다. 정치 프로그램에는 정부 프로그램과 야당 프로그램이 있다. 민주적으로 선출된 정부는 이 프로그램이 집단적으로 구속력 있는 결정으로 이어지는 소통들을 지도한다는 의미에서 정치체계에서 우위를 점하는 프로그램을 설계한다.

약호들과 프로그램들은 진보/보수라는 추가 약호를 통해서도 결합된다. 이러한 구별을 통해 모든 사람을 구속력 있는 방식으로 결정할 수 있는 선택에 대한 관점(가치)이 확립될 수 있다. 그러나 이 구별의 약점은 사회 변화의 동역학을 따라가지 못한다는 것이다. 물론 보수주의자들은 새로운 반대 프로그램을 제안하고 진보적이 된다. 한편 진보주의자들은 집권 중에 내린 결정을 옹호하고 보수적이 된다. 따라서 이런 혼란스러운 구별 대신 약호와 프로그램들 간의 결합은 확장 국가(또는 복지 국가)와 제한 국가 간의 구별에 의해 제공된다.

복지 국가는 정치체계에 모든 사람을 포함(「포함/배제」 참조)하려는 시도가 특징이다. 그러나 일반화된 정치적 포함에 도달하려는 시도는 정치체계가 두 가지 외부 약호인 화폐(「소유/화폐」 참조)와 법(「법」 참조)에 의해 제한되기 때문에 많은 어려움에 직면한다. 이들 외부 약호는 (예를 들어 치료나 교육을 통한 사람들의 치료 요법 같은) 일반화된 정치적 포함에 사용될 수 없다. 게다가 이들 약호는 정치적 개입에 대해 엄격한 제한을 부과한다. 법적 수단의 부족과 무엇보다도 경제적 어려움으로 인해 일반화된 정치적 포함에 대한 제한적인 관념들이 생겨났다. 따라서 확장 국가와 제한 국가의 구별이 정치 프로그램의 선택을 위한 새로운 방향으로서 중요해지기 마련이다.

정치체계에 있어서 국가의 의미가 명백하다고 해도 정치체계와 국가는 일대일 대응이 아니다. 국가는 영토 경계에 의해 정의되는 정치체계 내의 조직이다. 세계 사회의 정치체계는 내부적으로는 영토 국가들로 분화된다. 국가들로의 이러한 분절화는 정치적 기능을 더 쉽게 수행하도록 만든다. 즉 국가 건설을 통해 민주주의는 지역적으로 실현될 수 있고 구체적인 목표에 도달할 수 있다. 그러나 이러한 분화는 또한 각 영토 경계들이 세계 사회의 요구에 부합하지 않는 정치 프로그램의 지역적, 민족적 또는 종교적 조건들을 규정할 수 있기 때문에 문제를 수반한다.

국가 외에도, 집단적으로 구속력 있는 결정을 직접 내리지 않는 다른 정치 조직들이 있다. 모든 영토 국가는 중심/주변의 표본에 따라 체계들로 분화된다. 국가라는 조직은 영토에 대한 책임을 지며 주변에 속하는 다른 모든 정치 조직들(정당, 이익단체)의 지향점이다. 중심에서는 위계질서(열등/우위)가 형성되는 반면 주변에서는 환경의 교란에 대한 더 높은 복잡성과 더 높은 민감도에 도달한다. 주변은 집단적으로 구속력이 있는 결정을 구속력이 없는 방식으로 준비하는 기능을 가진 조정되지 않은 분절들(가령, 정당들)로 분화된다.

그러나 정치체계는 정치 조직들의 집합 이상이다. 일반적으로 정치체계는 정치, 행정, 대중이라는 3차원적 구별의 통일체로 볼 수 있다. 이것은 부분체계들로의 분화가 아니라 이중 구별의 결과이다. 즉 한편으로 정무직은 행정직과 구별되고, 다른 한편으로 공직의 통합은 시민으로 구성된 대중과 구별된다. 정치, 행정, 대중 사이의 상호 의존성은 순환적이어서 정점도 중심도 정할 수 없다(국가는 정치 조직들의 분화에 있어서 중심일 뿐이다). 이것은 정치체계의 내부 상호 의존성을 극도로 복잡하게 만들고 끊임없이 이차 관찰을 요구한다. 정치는 단순히

대중을 관찰할 수 없으며 오히려 대중이 정치를 관찰하는 방식
으로 지향되어야 한다. [C. B.]

Die Politik der Gesellschaft, Manuskript; Politische Theorie im Wohlfahrtsstaat, 1981; Ökologische Kommunikation, 1986; Die Zukunft der Demokratie, 1986.

조직
organization, Organisation

    조직은 상호작용(「상호작용」 참조) 및 사회(「사회」 참조)와 달리 입회 규칙을 통해 형성되는 일종의 사회적 체계이다. 이 규칙은 주로 구성원을 모집하고 역할을 지정함으로써 확정될 수 있는 구성원 자격 규칙이다. 물론 공식적 조직에는 제한된 수의 구성원만 있을 수 있다. 이러한 방식으로 조직이라는 사회적 체계는 식별 가능해지며 자신의 구조들을 지정하고 작동 연관성을 분화할 수 있다. '조직'은 기업, 연구소, 기관 등과 같은 사회적 체계를 의미한다.

    조직의 기본 요소 역할을 하는 소통은 의사 결정의 형태로 이루어진다. 이 결정은 특별한 유형의 소통이며 그 선택성은 항상 조직 구성원에게 귀속되어야 한다. 개인들이 구성원이 될 수 있다는 사실이 그들이 조직된 체계의 일부임을 의미하지는 않는다. 개인들은 체계가 작동할 수 있도록 하는 구조들을 규정하는 데 기여한다는 점에서 조직의 구성원들이다. 하지만 여전히 심리적 체계들로서의 그들은 조직의 환경에 남아 있다.

    조직의 구성원 자격이 그 자체로 의사 결정의 기준은 아니다. 즉 구성원 자격만으로는 누가 무엇을 언제 결정할 수 있는지 아직 확정하지 못한다. 결정 가능성들은 선택되어야 할 대안들의 영역을 제한하는 결정 전제들에 의해 확정된다. 이 경우 제한된 대안들의 영역에 따라 다음과 같은 결정 전제들이 구별될 수 있다.

(a) 조직은 결정의 정확성을 평가하기 위한 틀을 제공하는 프로그램(『프로그램』 참조)을 지정한다. 프로그램은 예를 들어 미래에 대한 목적을 설정하거나(목적 프로그램화) 또는 결정이 요구될 때 충족되어야 하는 조건들을 처음부터 제시함으로써 (조건부 프로그램화) 소통의 가능성들을 제한한다.

(b) 결정 가능성들의 영역은 또한 결정에 구속력을 부여하는 소통 경로의 생성을 통해 제한된다. 위계 구조는 조직들이 내부적으로 자신을 분화하는 전형적인 방식이다. 이때 결정들의 선택성은 추가 요구사항 없이 전체 조직에 영향을 미칠 수 있는 방식으로 안내된다. 이러한 구조화를 통해 결정이 어떤 종류의 소통에서 성공할 수 있는지 명확해진다. 그리고 이러한 방식으로 상대적으로 신뢰할 수 있는 기대들이 형성될 수 있다.

(c) 결정의 세 번째 전제는 조직의 구성원인 개인들과 결합되어 있다. 특정 역할이 이미 각 개인에 의해 결정될 수 있는 것을 제한하지만, 개인적 특성은 이러한 제한들을 의도한 것보

다 더 선택적으로 만들 수 있다. 이 점은 예를 들어 개인의 경력, 직업상의 접촉, 그리고 개인이 개인적 경험과 훈련을 통해 얻은 특별한 능력이나 평판 등에서 볼 수 있다.

프로그램, 소통 경로 및 개인은 조직이 작동될 수 있도록 하는 기대구조들(「기대」 참조)을 형성한다. 이 세 가지 결정 전제는 그중 하나의 변동이 다른 것의 변동과 반드시 상응할 필요는 없기 때문에 서로 구별될 수 있다. 예를 들어 역할 자체(또는 위계 구조)나 회사 프로그램을 변경할 필요 없이 특정 역할을 담당하는 개인을 변경할 수 있으며 그 반대의 경우도 마찬가지이다.

이 세 가지 전제는 조직 내의 직책들로 응축된다. 모든 직책은 업무(프로그램)가 부여되고 특정 부서(소통 경로)에 속하며 한 개인이 담당한다. 세 가지 결정 전제가 동시에 모두 변경되지 않는 한, 결정 전제들의 서로 다른 형식이 갖는 우연성은 각각의 동일성을 유지하는 직책들을 창출함으로써 처리될 수 있다. 즉 이때의 우연성은 작동의 방식으로 사용될 수 있는데 왜냐하면 변경 가능한 것과 일정하게 유지해야 하는 것에 관하여 모든 결정 가능성이 구속되어 있기 때문이다.

우연성은 소통이 결정으로 귀속될 때 소통이 취하는 특정 형식으로도 얻어진다. 결정이 내려지기 전에는 대안들로서 제시되는 제한된 가능성들의 영역이 사용될 수 있다. 일단 결정이 내려진 뒤에는 우연성은 하나의 형식으로 고정되는데 그러나 이 형식은 (다른 결정이 대신 내려질 수도 있었다는 이유로 인해) 결정 자체를 우연적으로 만든다. 이처럼 미래의 우연성을 과거의 우연성으로 변환하는 것은 외부와 조정되지 않는 내부적 시간성의 출현을 허용한다. 이는 각 결정이 다른 결정들을 위한 조건을 구성하는 동시에 과거의 결정들을 요구하는 방식으로 발생한다. 이러한 결정들의 연쇄는 각 결정에서 발견되는 불확실성을 처리할 수 있게 하며, 조직들은 결정의 압력에 대처하기 위해 목표 전략을 개발하는 것이 일반적이다. 이러한 전략의 예들은 다음과 같다. 즉 더 이상 이치에 맞지 않더라도 의사 결정자처럼 보이는 것을 피하기 위해 기대에 순응하는 경향, 다른 의사 결정자에게 책임을 전가하는 행위, 특정 기대에 반하는 결정을 하여 어떤 이익을 가져오거나 의사 결정자의 평판을 높일 것이라는 가정하에 갈등이 발생하도록 내버려두는 경향 등이 그것이다.

　　기능적으로 분화된 사회(「사회분화」 참조)에서 공식적 조직은 과거 그 어느 때보다 중요성이 높아졌다. 이것은 조직의 중요성이 이미 잘 알려져 있고 오랫동안 연구 대상이 되어온 경제체계에만 해당되는 것이 아니다. 다른 부분체계들에서도 체계들의 작동 능력은 이를테면 교육 영역 내에서의 학교, 종교에서의 교회, 학문에서의 연구기관 등과 같은 조직화된 체계들에 점점

더 많이 기반을 두고 있다. [G. C.]

Organisation und Entscheidung, Manuskript; Organisation und Entscheidung, 1978; Organisation, 1988; Die Gesellschaft der Gesellschaft, 1997, S.826 ff.

종교
religion, Religion

    종교의 기능은 관찰할 수 있는 것과 관찰할 수 없는 것 간의 구별을 처리하기 위해 소통을 사용하는 데 있다. 이 기능은 역설적으로만 수행될 수 있다(「역설」 참조). 이 정의를 설명하기 위해 모든 형식, 즉 모든 구별(「동일성/차이」 참조)은 규정될 수 있는 것과, 배제되고 암시되고 함께 의미되지만 지칭되지 않는 다른 것 사이의 경계를 형성한다는 점을 주목해야 한다. 모든 각 소통에는 관찰할 수 없는 그 무엇에 대한 지시가 있다. 이런 점에서 모든 소통은 종교를 내포한다. 그러나 이 보편주의는 종교가 고유한 기준에 기초해서만 현실을 관찰할 수 있다는 사실에 의해 상쇄된다. 종교의 특별한 점은 관찰 가능/관찰 불가능의 차이를 처리하는 방식이다. 왜냐하면 종교는 이 차이를 주된 관련 문제로 만들기 때문이다. 소통의 형식들은 그것들의 의미가 이 차이의 통일성을 나타낼 때 종교적이 된다. 근현대 사회의 보다 발전된 종교에서 이 차이는 내재성과 초월성의 이항적 구별을 통해 약호화된다(「약호」 참조). 소통될 수 있는 모든 내재적 사실에 대해 그 자체로 관찰할 수 없는 초월적 상관물이 항상 존재한다.

종교는 항상 이중 현실과 관련되어 있다 — 즉 한편으로는 내재적이고 실제적인 현실이, 그리고 다른 한편으로는 초월적이고 상상적인 현실이 존재한다. 관찰 가능/관찰 불가능의 차이는 종교에 의해 하나의 통일성으로 제시되어 재진입(「재진입」 참조)이 발생한다. 즉 관찰 가능/관찰 불가능의 구별이 관찰 가능하다. 그것은 관찰 가능한 면으로 재진입한다. 의미의 형식들이 만약 차이의 통일성으로서 신비롭고 역설적인 것으로 나타난다면 그것들은 종교적으로 체험될 수 있다.

관찰 가능/관찰 불가능 구별의 재생산과 그 사회적 제어는 사회의 역사를 통해 발전해 온 모든 종교가 공유하는 하나의 문제를 이루고 있다. 즉 어떻게 해서 상상적인 것이 누구나 종교와 관련된 말을 할 수 있을 정도의 자의성으로 전락하는 것을 피할 수 있는가 라는 문제이다. 이 물음의 다른 쪽 면은 다음과 같은 보완적 문제를 구성한다. 즉 종교는 관찰 가능한 것과 관찰 불가능한 것의 통일성으로서 종교적 체험이 가능한 상황을 어떻게 허용하고 가능하게 할 수 있는가?

종교적 상상의 현실을 투영하는 데 사용되는 첫 번째 방법 중 하나는 신비화이다. 이때의 소통은 신성한 것과 다른 모든 것(가령, 그것의 평범화)을 구별하는 것이 가능한 정도로 제한된다. 종교적 소통과 관련된 대상들(예컨대 뼈, 조각상, 동물, 장소 등)은 통상적인 것과 비교하여 이질적이 되지만 그럼에도 여전히 지각 가능한 상태로 남아 있다. 거기에는 우리가 만질 수 있는 것이 있지만 실제로 접근할 수 있는 것은 아니다. 왜냐하면 객체들은 항상 객체들일 뿐이고 사건들은 완전히 통상적인 진행 내에서 발생하기 때문이다. 바로 이것이 행동을 종교적으로 적절하게 프로그램화할 수 있는 가능성을 제공한다.

사물들과 사건들 사이의 오래된 구별과 함께 종교의 본래적인 약호, 즉 내재성과 초월성 간의 구별이 분화될 때 진화적 도약이 일어난다. 이 진화적 도약을 통해 전체 세계를 관찰하고 또한 이 세계를 정확하고 명확하게 이중화할 수 있기 때문에 이는 분명 이점이 있다. 가령, 내재적으로 관찰할 수 있는 모든 것에는 초월적인 의미 상관물이 있다. 신성한/세속적인의 구별에 따라 사물들이나 사건들을 분류하기보다는 이제 우리는 관찰자로서의 신에게로 향해야 한다. 예를 들어 유대교의 경우에는 신에게 이름이 없다. 즉 그는 모든 인식에서 벗어나 있으며 해석되어야 하는 텍스트로만 세계에 자신을 드러낸다. 따라서 전통의 의무는 모순된 해석들을 전수하는 것이며, 이로부터 생기는 논란들은 다시금 이 전승에 도움이 된다. 그러므로 신은 초월적 관찰자이며 동시에 관찰자와 관찰된 것의 통일성이다. 이 때문에 내재적 세계에서 허용되는 모든 형태의 신성함은 언제나 초월성의 나타남일 뿐이다. 종교적 약호화의 특수성은 약호의 재진입이 긍정적인 면이 아니라 부정적인 면에서 실현된다는 사실에 있다. 다른 약호들은 긍정과 부정 사이를 구별하는 것이 긍정적이라는 조건으로부터 시작하는 반면(예컨대 참과 거짓이 구별되어야 한다는 것은 하나의 논리적 진리이다. 그리고 선과 악을 분리하는 것은 좋은 것이다 등등), 종교는 모든 의미에서 불확정한 것을 지시함으로써 모든 의미를 규정 가능하게 만든다.

적어도 고등 종교에서는 약호가 도덕(「도덕」 참조)과 관련하여 프로그램화된다. 소통은 좋음善과 나쁨惡의 차이를 기반으로 하지만, 결과적으로 신은 악한 행위도 허용하므로 모든 구별을 초월하는 것으로 판명된다는 문제가 뒤따른다. 따라서 선택의 자유가 창조의 정점으로 간주된다. 유일신의 보증은 일어나는 모든 일에서 초월성을 보는 데 있다.

유일신 종교의 특수성은 그 종교 특유의 우연성 정식, 즉 신에 있다. 초월성이 한 인격으로 존재하는데, 이는 아마도 초월성을 내재적 세계에 대한 관찰적 관점으로서 지시하기 위해서일 것이다. 신은 한 인격이며 그 자체로 관찰자이지만 어떤 구별도 할 필요가 없기 때문에 매우 특별한 관찰자이다. 간단히 말해서, 그는 모든 구별 도식을 차이이자 통일성으로 동시에 실현할 수 있다. 사람들은 신이 어떤 존재이고 무엇인지 알 필요도 없고, (악마와 달리) 알려고 시도할 수도 없다. 왜냐하면 이런 시도는 신으로부터 그들 자신을 구별하는 것을 의미하고 그리하여 신을 관찰하기를 원하는 것을 의미하기 때문이다. 그러나 신이 그야말로 모든 것을 관찰하고 있고 따라서 다른 모든 것으로부터 자신을 구별하고 있다는 가정에서 우리가 출발한다면, 그는 세계에서 관찰될 수 없다.

기능적 분화(「사회분화」 참조)로의 이행과 함께 종교는 새로운 상황과 새로운 문제에 직면하게 된다. 종교적 세계관은 더 이상 사회 전체에 유효할 수 없으며 도덕조차도 사회의 통합 요인으로서 작용하지 않는다. 도덕은 보편주의를 유지하지만, 도덕의 프로그램들은 어떠한 일반적인 합의도 찾을 수 없다. 사회적 통합은 다양한 기능체계들 간의 관계를 통해서만 실현되며 더 이상 계명과 관련되지 않는다. 종교와 다른 사회 영역들 간의 관계는 더 이상 계층화의 관계가 아니다. 오늘날의 신학적 논의와 성찰에서 세속화라는 용어는 일반적으로 종교의 외부에 있는 사회적 환경이 존재하며 종교는 사회의 많은 기능체계 중 하나일 뿐임을 나타내는 데 사용된다.

특정 부분체계들과 달리 종교에는 상징적으로 일반화된 소통매체(「상징적으로 일반화된 소통매체」 참조)가 없다. 신앙이 그러한 매체의 몇몇 특성을 나타내긴 하지만, 동기를 필요로 하는 선택들인 행위와 체험(「귀속」 참조)을 구별해내는 전형적인 경향이 신앙에는 결여되어 있다. 종교적 신앙은 그러한 구별에 직면할 수 없는데 왜냐하면 삶 전체가 신의 관찰에 따라야 하기 때문이다. 더욱이, 수반되는 행위 없이 체험을 통해 또는 반대로 임의의 의지에 따라 수행되는 행위를 통해 구원을 얻을 수 있다는 것은 이치에 맞지 않는다. 종교는 이런 식으로 구별하기에는 인간의 통일성 쪽에 너무 가깝다.

종교가 갖는 일종의 기능적 동등성은 아마도 포함과 배제를 수행하는 종교의 특유한 경향에 있을 것이다. 종교는 통합 및 배제 행동에 편입되지 않는 사회의 유일한 부분체계이다(「포함/배제」 참조). 다른 체계들에서 배제된 사람들(예컨대, 거지 또는 노숙자)도 종교적 소통에 포함될 수 있다. 반대로, 종교로부터의 배제는 중세 시대와 같이 사회로부터의 배제를 의미하지 않는다.

세계 인구의 많은 부분을 차지하는 소외된 사람들을 종교가 실제로 얼마나 포용할 수 있을지는 경험적으로만 답할 수 있는 문제이며 종교가 이 기능을 어느 정도까지 자신의 것으로 반성해낼 수 있는지 이해하는 일은 여전히 어렵다. [G. C.]

Die Religion der Gesellschaft, Manuskript; Funktion der Religion, 1977; Sozio-logische Aufklärung 4, 1987, S. 227 ff., 236 ff.; Die Sinnform Religion, 1996.

중복/변이
redundancy/variety, Redundanz/Varietät

중복의 개념은 체계이론의 고전적인 개념으로, 체계의 복잡성을 평가하는 두 가지 다른 방식을 나타내기 위해 변이의 개념과 대조된다.

중복은 체계의 다른 요소들에 대한 특정 수준의 지식이 한 요소에 대한 지식을 통해 자동으로 획득되는 정도, 즉 한 요소에 대한 지식이 다른 요소들의 정보성을 감소시키는 정도를 의미한다. 요소들이 유사할 때 체계의 중복이 증가한다. 예를 들어, 이미 알려진 뉴스를 전달하는 메시지는 매우 중복된다. 소통은 중복의 확산으로 이해될 수 있다. A가 B에게 특정 정보를 전달하면, C는 나중에 동일한 정보에 접근하려고 할 때 A 또는 B 중 하나에 의지할 수 있다. 중복은 일반적으로 확실성 측면과 결합된다. 이때는 동일한 기능이 다양한 방식으로 수행될 수 있다. 또한 어려움이 발생할 때 다른 대안적 가능성들이 이용될 수 있다.

반면에 변이는 체계 내 요소들의 다양성과 이질성을 의미하며, 즉 다른 요소들에 대한 지식을 바탕으로 각 요소를 예측할 수 있는 개연성이 극히 낮아진 사태로 이해된다. 변이가 증가함에 따라 체계는 환경에 점점 더 개방적이 된다.

변이와 중복은 일반적으로 반비례한다고 간주되지만(하나의 증가는 다른 하나의 감소를 수반한다는 의미에서), 루만은 더 높은 변이와 중복 증가를 결합한 형식들이 얻어질 수 있다는 가설을 제기한다. 예를 들어, 과학 이론은 이전의 이론들보다 더 효과적일 수 있는데 그 이유는 이전 이론들의 중복을 재조직화하여 (즉 개념들 간의 새로운 결합을 확립하여) 더 높은 수준의 일반화 가능성에 도달하며 다른 대상들(더 많은 변이들)을 고려할 수 있도록 하기 때문이다.

기능적 분화(「사회분화」, 참조)로의 이행과 함께 중복의 회피가 일어난다. 한번 분화된 각기 다른 기능들은 사회 내 한 곳에서만 발휘될 수 있다는 점에서 그러하다. 예를 들어 가족, 도덕 또는 종교적 우주론을 특징짓는 다기능성은 상실되고 각각의 기능은 오직 해당 체계 안에서만 수행될 수 있다. [E. E.]

Soziale Systeme, 1984, S. 237, 406; Ökologische Kommunikation: Kann die moderne Gesellschaft sich auf ökologische Gefährdungen einstellen?, 1986, S. 208 ff.; Die Wissenschaft der Gesellschaft, 1990, S. 436; Organisation, 1988.

진리
truth, Wahrheit

진리는 과학적으로 입증된 이론과 방법(「학문」, 참조)에 기초하여 새롭고 놀랍고 일탈적인 지식의 수용을 더 가능성 있게 만드는 상징적으로 일반화된 소통매체(「상징적으로 일반화된 소통매체」, 참조)이다.

이러한 지식은 단순히 그 나름의 증거나 그것을 주장하는 연구자의 명성만으로 성립될 수 없다. 오히려 그것은 자명한 사실들과 모순되고 정상적인 일상생활 흐름에서 크게 벗어나는 지식과 뉴스일 때가 많다. 진리라는 소통매체는 그러한 지식을 수용하도록 동기를 부여하며, 각 추가 소통은 어떤 진술이 과학적으로 참(또는 거짓)이라고 말한 과정들을 반복하도록 강요받지 않는다.

과학적 진리는 소통 상대방의 체험과 관련된 귀속 구도로 특징지어진다. 즉 타자의 체험이 자아의 체험을 조건 짓는다. 다시 말해서 과학적 진술들의 내용은 관심이나 의지에로 귀속될 수 없고, 오히려 그 자체로 체험될 수 있는 세계의 비임의성에 귀속된다.

진리라는 소통매체의 약호(「약호」, 참조)는 참과 거짓의 차이에 있다. 이 중 첫 번째 값(참)은 새로운 연결을 탐색하여 소통을 계속할 수 있도록 하는 반면, 두 번째 값(거짓)은 오류에 이르게 된 조건들을 반성하도록 소통을 강제한다. 물론 이 반성 역시 학문체계의 자기생산을 계속할 수 있게 해준다.

학문의 프로그램들(「프로그램」 참조)은 이론들과 방법들이다. 이론들은 (예를 들어 대상에 대한) 소통의 타자준거를 이루는 개념들에 기반을 둔 진술 맥락들이다. 이론들은 과학적 진리와 외부 현실 사이의 정확한 상응을 보장하는 것이 아니라(「구성주의」 참조), 과학적 소통을 통해 도출된 문제들에 대한 서로 다른 해결책들을 비교할 수 있게 한다. 이때 방법들은 진술이 참 또는 거짓으로 표시될 수 있는 조건들을 확정한다. 적절한 논리를 사용해야 하는 방법들은 약호의 두 값을 동등하고 똑같이 가능한 것으로 취급하고 해당 사례를 결정하는 데 사용되는 기준들을 부과한다. 물론 과학적 진술은 참이거나 거짓일 수만 있을 뿐이다. 이 경우에 대칭성을 중단시키는 것은 이론의 경우처럼 타자준거가 아니라 오히려 시간이다. 그리하여 방법들은 진술의 각각의 인지적 내용에 관계없이 진리를 찾는 올바른 순서를 설명한다. 값의 할당은 인과관계에 묶인 선형적 방법 또는 순환적인 기능적 방법(「기능적 분석」 참조)을 통해 이루어질 수 있다.

방법들과 이론들은 자기준거와 타자준거의 구별(「자기준거」

참조)과 관련하여 서로 분화된다. 방법들은 외부 관련이 없기 때문에 학문의 자기준거를 나타낸다. 이론들은 타자준거를 나타낸다. 그리고 이론들은 과학적 관찰과 관찰 대상의 비대칭화를 가능하게 한다. 관찰들로서의 이론들은 과학적인 구성들이다. 이론들은 그것이 관련 맺는 대상의 동일성이나 통일성에 바탕을 두고 있는 것이 아니라 오히려 특정 이론에 의해 대상이 통일성과 동일성으로 구성되는 것이다.

이런 점에서 우리는 과학적 진리가 대상에 대한 성공적인 적응이나 현실의 발견을 의미할 수 없다는 사실을 강조해야 한다. 진리 약호의 값(참/거짓)은 어떤 식으로든 현실과 일치하지 않는다. 고전적 아리스토텔레스 논리학의 가정과 달리 진리는 대상들의 특징이 아니며 오류는 의식의 특별한 특권이 아니다. 약호의 두 값과, 내부와 외부의 차이(즉 자기준거와 타자준거의 차이) 사이에는 직교 관계가 존재한다. 즉 내부 및 외부 모두 관찰될 수 있으므로 둘 다 참 또는 거짓 진술들에 대한 주제를 제공할 수 있다. 그렇다면 '객관적'이라는 것은 무엇을 의미해야 하는가? 오늘날 이 질문에 대한 답은 급진적 구성주의적 접근방식이다. 과학적 인식, 따라서 진리라는 매체를 통해 구성되는 모든 것은 항상 인식 체계와 외부 현실 사이의 불연속성을 전제로 한다. 인식은 체계의 작동들 및 자기생산적 작동들 간의 결합(「자기생산」 참조)을 통해서만 생성된다. 이러한 의미에서 인식이 구성되는 방식(즉 체계가 구별들을 형성해내는 방식)이 결정적이 되는데, 왜냐하면 사용된 구별에 따라 무언가를 어떤 방식으로 또는 다른 방식으로 보는 것이 가능하기 때문이다(「작동/관찰」, 참조). 그러므로 과학적 진리는 객관성이라는 존재론적 개념에 기초할 수 없지만, 현실을 나타내야 한다는 요구 또한 거부할 수 없다. '참'이라는 긍정값은 단순히 소통이 특정 진술과 직접 결합될 수 있는 사태를 나타내며, 모든 진술을 우연적으로 만드는 것은 바로 이 결합 가능성이다. 우리는 동일한 것을 다르게 주장할 수 있고 다른 연결을 찾을 수도 있다. 왜냐하면 하나의 진술 뒤에는 현실의 조각은 없고 오히려 매번 인식의 조각만 있기 때문이다. 부정값은 놀라움과 반응 요구의 형식으로 자신을 제시하는 현실에 의해 기대가 실망한 지점을 나타낸다. 실험은 무엇보다도 정확히 이 기능을 수행한다. 즉 부정값은 소통을 참 또는 거짓의 양자택일과 맞서게 하고 과학적 소통을 실망의 가능성에 노출시킨다. [G. C.]

Die Wissenschaft der Gesellschaft, 1990; Die Gesellschaft der Gesellschaft, 1997, S.339 f., 481 f.

진화
evolution, Evolution

진화이론은 구조적으로 결정된 체계가 어떻게 작동들을 통해 자신의 구조들을 변화시킬 수 있는지를 서술하고 설명한 다(「체계/환경」 참조). 구조적 진화적 변화에 대한 설명은 다음 세 가지 메커니즘들 간의 구별을 기반으로 한다. 즉 (1) 변이, (2) 변이의 선택 및 (3) 체계의 유지 또는 안정화.

비록 이 세 가지 메커니즘들 간의 관계가 순환적이기는 하지만 우리는 이들 메커니즘이 서로 구별될 수 있을 때 진화에 대해 말할 수 있다. 다만 변이, 선택, 안정화 간의 관계는 선형적 인 인과관계가 아니라 순환적인 것으로 간주되어야 한다. 즉 변화들을 안정화시키는 일은 일어나고 있는 변화들의 선택을 확보하는 메커니즘을 통해서만 가능한 것과 마찬가지로, 변이 가 일어날 가능성은 이미 안정화된 선택들을 요구하고 있다.

유기체에 적용되는 고전적인 진화이론에서 변이는 내인성 원인(돌연변이)에 기인하고 선택은 적응을 위해 선택을 하도록 하는 환경적 압력으로 이해된다. 그러나 체계이론에서는 자기 준거적이고 자기생산적인(「자기준거」, 「자기생산」 참조) 체계들이 환경(으로부터의) 장애에 의해 교란될 수는 있지만 환경에 적응하도록 강제될 수는 없다고 주장한다. 더 정확하게 말하면, 모든 체계는 적어도 계속해서 존재할 수 있는 한 이미 환경에 적응되어 있다. 따라서 우리는 더 나은 또는 더 나쁜 적응에 대해 말할 수 없다. 체계의 기본 특성은 체계가 환경과 하나하나 조목조목 결합될 수 없다는 점이다(「복잡성」 참조). 즉 환경 복잡성은 하나의 체계에 의해 단지 축소되고 제한된 형식에서만 파악될 수 있다. 체계와 환경 간의 (적응이 아닌) 이러한 분리는 예를 들어 생명의 안정성이라든가 또는 진화 전반에 걸쳐 완전히 변하지 않는 유기체들이 존재한다는 사실을 설명하는 데 있어 결정적인 사태로 간주되어야 한다. 이것은 또한 자기생산이라는 개념과 일치한다. 자기생산적 체계는 재생산을 허용하는 구조들을 갖추고 있지만 이러한 재생산은 환경과 관련해서가 아니라 체계 요소들을 기반으로 해서만 이루어진다. 환경은 물론 체계가 계속 존재할 수 있기 위한 전제조건이다. 그러나 환경은 체계의 자기생산과 일치할 수 없으며, 만약 일치하는 경우라면 체계는 사라진다.

이러한 전제하에서 사회적 체계의 구조적 변이에 대한 자극은 (유전적 돌연변이의 경우처럼) 이러한 체계의 불안정성 탓으로 돌려져서는 안 되며 체계의 지속적인 자기생산과 양립 가능한 방식으로만 반응할 수 있는 환경으로부터의 장애에서 기인한 것이어야 한다. 어떤 장애가 체계를 교란시키고 무엇이 구조적 변화를 유발할 수 있는지는 체계 구조들에 따라 다르다. 즉 이때의 체계는 냉담할 수도 있고 혹은 민감할 수도 있다. 다만 이러한 특성은 체계에 대한 교란 가능성의 정도를 결정하며 따라서 체계의 구조들을 변경하는 능력도 결정한다. 변이는 항상 기존 구조들에서 벗어난 것으로 나타난다. 즉 관찰자에게는 내부 오류로 보일 수 있는 소통의 실패 혹은 체계와 환경 간 관계 내의 문제로 나타난다. 소통이 장애를 겪게 되면 체계가 이 문제에 반응한다. 이러한 의미에서 체계는 자체적으로 진화할 수 없다. 오히려 환경이 불안정하고 이 불안정성이 체계의 불안정성과 동기화되지 않을 때 체계는 진화한다. 체계와 환경 사이의 불연속성은 교란들이 생성되는 것을 보장하며, 체계는 냉담함을 증가시키거나 자신의 구조들을 변화시켜 이 교란에 반응할 수 있다.

선택 과정들은 체계 내에서만 발생한다. 선택들은 변이가 자기생산적 재생산에서 얻는 연결 가능성을 기반으로 한다. 예를 들어 학문체계에서 연구, 실험, 검증, 출판물의 생산을 자극하는 과학적 소통에서 충분한 연결들이 발견될 때 새로운 구별이 선택된다. 따라서 사회적 체계들의 경우 우리는 소통의 자기선택에 대해 말할 수 있다.

세 번째의 진화 메커니즘과 관련하여 체계는 새로운 요소들을 내부 구조적 특성에 통합할 수 있을 때 선택된 변이들을 안정화시킨다.

사회의 경우, 변이의 메커니즘은 소통의 변이에 실질적으로 어떤 제한도 두지 않는 언어(「언어」 참조)에 존재한다. 언어를 사용함으로써 다양한 주제가 어떠한 제한 없이 소통에 도입될 수 있다. 또한 언어는 긍정적인 진술과 부정적인 진술을 모두 형성할 수 있는 가능성을 제공한다. 이때 부정(「부정」 참조)은 소통의 기존 기대구조들에서 벗어나는 것을 허용하기 때문에 구조적 변이를 유발할 수 있는 가능성의 기초이다. 언어 약호는 기능적으로 분화된 사회에서 상징적으로 일반화된 소통매체(「상징적으로 일반화된 소통매체」 참조)에 의해 선택될 수 있는 소통 변이들을 생성할 수 있게 한다. 화폐, 권력 또는 진리와 같은 이러한 소통매체는 제안된 변이를 수용할 개연성이 상대적으로 높은 조건을 만들어내고 소통 선택의 사회적 유용성을 확고히 한다. 예를 들어, 과학적 소통은 근현대 사회에서 어느 정도의 성공을 보장하기 위해 특정 소통매체 — 즉 과학적 진리 — 를 필요로 하는 일종의 비개연적이고 규준에서 벗어난 소통이다. 만약 이 매체가 없다면 과학적 진술은 거의 받아들여지지 않을 것이다. 선택된 변이들이 구조적 층위에서 안정성을 얻으려면 사회의 전체 체계 또한 부분체계들의 내부 분화를 촉발시켜야 한다. 한편, 부분체계들은 변화하는 환경 조건들 하에서도 선택된 변이들의 재생산 가능성을 보장한다.

일반적으로 체계와 환경 간의 복잡성 격차는 진화의 지속에 결정적이다(「복잡성」 참조). 사회적 체계들의 진화는 심리적 체계들과 사회적 체계들의 상호침투 관계(「상호침투」 참조)에 기인할 수 있다. 의식체계들은 소통과 구조적으로 연동되어 있기 때문에 사회적 소통 구조들의 변이에만 기여할 수 있다. 따라서 의식체계들은 의도적인 소통적 기여를 통해 사회적 구조들을 교란할 수 있다. 그러나 이러한 기여의 내용을 예측하는 것은 불가능하며 사회적 기대구조들에서 예기치 않은 이탈을 유발할 수 있다. 상호침투를 통해 소통에 도입된 '우발성'(즉 예측 불가능성)은 소통 자체에 의해 관찰되고 판단되며, 경우에 따라서는 수용되고 안정화되거나 거부된다.

마지막으로 강조해야 할 것은, 변이의 긍정적인 선택이나 선택의 안정화가 자동으로 진행되지는 않기 때문에 변이, 선택 및 안정화의 각 메커니즘들이 서로 조정되지 않는다는 점이다. 변이의 긍정적인 선택은 하나의 우발성이다. 이러한 조정의 결여는 진화를 방해하지 않으며 심지어 가속화하는 반면, 진화의 결과는 세 가지 메커니즘들을 분화하는 데 기여한다. [G. C.]

Die Gesellschaft der Gesellschaft, 1997, Kap. 3; The Direction of Evolution, 1992.

체계/환경
system/environment, System/Umwelt

체계/환경의 차이는 루만 체계이론의 출발점이다. 어떤 체계도 환경과 독립적으로 주어질 수 없는데 왜냐하면 체계는 그 작동들이 체계에 속하지 않는 것(즉 환경)과 체계를 구별하는 경계를 형성할 때 발생하기 때문이다. 어떤 체계도 그 경계를 벗어나서 작동할 수 없다(「작동/관찰」 참조). 자신과 구별되는 환경이 없다면 체계는 규정될 수 없을 것이다. 하지만 동시에, 체계는 환경의 상태와의 일대일 대응을 회피하는 특정 조건들이 적용되는 자율적 영역이다(「자기생산」 참조).

경계를 정한다고 해서 체계가 고립되는 것은 아니다. 작동들은 항상 내부적 작동들이지만, 관찰의 층위에서 경계가 극복될 수 있고 체계와 환경 간의 다양한 형식의 상호 의존성이 확인될 수 있다. 모든 각 체계는 일련의 환경 전제들을 필요로 한다. 예를 들어, 사회적 체계는 양립 가능한 물리적 환경(가령, 특정 범위 내의 온도, 적절한 중력 수준 등) 및 기타 여러 조건과 함께 소통에 참여하는 심리적 체계들의 가용성을 필요로 한다. 또한 동일한 하나의 사건이 체계와 환경에 동시에 속할 수 있다. 예를 들어, 특정 사건이 사회적 체계의 요소(즉 소통)인 동시에 심리적 체계의 요소(즉 생각)가 될 수 있다. 비록 이 두 체계가 서로에 대해 환경이 되고 있지만 말이다(「상호침투」 참조). 다만 이 사건은 체계 내부와 그 환경에서 항상 다른 조건들의 영향을 받는다(「사건」 참조).

환경은 그 자체로 환경이 아니라 항상 체계에 대해 외부('다른 모든 것')에 있는 환경이다. 체계와 관련하여 체계에 속하지 않는 모든 것은 환경에 속하므로 환경은 각 체계마다 다르다. 실제로 환경은 체계의 작동들에 의해 남겨진 것('부정적 상관물')으로 구성된다(따라서 그것은 체계에 속하지 않는 모든 것을 포함한다). 그리고 환경 자체는 체계가 아니다. 즉 그것은 자체 작동들이나 자체 행위 능력을 갖고 있지 않다. 환경에로의 귀속(「귀속」 참조)은 자체 복잡성에 대처하기 위한 체계 내부의 전략이다. 체계와 달리 환경은 경계에 의해 규정되는 것이 아니라 지평들에 의해 규정되는데, 이 지평들은 체계 복잡성의 증가와 함께 확장되기 때문에 쉽사리 극복될 수 없다. 그리고 이 지평은 우리가 가까이 다가갈수록 멀어진다.

환경이 하나의 체계에 상대적이라는 것은 환경의 평가절하나 그 역할의 종속을 의미하지 않는다. 이론의 출발점은 체계도 환경도 아니고 양쪽이 똑같이 필수 불가결함을 이루는 양자 간의 차이이다(「동일성/차이」 참조). 환경과의 관계없이 체계의 구성은 있을 수 없고 체계 없는 환경도 있을 수 없다. 그들은 항상 함께만 발생한다. 한편으로 행위 능력은 체계의 특성이며 체계/환경 관계에서 비대칭성을 형성한다. 이는 체계에서만 구별의 재진입(「재진입」 참조)이 일어날 수 있다는 사실로도 표현된다. 다른 한편으로 환경은 언제나 복잡성이 더 높은 쪽이다.

이 복잡성 격차로 인해 체계는 지속적인 선택들을 하도록 강제되고 모든 작동들에는 우연성이 부과되지만, 체계/환경 구별은 이 복잡성 격차를 안정화한다(「복잡성」 참조). 물론 이때 환경은 항상 체계가 현재화할 수 있는 것보다 더 많은 가능성들을 포함한다. 환경이 항상 각 체계에 상대적으로 묶여 있다 하더라도 환경은 결코 체계의 요구에 대해 수동적이거나 무저항적으로 사용 가능한 것이 아니다. 오히려 환경은 체계 자신이 직면해야 하는 고유한 형식들과 고유한 요구들을 가지고 있다. 그러나 완전히 혼란스럽고 엔트로피가 높은 환경에서는 하나의 체계를 구성하는 일 역시 가능하지 않을 것이다. 환경은 구별들을 만들고 유지할 수 있도록 최소한 충분한 질서를 갖춰야 한다(「구성주의」 참조).

환경의 구조화와 자율적 동역학을 이해하기 위해서는 '체계의 환경'과 '체계의 환경 내 체계들' 간의 구별이 고려되어야 한다. 후자에서의 이 체계들 각각은 다시금 고유한 체계/환경 구별들을 지향하며 그들의 환경들 속에 전자의 체계를 포함한다. 소통체계의 환경은 예를 들어 다양한 유기체들, 심리적 체계들 및 기타 사회적 체계들을 포함한다. 한편 이들 각 체계는 특정한 자기생산을 특징으로 하며 사회적 체계 자체의 작동들에 의해 최소한의 영향만을 받는다. 어떤 체계도 다른 체계들의 체계/환경 관계에 접근할 수 없다. 그렇기 때문에 체계 자체에 의해 구성되는 체계의 환경은 체계가 규정할 수 없는 상호 영향을 미치는 체계/환경 구별들의 복잡한 네트워크로 체계에 나타난다.

환경은 항상 체계보다 훨씬 더 복잡하며 이 비대칭은 되돌릴 수 없다. 체계가 환경을 제어하려는 모든 시도는 다른 체계들의 환경의 변화를 의미하며, 이는 전자의 체계의 환경을 더욱 복잡하게 만들어 복잡성 격차를 재생산한다.

이 격차로 인해 체계는 자신에 대해서보다 환경에 대해 더 강력한 선택들을 하게 된다. 환경 복잡성은 말하자면 '일괄적으로' 처리된다. 체계는 환경의 사건들 및 과정들보다 체계 내부의 사건들 및 과정들에 더 민감하게 반응한다(체계는 어쨌든 모든 것을 고려할 수는 없다). 따라서 체계는 환경적 상황들에 상대적으로 냉담하다. 그러나 내부 또는 외부 귀속은 그 자체로 체계 작동들의 지향을 위한 내부 전략이다. 외부에 위치하는 것은 내부 구조들에 달려 있으며, 환경에 대한 지향에서도 체계는 스스로 구축한 것에 반응한다(그러나 강제적으로 환경을 제어할 수는 없다). 예를 들어, 경제체계는 주식시장 붕괴를 체계 작동들의 결과로 자신에게 돌리거나 아니면 정치적 사건, 민감한 기업가 또는 기타 요인들의 결과로 환경에 돌릴 수 있다.

합리성(「합리성」 참조)의 문제가 제기되면 체계/환경 구별이 체계로 재진입되며 이때 체계는 환경과의 관계를 내부적으로 처리한다. 따라서 예를 들어 경제체계는 자신의 과정들이 정치의 작동에 어떤 영향을 미쳤는지, 그리고 그 결과들이 주식시장 붕괴를 야기한 사건들을 촉발시켰는지 여부를 스스로에게 질문할 수 있다.

어떤 데이터도 최종적으로 체계나 환경 중 하나에 위치할 수 없으며 관찰 관점에 따라 '체계'와 '다른 체계들의 환경'에 동시에 속한다. 모든 관찰은 자체 체계준거(즉 관찰을 수행하는 관찰자)를 규정해야 하며 주어진 현실의 조건에 의존할 수 없다.

체계/환경 구별은 체계 내에서 반복될 수 있다. 즉 체계 자체는 부분체계들의 분화를 위해 하나의 환경을 나타내지만, 이때의 부분체계들은 미규정된 환경에 비해 전체 체계의 복잡성 축소를 전제로 하는 자체 체계/환경 구별들을 구성한다(「분화」, 「사회분화」 참조). [E. E.]

Soziale Systeme, 1984, S. 35 ff., 242 ff.; Die Wissenschaft der Gesellschaft, 1990, S. 287 ff.; Die Gesellschaft der Gesellschaft, 1997, S. 60 ff.

포함/배제
inclusion/exclusion, Inklusion/Exklusion

포함과 배제의 차이는 사회가 개인들을 인격들이 될 수 있도록 허용하고 그리하여 소통에 참여할 수 있게끔 하는 방식과 관련된다.

인격의 개념은 독립적인 자기생산적 체계들인 개인의 의식이나 신체를 의미하지 않는다. 오히려 그것은 소통의 층위에 위치한다. 즉 '인격'은 소통(「소통」 참조)의 지속적인 생성을 위해 사회가 수신자를 찾을 수 있도록 하는 하나의 사회적 구조이다. 그런 까닭에 인격에 대한 관련은 (전달에 대한) 소통 책임의 귀속과 이해 가능성의 국지화를 용이하게 한다. 이런 의미에서 인격들은 의식체계나 신체와 같은 체계가 아니라 소통의 인공물이다. 인격들은 행동의 제한된 가능성들(「동일성/차이」 참조)에 대한 기대를 생성하는 개별 상황들을 식별한다. 또한 이 개별 상황들 속에서 각 개인은 이러한 기대를 확인하거나 예상치 못한 자극으로 소통을 놀라게 하는 양자택일적 대안에 직면하게 된다. 확인과 놀라움 사이의 선택은 심리적 체계와 사회적 체계에게 각기 다른 의미를 지닌다. 즉 그것은 의식의 역사에 결정적인 결과를 낳을 수 있지만 소통의 역사와는 관련이 없는 채로 남아 있다. 사회적으로 관찰될 수 있는 인격과 그 특성은 이중 우연성(「이중 우연성」 참조)의 불안정한 순환성에서 나온다. 자아와 타자적 자아는 서로를 상호 관찰하고, 이것이 관찰되면 그 인격 자신과 다른 인격들 모두에게서 기대될 수 있는 개인적 특성들의 안정화로 이어진다. 따라서 사람들이 관찰되는 방식에 따라 소통의 수신자가 될 수 있는 인물성 유형이 규정된다.

포함과 배제는 인격들이 관찰되는 사회의 구조(「사회분화」 참조)에 따라 다른 형식으로 나타난다. 분절적 사회에서 포함은 예를 들어 부족이나 마을과 같은 하나의 분절에 속하는 데에 있다. 다른 부족이나 다른 마을로 이주시킴으로써 기존의 분절에서 배제될 수는 있지만, 모든 분절들의 외부(즉 사회 외부)에서 생존하는 것은 사실상 불가능하다.

계층화된 사회에서 사회에 속하는 것은 사회 계층에 의해 조직되고, 계층에 속하는 것은 주로 가계에 의해 결정된다. 배제는 주로 누가 (계층별) 소통에 참여할 자격이 있고 누가 다르게 대우받아야 하는지를 결정하는 사회 계층의 족내혼적 폐쇄성을 통해 실행된다. 계층화는 가정에서 또는 조합, 군대, 대학, 수녀원 등에서 구조화된다. 예를 들어 방랑자 또는 경계가 모호한 경우인 해적처럼 생존할 수 있는 특정 기회가 있긴 하지만, 가정 또는 그에 상응한 것이 아닌 외부적 삶은 극도로 어렵다. 더욱이 이러한 경우 미래를 보장하고 기대를 안정시키는 정상적인 상호성이 중단된다. 상황들과 사건들의 관련성은 '정상적인' 소통 과정에서 벗어나 있으며 구원과 저주의 결정적인 양자택일로 옮겨진다.

기능적 분화는 계층적 서열의 전형적인 차이들이 주요 관련성을 잃는 것을 의미한다. 그 대신에 원칙적으로 모든 사람이 모든 형식의 소통에 참여할 수 있고 잠재적인 차이가 이러한 분화형식 내에 유지되지 않는다는 전제에서 출발하는 하나의 사회적 구조가 나타난다. 누구나 경제 활동을 할 수 있고 교육을 받을 수 있고 가정을 꾸릴 수 있으며 법정에서 동등한 대우를 받을 수 있다. 이러한 의미에서 근현대의 포함은 자유와 평등이라는 자명한 원리에서 그 의미론적 상관물을 얻는다. 평등은 사회적 접촉의 조건(즉 편견적 차별의 부재)을 나타내는 반면, 자유는 사회적 접촉을 확립하는 데 개인의 결정이 필요하다는 사실을 나타낸다. 이 자유의 사용에 있어서의 차이들은 사회 전체에 의해서가 아니라 각 부분체계 내에서만 정당화될 수 있다.

하지만 자유와 평등의 원리는 포함의 의미론적 상관물일 뿐이며 포함과 배제를 규정하는 구조에 대해서는 거의 말하지 않는다. 예를 들어 계층화된 사회와 비교할 때, 구조적 변화는 주로 인격의 자질과 존엄성dignitas이 더 이상 선택 기준으로 기능할 수 없다는 사실에 의해 인식될 수 있다. 전형적인 위계적 차이들이 해소됨에 따라 근현대 사회는 그에 상응하는 대안적 해결책을 제시해야 했다. 이 해결책은 개인사를 기반으로 인격들을 관찰하는 데에 있다. 가령 인격의 시간화는 경력으로 구성된다. 인격과 관련된 기대들은 주로 개인사 중심의 과거와 미래 구별에 기반한다. (한 인격의) 미래에 대한 모든 예측은 과거에 의해 허용된 기대들로부터만 진행될 수 있는 반면, 귀속 요인들은 이제 매우 미미한 역할만 하며 어쨌든 원칙적으로 소통 참여를 위한 선택 기준으로 허용되지 않는다. 예를 들어 전체 국민을 위한 학교 교육은 이제 교육체계 내의 일반화된 포함으로 간주될 수 있다. 그런데 포함 기준이 경력이라는 방향으로 바뀌었기 때문에 개인사의 초기 단계가 중요한 의미를 갖게 된다. 왜냐하면 그것은 미래의 경력에 도움이 될 과거를 구성하기 때문이다. 하지만 학교 경력은 가장 중요한 경력 단계 중 하나를 이룬다는 바로 그 이유에서 이 경력은 이후에 이루어질 수 있는 일을 너무 엄격하게 제한하지 않는 방식으로 구성된다. 모든 사람의 개인적 학력은 과거에 대한 일정한 자본화를 허용하는데, 이는 결정적으로 작용하지는 않지만 각각의 현재 상황의 필요에 따라 재조합될 수 있다.

어떤 의미에서 근현대 사회는 모든 인격을 포함하는 동시에 배제한다. 즉 모든 사람이 모든 소통에 참여할 수 있지만 아무도 하나의 부분체계에 완전히 통합될 수 없다. 그래서 순전히 경제적이거나 순전히 과학적인 인간이란 없다. 포함과 배제의 차이는 부분체계들에 필요한 공식적 조직(「조직」 참조)을 통해 이들 부분체계 내에서 다루어지기도 한다. 예를 들어, 경제는 기업이 있어야만 재생산될 수 있고 교육은 학교가 있어야만 존재할 수 있다. 다만, 각 부분체계에는 일반적으로 모든 사람이 포함되지만 공식적 조직에는 매우 제한된 범위에서만 인격들이 포함된다. 예컨대 회사에서는 구성원들만이 내부 조직 결정을 내릴 수 있고 학교 수업에는 학생들과 교사만 포함된다. 부분체계들이 누군가를 배제할 이유는 없지만 공식적 조직은 모든 사람을 구성원으로 만들 수는 없다. 따라서 부분체계와 조직 간의 이러한 차이는 포함/배제 차이의 근현대적 버전을 형성한다.

이전 사회들과 비교할 때 근현대 사회는 무엇보다도 한 가지 측면에서 포함 기준을 변경한다. 가령, 한 부분체계에서 배제되는 것이 반드시 다른 체계에 포함되는 것을 뜻하지 않게 된다. 계층화된 사회에서는 한 계층에 속하는 것이 다른 계층들에서의 배제를 암시했다면, 근현대 사회에서는 서로 다른 부분체계들 간의 결합이 더 느슨한 편이다. 예컨대 좋은 교육을 받았다고 해서 그것이 경제나 다른 영역에서 한 개인의 활동이나 직업에 대해 많은 것을 말해주지 않는다. 한 부분체계에 포함되는 것이 다른 부분체계에 포함되는 것에 대해 아무것도 말해주지 않기 때문에 근현대적 포함의 형식은 사회 통합의 상당한 느슨함을 수반한다. 반면에, 한 부분체계로부터의 배제는 일종의 도미노 효과를 일으켜 개인을 사회와 무관한 사람으로 매우 빠르게 만들 수 있기 때문에 배제의 측면에서는 포함과는 정반대의 현상이 관찰될 수 있다. 예컨대 직장을 잃으면 주택과 건강 보험을 유지하는 것이 어려워지며 그 반대의 경우도 마찬가지이다. 극단적인 경우, 자녀들이 학교에서 교육을 받을 수 있도록 하는 것이 불가능하게 된다. 배제의 이러한 긴밀한 통합은 개인들이 가능한 소통 상대방들 및 인격들로서 점점 덜 유효하다는 관찰로 이어질 수 있다. 슬럼가나 빈민가와 같은 경우에는 개인들이 그야말로 인격과는 완전히 다른 조건들(생존 문제, 폭력 문제, 질병 문제 등)이 적용되는 신체들bodies, Körper로서만 간주되는 정도에까지 이른다.

포함과 배제의 구별은 소통에 대한 접근 기준을 확립하기 때문에 사회의 자기서술에 있어 상당히 중요하다. 안쪽 면(포함)은 소통에 참여할 수 있는 조건과 가능성을 나타내므로 주의와 관심을 요구하는 반면, 바깥쪽 면인 배제는 남아 있는 것을 나타내며 사회를 반성하도록 강제한다. 오늘날 이것은 한편으로는 경력 및 성공 지향이 차지하는 중요성의 측면에서, 다른 한편으로는 빈민가, 기근, 인구 과잉과 같이 상반된 조건이 적용되는 상황에서 볼 수 있게 되었다. [G. C.]

Wie ist soziale Ordnung möglich?, 1981; Individuum, Individualität, Individualismus, 1989; Inklusion und Exklusion, 1995; Die Gesellschaft der Gesellschaft, 1997, S. 618 ff.

프로그램
programs, Programme

프로그램들은 일반적으로 올바름 조건들의 복합체로 정의
된다. 프로그램들은 약호(「약호」 참조)값의 올바른 귀속을 위한
기준들을 제공하여 이를 지향하는 체계(「사회분화」 참조)가 구조
화된 복잡성에 도달하고 자체 과정을 제어할 수 있도록 한다.

이항적 약호를 통해 분화되어 있는 자기생산적 체계(「자기생
산」 참조)에서 약호는 체계를 재생산하는 작동들의 통일성을
유도한다. 즉 약호는 차이들의 생성을 조절하고 이를 통해
체계의 정보 처리도 조절한다. 작동들은 항상 맹목적으로 진행
되며, 작동의 층위에서 체계는 자체 과정을 제어할 수 없다.
약호는 행위에 대한 지침을 제공하지 않는다. 오히려 약호는
후속 작동들에 대한 연결을 확보함으로써 작동들에 일정한
방향을 제공할 뿐이다. 반면에 체계의 자기조절 및 자기제어는
(이 작동들이 지향하는 것과는 다른 구별들에 기반하여) 체계 자체를 통해
작동들에 대한 관찰을 이끄는 프로그램들의 층위에서 발생한
다. 프로그램들은 특정 작동의 실현 가능성에 필요한 조건들을
확립한다. 예를 들어 프로그램은 약호의 긍정값을 귀속시키는
것이 특정 조건들에서만 올바르다고 규정한다. 따라서 법체계

의 프로그램들(법률 및 절차)은 당사자 중 누가 옳고 누가 그르다고 올바르게 주장할 수 있으며 이 결정에서 고려되어야 할 사항이 무엇인지 등을 규정한다. 학문의 프로그램들(이론 및 방법)은 어떤 것을 참이라고 주장할 수 있기 위해 충족되어야 하는 조건들을 확립한다. 교육체계의 프로그램들은 학생 선발의 기준 등을 규정한다.

프로그램들은 두 개의 값만 고려하도록 허용하는 약호의 엄격한 이항성을 보완하는데 그 방식은 체계에 낯선 결정 기준들을 도입하는 것이다. 학문의 프로그램들은 체계의 작동이 궁극적으로 참/거짓의 구별에 의해서만 주도되는 경우에도 정치적 기회나 연구 비용을 고려할 수 있다. 따라서 사람들은 연구를 프로그램화할 때 사용 가능한 재정 자원이나 특정 관심사를 예의 주시할 수 있지만, 그러나 이러한 영향이 결과의 진리까지 규정할 수는 없다. 이 진리는 정치적이거나 경제적인 사실이 아니라 항상 과학적 약호에 의존한다. 따라서 정치적 기회나 비용과 같은 체계 외부의 기준들은 지식 생산을 규정하지 않는다. 다만 그 기준들이 연구를 제한하고 프로그램 실행에 영향을 줄 수는 있다.

프로그램들은 이항적 약호에 의해 배제된 제3의 값을 약호 지향 체계에 다시 도입한다. 이러한 방식으로 약호의 경직성이 완화된다. 체계가 자신의 약호(예컨대 참/거짓, 합법/불법 등)만을 지향하더라도 프로그램들의 층위에서 체계는 다른 체계들에서 유효한 기준들을 고려한다. 예를 들어, 비록 학문이 아름다움이나 경제적 요인에 따라 진리를 생성하지는 않지만, 학문은 진리를 이러한 우선순위들과 양립할 수 있도록 시도할 수 있다. 프로그램들에 의해 도입된 '낯선' 기준들에 따라 이항적 약호 체계는 자신의 작동들로부터 충분한 거리를 확보하여 작동들을 관찰하고 자체 경로를 유도할 수 있다. 따라서 체계는 복잡성을 증가시키고 구조화할 수 있다.

체계의 자기관찰은 항상 (작동들의) 자기생산의 지속(「작동/관찰」 참조)을 전제로 하므로, 프로그램화에는 항상 약호에 대한 지향이 필요하다. 약호를 통해 체계는 자신을 하나의 통일체로서 환경과 분화하며, 체계의 작동들 중 어느 것도 약호와 독립적으로 일어날 수 없다. 약호의 분화와 기능을 기반으로 해서만 프로그램화는 체계에 낯선 기준들을 고려할 수 있다. 물론 이때 프로그램들은 항상 각 체계의 해당 약호와만 관련된다. 만약 진리와 소유 또는 진리와 아름다움을 더 이상 구별할 수 없다면 우리는 진리를 귀속시키는 기준들을 세울 수 없을 것이다. 약호는 절대 변경될 수 없지만 프로그램은 체계의 작동들을 기반으로 변경될 수 있다. 예를 들어 학문에서 항상 참/거짓 약호를 기반으로 하지만 이론과 방법은 변경될 수 있다. 프로그램들의 층위에서 수행되는 체계의 개방은 약호화의 층위에서의 체계의 폐쇄성을 전제로 하는 반면, 체계에서 일정 수준의 복잡성에 도달하려면 프로그램화가 필요하다.

약호값의 귀속 대신 행동의 올바름 여부를 살펴보면, 프로그램들은 기대들 간의 연관을 식별하는 역할을 하는 특정 준거 지점이다(「동일성/차이」 참조). 예를 들어, 외과 수술은 다양한 사람들의 행동을 조정하는 프로그램으로, 매 순간 각 사람이 나타내고 다른 사람들과 조정되는 특정 행동이 기대될 수 있음을 의미한다. 즉 이때의 프로그램은 어떤 행동이 올바른 것으로 간주되어야 하며 따라서 기대되어야 하는지를 규정한다. 특정 조건들의 실현(특정 상황이 발생하면 특정 행동이 실현되어야 한다)과 관련하여 혹은 원하는 결과와 관련하여 올바름의 조건들이 확립되었는지 여부에 따라 조건부 프로그램과 목적 프로그램이 구별된다. [E. E.]

Soziale Systeme, 1984, S. 432 f.; Ausdifferenzierung des Rechts: Beiträge zur Rechtssoziologie und Rechtstheorie, 1981, S. 140 ff., 275 ff.; Codierung und Programmierung, Bildung und Selektion im Erziehungssystem, 1986; Die Wissenschaft der Gesellschaft, 1990, S. 197 ff., 401 ff.

학문

science, Wissenschaft

    학문은 근현대 사회의 기능적으로 분화된 부분체계(「사회분화」 참조)의 하나로, 자신의 재생산을 위해 소통매체인 진리(「진리」 참조)를 사용한다. 학문체계의 사회적 기능은 새로운 인식들을 구축하고 얻는 데 있다. 과학적 진리는 현실 세계에 대한 대응으로 이해되지 않고 상징적으로 일반화된 소통매체(「상징적으로 일반화된 소통매체」 참조)로 이해된다. 작동들을 생성하기 위해 진리가 관련 맺는 약호는 참과 거짓의 차이이다. 이때 이 두 약호값은 소통을 과학적인 것으로 표시하며, 이를 통해 소통이 관찰될 수 있다. 따라서 과학적으로 참이 아닌 지식도 과학적으로 다루어야 한다.

    학문체계의 구조들은 실망의 경우에 변경되는 인지 유형의 기대들(「기대」 참조)로 구성된다. 이것은 연구가 지금까지 알려지지 않은 새로운 결과를 낳을 때 과학적 지식이 변한다는 것을 의미한다. 새로운 이론과 개념들이 정식화되면 과학적 구조들이 이전과 다른 기대들을 갖게 된다. 사회의 다른 부분체계들에서 일탈이 처리되는 방식과 비교할 때 학문은 이를 반대로 처리한다. 각각의 과학적 소통은 새로운 것을 생산하며,

이 새로운 것은 더 많은 소통을 위한 조건으로 채택될 수 있고, 나중에 그것이 사실이 아님이 밝혀지거나 연구에 대한 연결성이 없다면 폐기될 수도 있다. 어쨌든 새로운 것을 말할 수 있을 때만 연구가 촉진될 수 있다는 것은 타당한 말이다.

참/거짓의 약호값(「진리」참조)은 과학적 소통을 사회에서 발생하는 다른 소통과 구별케 함으로써 과학적 소통을 나타낸다. 그러나 이 약호는 과학적 소통이 촉진되고 조정되는 주제나 구조에 대한 지침을 제공하지 않는다. 이것은 학문체계의 프로그램들에 의해 수행된다(「프로그램」참조). 학문체계의 프로그램들인 이론 및 방법은 약호값 할당의 올바름 조건들로 기능한다. 올바름 조건들로서의 이론과 방법은 과학적 작동들에서 허용되는 것을 제한하고 규정한다. 둘 다 연구 대상이 되는 모든 것(가령, 유기체, 심리적 체계나 사회적 체계, 기계, 자연 등)을 관찰 가능하게 만든다. 이런 식으로 학문은 자신의 관찰들을 특정 형식, 즉 제한성을 통해 조건화할 수 있다. 예컨대 어떤 관계 내의 요소의 규정은 그 관계 내의 다른 요소들의 규정에 기여한다. 한 가설이 거짓으로 판명되면 다른 특정 가설들이 더 개연성이 높아져 연구 자원을 끌어들인다. 이러한 방식으로 새로운 연구 기회가 끊임없이 형성된다. 이런 의미에서 제한성은 관찰 가능한 대상의 한계가 아니라 과학적 소통의 전제조건으로 파악되어야 한다. 그러나 만약 모든 것이 완전히 자의적으로 다르게도 될 수 있다면, 참인 것인 양 사용될 수 있는 새로운 지식을 생산하는 일은 불가능할 것이다. 학문체계에서 지속적으로 생성되는 부정(否定, Negation)은 ― 이론적으로 그리고 방법론적으로 조건화된 방식으로 ― 정보를 제공해야 한다. 가령 무엇을 여전히 더 할 수 있는지, 어떤 가설이 신뢰할 수 있는 것으로 간주될 수 있는지 등에 대한 정보를 제공해야 한다. 예를 들어 하나의 구별의 선택은 그것이 다른 가능성들을 배제하는 까닭에 나타내질 수 있는 것을 제한한다. 동시에, 이 선택은 무언가를 배제하기 때문에 우연적이다. 이런 방식으로만 학문은 대상들과 관련되고 자신의 관찰에서 특정 구별을 사용할 수 있으며, 또 이런 방식으로만 과학적 지식을 키워낼 수 있다.

현실은 이론적으로 안내된 구별들에 기초하여 구성되기 때문에 체계이론은 자신의 우연성을 고려하는 구별들, 즉 자신에 대한 일정한 통제권을 행사할 수 있는 구별들을 선호한다. 이는 구별이 재진입(「재진입」 참조)을 통해 자신을 지칭할 수 있을 때 가능하다. 한 가지 예는 체계이론을 이끄는 체계와 환경 사이의 구별이다. 체계는 자체 환경과 자신을 구별할 수 있을 때, 즉 체계/환경 구별과 관련할 때만 *스스로를* 관찰할 수 있다. 이러한 구별을 하는 관찰자(우리의 경우, 학문체계에서의 체계이론)는 문제의 구별을 떠나지 않고 관찰할 수 있으며, 따라서 이론 외부의 논증으로 소급할 필요 없이 이 구별을 정당화할 수 있는 기회를 갖는다. 선택된 구별의 정당성은 최초 도식 내에서 이 구별을 다른 가능한 대안적 구별들과 비교할 수 있는 능력에 있다. 다시 적용될 수 있는 구별들을 사용할 필요성은 학문의 인식론적 반성에서 주로 강조된다. 과학적 인식을 자기준거적 체계의 작동으로 설명하는 것은 오늘날 '구성주의'(「구성주의」 참조)라는 이름으로 알려진 인식론에 의해 받아들여지고 있다. 과학적 반성이 스스로에게 던지는 질문은 더 이상 인식체계와 인식된 세계 사이의 대응에 관한 것이 아니라, 관찰되는 현실을 스스로 구성하고 이 질문을 자체 반성의 출발점으로 삼을 수 있는 사회적 체계의 구조들에 관한 것이다. 구성주의는 인식이 어떻게 구성될 수 있는가라는 문제를 정식화하는데, 이때의 인식은 서술하고자 하는 세계에 대한 관찰자역시 경험적으로 존재한다는 사실을 고려한다. 구성주의가 관계하는 인식론은 인식의 구성자構成者를 포함하는 인식론이다. 그것은 또한 자기 자신을 서술하고 따라서 자기관찰적 구별들을 필요로 하는 인식론이다. 사회이론의 경우에도 마찬가지인데, 사회이론은 그것이 그 자체의 대상들 사이에서 발견되고 따라서 그 대상들에 자신을 포함시켜야 하기 때문에 오로지 자기포함적autological, autologisch일 수 있을 뿐이다.

사회학의 경우 이러한 주장들은 특히 중요하다. 이 학문 분야에서 제시되는 이론들은 종종 과학적이기보다는 도덕적이거나 이데올로기적인 가정에 근거를 두기 때문이다. 그리고 실제로 비평가가 비판 대상인 사회에 속하지 않는다는 암묵적인 가정이 종종 존재한다. 체계이론의 접근방식은 이와 반대의 경로를 취한다. 우리가 이 사회에 대해 아무리 좋게 말하든 나쁘게 말하든 간에, 사회학자의 임무는 주로 그가 사회에 대해 쓰고 말하는 모든 것이 사회학자 자신에게도 해당된다는 사실을 유지하는 데 있다. [G. C.]

Die Wissenschaft der Gesellschaft, 1990; Die Ausdifferenzierung von Erkennt-nisgewinn, 1981.

합리성
rationality, Rationalität

합리성의 개념은 가장 전제조건이 많고 또 가장 개연성이 낮은 자기관찰(「작동/관찰」 참조)의 형식을 말한다. 반성할 수 있는 체계(「반성」 참조), 즉 자신을 환경과 구별되는 것으로 관찰할 수 있는 체계가 이러한 구별의 통일성을 지향할 수 있을 때 우리는 합리성에 대해 이야기한다. 이처럼 체계는 체계/환경 구별을 사용하여 스스로를 관찰할 수 있을 뿐만 아니라 이 구별을 다른 것과 다르게 관찰할 수 있고 그것을 우연적인 것으로 가정하여(「이중 우연성」 참조) 정보를 수집할 수 있다(「정보」 참조). 합리적인 체계는 체계/환경 구별을 현실에 노출하고 테스트할 수 있으며 따라서 구별이 다른 모습으로 나타나는 경우 (체계와 환경에서) 무엇이 변경되는지 관찰할 수 있다. 다시 말해서, 체계는 자신 및 자신의 작동들로부터 거리를 둘 수 있고, 체계 자체 내에서 구성되고 달라지는 기준들에 따라 환경과 관련된 자신의 위치를 수정할 수 있다.

만약 체계가 환경에 대한 자신의 영향을 체계 자신에 대한 환경의 역영향을 가지고 제어할 수 있다면 체계는 합리적으로 작동할 것이다. 사회적 체계의 경우에 이것은 사회에 의해 사회에 발생하는 환경문제가 소통에 재도입되고 제어된다는 것을 의미할 것이다. 하지만 오늘날의 사회는 예를 들어 학교 교육의 확산으로 인한 심리적 환경의 변화(이는 많은 사람들의 동기와 행동 방식에 영향을 미친다)가 사회 전체에 어떤 영향을 미치는지 예측할 수 없기 때문에 합리성의 결여를 보여준다. 생태학적 문제는 특히 눈에 띄는 또 다른 예이다.

물론 완전한 합리성은 결코 달성될 수 없는데 왜냐하면 그것은 체계가 자신과 환경 간의 구별을 관찰할 수 있어야 하는데 — 이는 항상 역설을 낳기 때문이다(「재진입」, 참조). 기능적으로 분화된 사회적 체계(「사회분화」, 참조)의 경우에는 '제한적 합리성'조차 거의 생각될 수 없다. 사회와 환경 사이의 관계를 통일성으로 파악하고 대표할 수 있는 사회적 판정 기관은 없다. 이는 환경과의 관계가 (결코 상호적으로 또는 통일된 관점으로 되돌아갈 수 없는) 개별 기능체계들의 다양한 체계/환경 구별들로 단편화되기 때문이다. 근현대 사회의 시급한 문제들은 전 지구적인 사회적 합리성의 필요성과 불가능성에 동시에 직면해 있다.

이러한 상황에서 합리성 판단은 외부 데이터로부터 분리되어야 하며, 자기준거와 타자준거의 구별이 내부적으로 처리되는 방식과 관련되어야 한다. 그 경우에 우리는 차이이론(「동일성/차이」, 참조)을 지향하는 체계 합리성의 개념을 정식화할 수 있다. 체계는 자기준거와 타자준거 간의 차이로서 환경에 대한 자신의 차이를 관찰의 기초로 삼는 경우 합리적이라고 정의된다. 따라서 이러한 유형의 체계는 작동들의 층위에서 (체계인 것은 체계에서 배제된 환경이 아니라는 의미에서) 자신과 환경을 구별한다. 그러나 관찰들의 층위에서 체계는 이러한 구별을 내부준거와 외부준거 사이의 구별로 지향한다(이러한 방식으로 체계는 관찰들의 층위에서 세계에 포함된다). 자신의 작동들에서 체계는 환경에서 일어나는 일에 냉담하고 이러한 냉담함을 사용하여 자체 복잡성을 구축한다. 체계는 교란들을 내부적으로 정보로 처리할 수 있는 경우에만 관찰들의 층위에서 환경 데이터를 파악한다.

이 새로운 정식화에서 합리성의 문제는 체계가 환경과의 점점 더 선택적이고 비개연적인 관계에 기초하여 자기생산을 계속할 수 있는 능력으로 전환된다. 체계는 항상 자기준거적으로 작동하더라도 자신의 교란 가능성을 증가시키기 위해 차이들을 유지하고 사용할 수 있어야 한다. [E. E.]

Soziale Systeme, 1984, S. 638 ff.; Das Moderne der modernen Gesellschaft, 1991; Die Gesellschaft der Gesellschaft, 1997, S. 171 ff.; Europäische Rationalität, 1992.

형식/매체
form/medium, Form/Medium

형식/매체의 구별은 원래 프리츠 하이더Fritz Heider의 착상에서 유래한다. 하이더는 예를 들어 시각적 또는 청각적 지각과 같이 신체와 직접 접촉하지 않는 대상들에 대한 개별 지각을 설명하기 위해 이 구별을 사용했다. 하이더에 따르면 그러한 지각은 매체(빛 또는 공기) 덕분에 가능한데, 이때 그 매체 자체는 지각되지 않지만 해당 대상의 특성들(즉 형식들)을 변경하지 않고 전달한다. 따라서 정상적인 조건에서 지각되는 것은 빛이나 공기가 아니라 그것들이 전달하는 이미지나 소리이다. 지각된 대상들은 항상 형식들을 받아들일 수 있는 매체의 '유연성'과는 달리, 형식들이 갖는 더 높은 '엄격성' 덕분에 그 형식들을 취한다.

매체는 서로 의존하는 것으로 간주될 수 있는 요소들 간의 느슨한 연동이 특징이다. 따라서 매체는 외부로부터(예를 들어 진동하는 물체나 반사 표면으로부터) 자신에게 관철되는 형식들에 대해 내부 저항을 하지 않는다. 반면에 형식들은 매체의 요소들 사이의 결합을 보다 긴밀한 연동으로 '압축시키며' 이는 심리적 체계에 의해 지각된다. 매체는 형식이 없다. 가령, 공기는 소리를 내지 않으며 전자파는 눈에 보이지 않는다. 예를 들어 모래 속의 발자국은 모래 알갱이들 사이에 긴밀한 연동을 형성하는데, 이 경우 모래알들은 (서로 충분히 강하게 결합되어 있지 않기 때문에) 이 연동에 저항할 수 없다. 요소들 간의 안정적인 연동이 약할수록 매체가 형식들을 더 잘 수용한다. 예를 들어, 돌이나 더 큰 모래 알갱이의 경우에는 이미 고유한 형식을 가지고 있으므로 발자국의 형식을 제약할 뿐만 아니라 매체로서의 기능을 하기에 적합하지 않다.

이 예에서 보자면, 모래 알갱이들은 공기 또는 모래알 분자들에 대해서는 형식들이지만 발자국에 대해서는 매체로 취급되는 셈이다. 따라서 형식과 매체의 구별은 항상 상대적이다. 어떤 것도 '그 자체로' 형식이나 매체가 될 수 없다. 오히려 모든 것은 자신을 확립하는 형식과 관련하여 매체일 수도 있고, 더 낮은 층위의 매체에 대해 스스로를 확립하는 형식일 수도 있다. 예를 들어 언어의 요소들(즉 단어들)은 소리의 연속체 위에 형식들로 확립되어 보다 안정된 구성으로 응축된다. 그러나 동시에 언어의 요소들은 소통의 내용을 전달하는 매체를 이룬다. 형식/매체의 구별은 항상 하나의 구별로 작동하며, 이때 각 면은 다른 쪽 면과 관련된다.

언어의 예에서 우리는 사회학적으로 흥미로운 또 다른 영역을 고려하게 된다. 사회적 체계이론과 관련된 매체들은 그것들 없이는 있을 수 없는 무언가를 가능하게 만들 수 있는 소통매체들이다. 소통매체들은 만약 그것들이 없다면 어떤 연결도 찾을 수 없을 그런 소통들을 결합한다. 이러한 소통매체들은 언어(「언어」참조), 확산매체(「확산매체」참조) 및 상징적으로 일반화된 소통매체(「상징적으로 일반화된 소통매체」참조)이다. 이 매체들은 매체의 요소들의 끊임없는 연동/탈脫연동, 즉 형식들의 지속적인 생산을 용이하게 하는 기능을 수행한다. 형식들은 예를 들어 언어로 된 단어와 문장, 서면 및 인쇄된 텍스트, 지불청구서, 과학 이론, 법적 규범 등이다. 따라서 소통매체들은 약하고 무정형인 기체基體 내지 기질基質을 제공한다. 예컨대 언어는 아직 말하지 않고 있고, 인쇄는 무엇을 인쇄할지 규정하지 않으며, 매체로서의 과학적 진리는 아직 인식을 생성하지 않는다 등등이다.

형식/매체의 구별은 이전에 느슨하게 연동된 요소들 사이의 결합이 응축되고 견고해지는 것으로 관찰되는 모든 경우에 적용된다. 매체의 변이는 더 많은 중복 구성들이 확립됨을 의미한다(「중복/변이」참조). 전체 사회의 층위에서 우리는 소통매체들(문자, 인쇄, 권력, 화폐 등)의 진화적 분화를 관찰할 수 있으며, 이는 소통을 더 많은 소통과 결합하여 일반화되고 기대될 수 있는 형식들을 만들어낸다(「진화」참조). 이런 의미에서 소통매체들은 소통의 자기생산을 가능하게 하는 사회적 구조들이

다. [G. C., E. E.]

Die Gesellschaft der Gesellschaft, 1997, S. 190 ff.; The Form of Writing, 1992; Zeichen als Form, 1993; Die Kunst der Gesellschaft, 1995, S. 165 ff.

확산매체
dissemination media, Verbreitungsmedien

확산매체는 소통이 수신자에게 도달할 개연성이 낮은 사태를 처리하는 매체이다(「형식/매체」 참조). 물리적으로 현재 참석해 있지 않은 사람들에게 소통이 도달한다는 것은 비개연적인 일이다(「상호작용」 참조). 상호작용의 경계를 넘어 소통을 확산하려면 확산매체를 이용할 수 있도록 하는 특정 기술이 필요하다. 확산매체는 한편에서의 전달과 정보, 다른 한편에서의 이해를 서로 비동기화하여 전달보다 이해가 늦게 이루어질 수 있도록 한다. 따라서 확산매체는 사회적 기억(「시간」 참조)을 생성할 가능성을 증폭시킨다. 확산매체는 또한 물리적 참석의 제약을 극복하고 훨씬 더 많은 참여자에게 도달하기 때문에 소통(「상징적으로 일반화된 소통매체」 참조)을 거부할 가능성을 증폭시킨다. 그것은 사회에 두 가지 중요한 영향을 미친다. 즉 (1) 그것은 내부 구조 변화에 대한 중요한 전제조건이며, 또한 (2) 그것은 소통의 성격을 변화시킨다.

역사적으로 최초의 확산매체는 문자였다. 그것은 구두 소통의 경계를 넘어 소통을 가능하게 했고 사회 전반에 중요한 변화를 가져왔다. 구두 소통은 청각적 지각 매체에서 일어나는 반면, 서면 소통은 시각적 지각 매체에서 상징화를 도입한다. 서면 소통은 기호와 소리의 구별이 음절 조합과 의미의 구별로 대체되는 새로운 작동들(쓰기 및 읽기)을 의미한다. 문자의 발명과 함께 두 가지 형식의 언어 지각 사이에 구별이 나타난다. 즉 한편으로 서면 형식은 많은 수취인에게 도달할 수 있음을 보장한다. 다른 한편으로 구두 소통은 서면 텍스트의 이용 가능성과 더불어 새로운 중요성을 갖는다.

문자의 중요한 효과는 전달과 이해(「소통」 참조) 사이의 공간적·시간적 분리이며, 이는 재조합(예컨대, 많은 사람들이 작성된 내용을 읽을 수 있다) 및 소통 연쇄 관계의 재조직화를 기할 수 있는 많은 가능성을 열어준다. 문자는 개인의 기억으로부터 독립된 사회적 기억을 확립한다. 문자는 또한 동시성이 아닌 경우에도 동시성의 환상을 불러일으키며, 현재에서 서로에게 과거나 미래인 많은 현재들의 조합을 허용한다. 쓰여진 내용이나 읽혀진 글 가운데서 하나의 현재가 나타날 수 있는데, 이 현재란 실은 (독자의) 실제적 현재에 대해 과거에 있는 것이거나 아니면 현재가 (미래와 관련하여 상대적으로) 과거 속에 놓이게 되는 그런 미래이다. 결국 근본적으로 문자는 이차 관찰(「작동/관찰」 참조)과 소통의 반성성(「자기준거」 참조)을 더 쉽게 만든다. 즉 서면 텍스트는 읽고 다시 읽을 수 있기 때문에 소통은 더 쉽게 더 많은 소통의 대상이 된다. 소통 연쇄 관계는 더 이상 참가자들 간의 엄격한 상호성을 요구하지 않는다. 글 쓰는 자는 혼자이되 그는 자신의 착상들을 선택적으로 처리하고 이해에 대한 소통 상대방의 요구를 고려할 시간과 기회를 갖는다. 이것은 사회에서 의미론(「의미론」 참조)의 중요한 변화로 이어진다.

문자의 출현은 사회의 분화를 촉발시켰고, 사상의 진화의 출발점이 되었으며, 소통이 거부될 가능성을 높였다. 수 세기 후, 이러한 작용은 인쇄기의 발명으로 엄청나게 강화되었다. 인쇄술은 서면 텍스트의 보급을 확대하였고 넓은 지리적 영역들(민족 언어들)에서 언어의 표준화를 촉진하였다. 이로 인해 무한히 많은 수신자들에게 도달해야 한다는 요구사항이 등장했다.

독자 수의 엄청난 증가는 소통을 근본적으로 변화시켰다. 인쇄술이 발명되기 전까지 문자는 기존 지식에 대한 사회적 기억의 역할만 했으며 구두 소통이 여전히 필수적이었다. 인쇄술의 도입과 함께 문자에서 시작된 과정들은 서면 소통의 도달 범위, 소통의 공간적·시간적 분화 가능성, 소통이 거부될 가능성, 사회의 의미론적 변화 등을 엄청나게 증가시켰다. 인쇄된 책의 기능은 지식을 저장하는 것이 아니라 지식을 확장하고 새롭고 독창적인 지식을 생산하는 것이다. 인쇄술은 기존의 의미론을 관찰할 수 있게 하고 이를 오래된 지식을 폐기해야 할 필요성보다 우선시한다. 또한 인쇄술은 글 쓰는 자들이 더 이상 대중 속의 개인 하나하나를 관찰할 수 없음을 의미하며, 따라서 그들은 오로지 사회에서 텍스트의 관심사와 관련성에 초점을 맞춰야 한다. 그러나 인쇄술은 또한 개인화된 소통 참여를 강화하여 개인의 무지(인쇄된 내용을 모르는 경우)와 (인쇄된 내용에 대한) 개인의 반대 및 해석 처리의 중요성을 도입했다.

독자와 마찬가지로 화자도 개인으로서 보이지 않게 되고 텍스트는 점점 더 자율적이 된다. 인쇄술에 의해 촉발된 사회는 위계적 질서에서 혼계적 질서로, 계층화된 사회에서 기능적으로 분화된 사회로의 이행을 이루었다(「사회분화」 참조). 기능적으로 분화된 사회에서 확산매체는 더욱 발전했고, 이는 다시 혼계적 사회로의 변화를 뒷받침했다.

기능적으로 분화된 사회에서 등장한 확산매체는 무엇보다도 라디오에서 영화와 텔레비전, 전화와 팩스에 이르기까지의 (원거리) 전기 통신 매체이다. 이 전기 통신의 진화는 시각적 지각의 매체를 강조하고 소통의 공간적·시간적 한계를 제거하는 경향이 있다. 또한 동영상으로 소통한다는 것은 원본에 대한 충실도를 보장하면서 모든 현실을 재생할 수 있다는 것을 의미한다. 영화나 텔레비전과 같은 매체는 시각적 지각과 청각적 지각을 결합하여 세계가 전체적으로 소통할 수 있도록 한다. 세계의 이미지와 소리가 직접적으로 전달될 수 있을 때 우리는 전달과 정보를 계속해서 구별할 필요가 없고 또 구별할 수도 없다. 그리하여 정보와 전달이 더 이상 구별되지 않을 때 (그럼에도 일어나는) 소통은 보이지 않게 된다. 따라서 여전히 소통으로 구별될 수 있는 것이 무엇인지에 대한 의문이 제기된다.

(전화를 제외한) 전기 통신의 또 다른 중요한 효과는 소통에서 일방성이 관철되는 점이다(말하는 사람은 듣지 않고 듣는 사람은 말하지 않는다). 전달은 더 이상 소통 내의 선택이 아니라 소통을 위한 선택이다. 즉 전달을 하는 사람이 일방적인 소통을 위해 주제, 형식 및 시간을 선택한다. 이해의 경우에도 상황은 비슷하다. 즉 듣고 보는 사람이 듣고 볼 것을 선택한다. 따라서 선택은 더 이상 전달과 이해의 조정을 기반으로 하지 않는다. 오히려 이 둘은 점점 더 분리되고 있다. 이러한 분리로 인해 '전통적인' 소통이 지닌 자기 교정 메커니즘도 작동하지 않게 된다. 즉 소통 참여자가 다른 참여자의 말을 듣고서 그에 대답하면 이 다른 참여자가 다시 이 대답을 고려해야 하는 식의 그러한 메커니즘이 정지하게 된다.

가장 최근의 기술 발전은 매체로서의 컴퓨터이다. 이 매체는 소통에 데이터를 입력하는 것과 정보를 조회하는 것의 분화를 가능하게 한다. 문자의 경우와 마찬가지로 전달(여기서는

데이터 입력)과 이해 사이에는 통일성이 없다. 그러나 문자의
경우와는 달리 여기에서는 정보의 통일성도 결여되어 있다.
즉 전달을 생성하는 사람은 컴퓨터가 입력된 데이터를 어떻게
처리할지 알지 못한다. 이러한 기술 발전은 세계 사회에서
소통을 강화하고 가속화하여 소통을 증폭(즉 소통의 예측할 수
없는 형식들을 강화함)하고 동시에 제한(즉 소통의 원천인 보이지 않는
기계에 접근할 수 없도록 함)한다.

　새로운 확산매체들은 소통 가능성들을 획기적으로 넓혔다.
오늘날에는 소통에서 배제될 수 있는 것은 없다. 사회에 미치는
확산매체의 영향력은 매우 중요하다. 첫째, 확산매체의 진화는
직접적 접촉에 기반한 위계적 조직에서 혼계적 조직으로 전환
되면서 점진적인 사회 변화를 가져온다. 이 혼계적 조직에서는
여론이 (언론과 무엇보다도 텔레비전에서) 중요시되고 '전문가들'에
게 부여된 권위가 (인터넷상에서) 훼손된다. 둘째, 이러한 진화는
또한 현재적 소통과 잠재적 소통 사이에 더 큰 불일치를 초래하
므로 선택에 대한 강제가 더 강력해진다. 따라서 확산매체들은
소통의 내용과 소통 가능성들에 영향을 미치는 자체 선택성을
개발한다. 즉 소통 주제들은 매체(잡지, 텔레비전 등)의 기술에
의해 '잘' 소통될 수 있는 모든 것의 선택에 맞춰져야 한다.
마지막으로, 확산매체들의 진화와 함께 사회는 환경과의 구조
적 연동(「상호침투」, 「구조적 연동」 참조)을 규정하는 기술에 점점

더 의존하게 되며, 실패의 리스크와 실패 방지 장치에 대한
비용을 증가시킨다. [C. B.]

The Form of Writing, 1992; Die Realität der Massenmedien, 1996; Die Gesellschaft der Gesellschaft, 1997, S. 202 f., 249 ff.

| 니클라스 루만 문헌목록 |

1958

"Der Funktionsbegriff in der Verwaltungswissenschaft", in: *Verwaltungsarchiv* 49, S. 97-105.

1960

"Kann die Verwaltung wirtschaftlich handeln?", in: *Verwaltungsarchiv* 51, S. 97-115.

1962

"Der neue Chef", in: *Verwaltungsarchiv* 53, S. 11-24.

"Funktion und Kausalität", in: *Kölner Zeitschrift für Soziologie und Sozialpsychologie* 14, S. 617-644; neugedruckt in: *Soziologische Aufklärung,* Bd. 1: *Aufsätze zur Theorie sozialer Systeme*, Köln-Opladen: Westdeutscher Verlag 1970, S. 9-30.

"Wahrheit und Ideologie", in: *Der Staat* 1, S. 431-448; neugedruckt in: *Soziologische Aufklärung,* Bd. 1: *Aufsätze zur Theorie sozialer Systeme*, Köln-Opladen: Westdeutscher Verlag 1970, S. 54-65.

1963

"Einblicke in vergleichende Verwaltungswissenschaft", in: *Der Staat* 2, S. 494-500.

Verwaltungsfehler und Vertrauensschutz: Möglichkeiten gesetzlicher Regelung der Rücknehmbarkeit von Verwaltungsakten, Berlin: Duncker & Humblot (mit Franz Becker).

1964

"Funktionale Methode und Systemtheorie", in: *Soziale Welt* 15, S. 1-25; neuge-
druckt in: *Soziologische Aufklärung,* Bd. 1: *Aufsätze zur Theorie sozialer Sys-
teme,* Köln-Opladen: Westdeutscher Verlag 1970 S. 31-53.

Funktionen und Folgen formaler Organisation, Berlin: Duncker & Humblot, 3.
Aufl. 1976.

"Lob der Routine" in: *Verwaltungsarchiv* 55, S. 1-33; neugedruckt in: Renate
Mayntz (Hg.), *Bürokratische Organisation,* Köln/Berlin, 1968, S. 324-341;
auch in: *Politische Planung. Aufsätze zur Soziologie von Politik und Verwal-
tung,* Opladen: Westdeutscher Verlag 1971, S. 113-142.

"Zweck — Herrschaft — System: Grundbegriffe und Prämissen Max Webers", in:
Der Staat 3, S. 129-158; neugedruckt in: Renate Mayntz (Hg.), *Bürokratische
Organisation,* Köln/Berlin 1968, S. 36-55; auch in: *Politische Planung. Aufsä-
tze zur Soziologie von Politik und Verwaltung,* Opladen: Westdeutscher Verlag
1971, S. 90-112.

1965

"Die Gewissensfreiheit und das Gewissen", in: *Archiv des öffentlichen Rechts*
90, S. 257-286.

"Die Grenzen einer betriebswirtschaftlichen Verwaltungslehre", in: *Verwaltungs-
archiv* 56, S. 303-313.

Grundrechte als Institution: Ein Beitrag zur politischen Soziologie, Berlin: Duncker
& Humblot, 3. Aufl. 1986.

Öffentlich-rechtliche Entschädigung rechtspolitisch betrachtet, Berlin: Duncker
& Humblot.

"Spontane Ordnungsbildung", in: Fritz Morstein Marx (Hg.), *Verwaltung. Eine
einführende Darstellung,* Berlin, S. 163-183.

344

1966

"Die Bedeutung der Organisationssoziologie für Betrieb und Unternehmung", in: *Arbeit und Leistung* 20, S. 181-189.

"Organisation, soziologisch", in: *Evangelisches Staatslexikon,* Stuttgart, Sp. 1410-1414.

"Politische Planung", in: *Jahrbuch für Sozialwissenschaft* 17, S. 271-296; neugedruckt in: *Politische Planung. Aufsätze zur Soziologie von Politik und Verwaltung,* Opladen: Westdeutscher Verlag 1971, S. 66 bis 89.

"Reflexive Mechanismen", in: *Soziale Welt* 17, S. 1-23; neugedruckt in: *Soziologische Aufklärung,* Bd. 1: *Aufsätze zur Theorie sozialer Systeme,* Köln-Opladen: Westdeutscher Verlag 1970, S. 92-112.

Recht und Automation in der öffentlichen Verwaltung: Eine verwaltungswissenschaftliche Untersuchung, Berlin: Duncker & Humblot.

Theorie der Verwaltungswissenschaft. Bestandsaufnahme und Entwurf, Köln/Berlin.

1967

"Gesellschaftliche und politische Bedingungen des Rechtsstaates", in: *Studien über Recht und Verwalting,* Köln, S. 81-102; neugedruckt in: *Politische Planung. Aufsätze zur Soziologie von Politik und Verwaltung,* Opladen: Westdeutscher Veralg 1971, S. 53-65.

"Positives Recht und Ideologie", in: *Archiv für Rechts- und Sozialphilosophie* 53, S. 531-571; neugedruckt in: *Soziologische Aufklärung* Bd. 1: *Aufsätze zur Theorie sozialer Systeme,* Köln-Opladen: Westdeutscher Verlag 1970, S. 178-203.

"Soziologie als Theorie sozialer Systeme", in: *Kölner Zeitschrift für Soziologie und Sozialpsychologie* 19, S. 615-644; neugedruckt in: *Soziologische Aufklärung,* Bd. 1: *Aufsätze zur Theorie sozialer Systeme,* Köln-Opladen: Westdeutscher Veralg 1970, S. 113-136.

"Soziologische Aufklärung", in: *Soziale Welt* 18, S. 97-123; neugedruckt in: *Soziologische Aufklärung*, Bd. 1: *Aufsätze zur Theorie sozialer Systeme*, Köln-Opladen: Westdeutscher Verlag 1970, S. 66-91.

"Verwaltungswissenschaft in Deutschland", in: *Recht und Politik*, S. 123-128.

1968

"Die Knappheit der Zeit und die Vordringlichkeit des Befristeten", in: *Die Verwaltung* 1, S. 3-30; neugedruckt in: *Politische Planung. Aufsätze zur Soziologie von Politik und Verwaltung*, Opladen: Westdeutscher Veralg 1971, S. 143-164.

"Selbststeuerung der Wissenschaft", in: *Jahrbuch für Sozialwissenschaft* 19, S. 147-170; neugedruckt in: *Soziologische Aufklärung*, Bd. 1: *Aufsätze zur Theorie sozialer Systeme*, Köln-Opladen: Westdeutsher Veralg 1970, S. 232-252.

"Soziologie des politischen Systems", in: *Kölner Zeitschrift für Soziologie und Sozialpsychologie* 20, S. 705-733; neugedruckt in: *Soziologische Aufklärung*, Bd. 1: *Aufsätze zur Theorie sozialer Systeme,* Köln-Opladen: Westdeutscher Verlag 1970, S. 154-177.

"Status quo als Argument", in: Horst Baier (Hg.), *Studenten in Opposition*, Bielefeld, S. 74-82.

"Tradition und Mobilität: Zu den 'Leitsätzen zur Verwaltungspolitik'", in: *Recht und Politik*, S. 49-53.

Vertrauen. Ein Mechanismus der reduktion sozialer Komplexität, Stuttgart: Enke, 2., erweiterte Aufl. 1973.

Zweckbegriff und Systemrationalität. Über die Funktion von Zwecken in sozialen Systemen, Tübingen: J. C. B. Mohr (Paul Siebeck), Neudruck: Frankfurt am Main: Suhrkamp 1973.

1969

"Funktionale Methode und juristische Entscheidung", in: *Archiv des öffentlichen Rechts* 94, S. 1-31.

"Funktionen der Rechtsprechung im politischen System", in: *Dritte Gewalt heute? Schriften der Evangelischen Akademie in Hessen und Nassau,* Heft 84, Frankfurt am Main, S. 6-17; neugedruckt in: *Politische Planung. Aufsätze zur Soziologie von Politik und Verwaltung,* Opladen: Westdeutscher Verlag 1971, S. 46-52.

"Gesellschaft", in: *Sowjetsystem und demokratische Gesellschaft: Eine vergleichende Enzyklopädie,* Bd. 2, Freiburg, Sp. 956-972.

"Gesellschaftliche Organisation", in: Thomas Ellwein, Hans-Hermann Groothoff, Hans Rauschenberg und Heinrich Roth (Hg.), *Erziehungswissenschaftliches Handbuch,* Bd. 1, Berlin, S. 387-407.

"Klassische Theorie der Macht: Kritik ihrer Prämissen", in: *Zeitschrift für Politik* 16, S. 149-170.

"Kommunikation, soziale", in: Erwin Grochla (Hg.), *Handwörterbuch der Organisation,* Stuttgart, Sp. 381-383.

"Komplexität und Demokratie", in: *Politische Vierteljahresschrift* 10, S. 314-325; neugedruckt in: *Politische Planung. Aufsätze zur Soziologie von Politik und Verwaltung,* Opladen: Westdeutscher Verlag 1971, S. 35-45.

Legitimation durch Verfahren, Neuwied/Berlin: Luchterhand, 2. Aufl. 1975; Neudruck: Frankfurt am Main: Suhrkamp, 1983.

"Moderne Systemtheorie als Form gesamtgesellschaftlicher Analyse", in: *Spätkapitalismus oder Industriegesellschaft? Verhandlungen des 16. Deutschen Soziologentages in Frankfurt am Main* 1968, Stuttgart, S. 253-266.

"Normen in soziologischer Perspektive", in: *Soziale Welt* 20, S. 28 bis 48.

"Praxis der Theorie", in: *Soziale Welt* 20, S. 129-144; neugedruckt in: *Soziologische Aufklärung,* Bd. 1: *Aufsätze zur Theorie sozialer Systeme,* Köln-Opladen:

Westdeutscher Verlag 1970, S. 253-267.

1970

"Die Bedeutung sozialwissenschaftlicher Erkenntnisse zur Organisation und Führung der Verwaltung", in: *Verwaltung im modernen Staat. Berliner Beamtentage 1969,* Berlin, S. 70-82.

"Die Funktion der Gewissensfreiheit im öffentlichen Recht", in: *Funktion des Gewissens im Recht. Schriften der Evangelischen Akademie in Hessen und Nassau,* Nr. 86, Frankfurt am Main, S. 9-22.

"Evolution des Rechts", in: *Rechtstheorie* 1, S. 3-22; neugedruckt in: *Ausdifferenzierung des Rechts. Beiträge zur Rechtssoziologie und Rechtstheorie,* Frankfurt am Main: Suhrkamp 1981, S. 11-34.

"Gesetzgebung und Rechtsprechung im Spiegel der Gesellschaft", in: Udo Derbolowsky und Eberhart Stephan (Hg.), *Die Wirklichkeit und das Böse,* Hamburg, S. 161-170.

"Institutionalisierung. Funktion und Mechanismus im sozialen System der Gesellschaft", in: Helmut Schelsky (Hg.), *Zur Theorie der Institution,* Düsseldorf, S. 27-41.

"Öffentliche Meinung", in: *Politische Vierteljahresschrift* 11, S. 2-28; neugedruckt in: *Politische Planung. Aufsätze zur Soziologie von Politik und Verwaltung,* Opladen: Westdeutscher Verlag 1971, S. 9-34.

"Positivität des Rechts als Voraussetzung einer modernen Gesellschaft", in: *Jahrbuch für Rechtssoziologie und Rechtstheorie* 1, S. 175-202.

"Reform und Information: Theorietische Überlegungen zur Reform der Verwaltung", in: *Die Verwaltung* 3, S. 15-41; neugedruckt in: *Politische Planung. Aufsätze zur Soziologie von Politik und Verwaltung,* Opladen: Westdeutscher Verlag 1971, S. 181-202.

Soziologische Aufklärung, Bd. 1: *Aufsätze zur Theorie sozialer Systeme,* Köln-

Opladen: Westdeutscher Verlag, 4. Aufl. 1974.

"Verwaltungswissenschaft I", in: *Staatslexikon*, 6. Auflage, Freiburg, Sp. 606-620.

"Zur Funktion der 'Subjektiven Rechte'", in: *Jahrbuch für Rechtssoziologie und Rechtstheorie* 1, S. 321-330.

1971

"Das 'Statusproblem' und die Reform des öffentlichen Dienstes", in: *Zeitschrift für Rechtspolitik* 4, S. 49-52.

"Der Sinn als Grundbegriff der Soziologie", in: *Theorie der Gesellschaft oder Sozialtechnologie — Was leistet die Systemforschung?* (zusammen mit Jürgen Habermas), Frankfurt am Main: Suhrkamp, S. 25-100.

"Die Weltgesellschaft", in: *Archiv für Rechts- und Sozialphilosophie* 57, S. 1-35.

"Grundbegriffliche Probleme einer interdisziplinären Entscheidungstheorie", in: *Die Verwaltung* 4, S. 470-477.

"Information und Struktur in Verwaltungsorganisationen", in: *Verwaltungspraxis* 25, S. 35-42.

Politische Planung. Aufsätze zur Soziologie von Politik und Verwaltung, Opladen: Westdeutscher Verlag, 2 Aufl. 1975.

Theorie der Gesellschaft oder Sozialtechnologie — Was leistet die Systemforschung? (zusammen mit Jürgen Habermas), Frankfurt am Main: Suhrkamp.

"Wirtschaft als soziales System", in: Karl-Ernst Schenk (Hg.), *Systemanalyse in den Wirtschafts- und Sozialwissenschaften*, Berlin, S. 136 bis 173; zuerst in: *Soziologische Aufklärung*, Bd. 1: *Aufsätze zur Theorie sozialer Systeme*, Köln-Opladen: Westdeutscher Verlag 1970, S. 204-231.

1972

"Die Organisierbarkeit von Religionen und Kirchen", in: Jakobus Wössner (Hg.), *Religion im Umbruch*, Stuttgart, S. 245-285.

"Knappheit, Geld und die bürgerliche Gesellschaft", in: *Jahrbuch für Sozialwissenschaft* 23, S. 186-210.

"Poltikbegriff und die 'Politisierung' der Verwaltung", in: *Demokratie und Vewaltung. 25 Jahre Hochschule für Verwaltungswissenschaften Speyer*, Berlin, S. 211-228.

Rechtssoziologie, 2 Bde., Reinbek: Rowohlt; 2. erweit. Aufl. Opladen: Westdeutscher Verlag 1983.

"Rechtstheorie im interdisziplinären Zusammenhang", in: *Anales de la Catedra Francisco Suárez* 12, S. 201-253.

"Religiöse Dogmatik und gesellschaftliche Evolution", in: Karl-Wilhelm Dahm, Niklas Luhmann, Dieter Stoodt, *Religion — System und Sozialisation*, Neuwied: Luchterhand, S. 15-132.

"Systemtheoretische Ansätze zur Analyse von Macht", in: *Systemtheorie, Forschung und Information*, Bd. 12, Berlin, S. 103-111. Auch in: *Universitas* 32, S. 473-482.

"Systemtheoretische Beiträge zur Rechtstheorie", in: *Jahrbuch für Rechtssoziologie und Rechtstheorie* 2, S. 255-276.

"Verfassungsmäßige Auswirkungen der elektronischen Datenverarbeitung", in: *Öffentliche Verwaltung und Datenverarbeitung* 2, S. 44-47.

1973

"Das Phänomen des Gewissens und die normative Selbstbestimmung der Persönlichkeit", in: Franz Böckle und Ernst-Wolfgang Böckenförde (Hg.), *Naturrecht in der Kritik*, Mainz, S. 223-243; neugedruckt in: *Religionsgespräche: Zur gesellschaftlichen Rolle der Religion*, Darmstadt, S. 95-119.

"Die juristische Rechtsquellenlehre aus soziologischer Sicht", in: *Soziologie. Festschrift René König*, Opladen, S. 387-399; neugedruckt in: *Ausdifferenzierung des Rechts. Beiträge zur Rechtssoziologie und Rechtstheorie*, Frankfurt am Main: Suhrkamp 1981, S. 308-325.

"Formen des Helfens im Wandel gesellschaftlicher Bedingungen", in: Hans-Uwe Otto und Siegfried Schneider (Hg.), *Gesellschaftliche Perspektiven der Sozialarbeit*, Neuwied: Luchterhand, S. 21-43; neugedruckt in: *Soziologische Aufklärung*, Bd. 2: *Aufsätze zur Theorie der Gesellschaft*, Opladen: Westdeutscher Verlag 1975, S. 134-149.

"Gerechtigkeit in den Rechtssystemen der modernen Gesellschaft", in: *Rechtstheorie* 4, S. 131-167.

Personal im öffentlichen Dienst. Eintritt und Karrieren, Baden-Baden: Nomos (mit Renate Mayntz).

"Politische Verfassungen im Kontext des Gesselschaftssystems", in: *Der Staat* 12, S. 1-22 und S. 165-182.

"Selbst-Thematisierungen des Gesellschaftssystems. Über die Kategorie der Reflexion aus der Sicht der Systemtheorie", in: *Zeitschrift für Soziologie* 2, S. 21-46; neugedruckt in: *Soziologische Aufklärung*, Bd. 2: *Aufsätze zur Theorie der Gesellschaft*, Opladen: Westdeutscher Veralg 1975, S. 72-102.

"Weltzeit und Systemgeschichte. Über Beziehungen zwischen Zeithorizonten und sozialen Strukturen gesellschaftlicher Systeme", in: Peter Christian Ludz (Hg.), *Soziologie und Sozialgeschichte*. Sonderheft 16 der *Kölner Zeitschrift für Soziologie und Sozialpsychologie*, S. 81-110; neugedruckt in: *Soziologische Aufklärung*, Bd. 2: *Aufsätze zur Theorie der Gesellschaft*, Opladen: Westdeutscher Verlag 1975, S. 103-133.

"Zurechnung von Beförderungen im öffentlichen Dienst", in: *Zeitschrift für Soziologie* 2, S. 236-351.

1974

"Der politische Code: 'konservativ' und 'progressiv' in systemtheoretischer Sicht" in: *Zeitschrift für Politik* 21, S. 253-271; neugedruckt in: *Soziologische*

Aufklärung, Bd. 3: *Soziales System, Gesellschaft, Organisation*, Opladen: West-deutscher Verlag 1981, S. 267-286.

"Die Funktion des Rechts: Erwartungssicherung oder Verhaltenssteuerung?", in: *Die Funktionen des Rechts: Vorträge des Weltkongresses für Rechts- und Sozialphilosophie Madrid 7. IX. bis 12. IX. 1973*. Beiheft 8 des *Archivs für Rechts- und Sozialphilosophie*, Wiesbaden, S. 31-45; neugedruckt in: *Ausdifferenzierung des Rechts. Beiträge zur Rechtssoziologie und Rechtstheorie*, Frankfurt am Main: Suhrkamp 1981, S. 73-91.

"Die Systemreferenz von Gerechtigkeit: Erwiderung auf die Ausführungen von Ralf Dreier", in: *Rechtstheorie* 5, S. 201-203.

"Einführende Bemerkungen zu einer Theorie symbolisch generalisierter Kommuni-kationsmedien", in: *Zeitschrift für Soziologie* 3, S. 236-255; neugedruckt in: *Soziologische Aufklärung*, Bd. 2: *Aufsätze zur Theorie der Gesellschaft*, Opla-den: Westdeutscher Verlag 1975, S. 170-192.

"Institutionalisierte Religion gemäß funktionaler Soziologie", in: *Concilium* 10, S. 17-22.

"Juristen — Berufswahl und Karrieren", in: *Verwaltungsarchiv* 65, S. 113-162 (zusammen mit Elmar Lange).

Rechtssystem und Rechtsdogmatik, Stuttgart: Kohlhammer.

"Reform des öffentlichen Dienstes: Ein Beispiel für Schwierigkeiten der Verwal-tungsreform", in: V*orträge der Hessischen Hochschulwoche für staatswissen-schaftliche Fortbildung*, Bd. 76, Bad Homburg, S. 23-39; neugedruckt in: Andreas Remer (Hg.), *Verwaltungsführung*, Berlin, S. 319-339.

"Symbiotische Mechanismen", in: Otthein Rammstedt (Hg.), *Gewaltverhältnisse und die Ohnmacht der Kritik*, Frankfurt am Main: Suhrkamp, S. 107-131; neu-gedruckt in: *Soziologische Aufklärung*, Bd. 3: *Soziales System, Gesellschaft, Organisation*, Opladen: Westdeutscher Verlag, 1981, S. 228-245.

"System — Systemtheorie", in: Christoph Wulf (Hg.), *Wörterbuch der Erziehung*,

München, S. 582-585.

1975

"Abiturienten ohne Studium im öffentlichen Dienst: Einige Zusammenhänge zwischen Ausbildung und Karrieren", in: *Die Verwaltung* 8, S. 230-251 (zusammen mit Elmar Lange).

"Interaktion, Organisation, Gesellschaft. Anwendungen der Systemtheorie", in: Marlis Gerhardt (Hg.), *Die Zukunft der Philosophie*, München, S. 85-107; neugedruckt in: *Soziologische Aufklärung*, Bd. 2: *Aufsätze zur Theorie der Gesellschaft*, Opladen: Westdeutscher Verlag 1975, S. 9-20.

"Konfliktpotentiale in sozialen Systemen", in: *Der Mensch in den Konfliktfeldern der Gegenwart*, Köln, S. 65-74.

Macht, Stuttgart: Enke; 2., erw. Aufl. 1988.

Soziologische Aufklärung, Bd. 2: *Aufsätze zur Theorie der Gesellschaft*, Opladen: Westdeutscher Verlag, 2. Aufl. 1982.

"Systemtheorie, Evolutionstheorie und Kommunikationstheorie", in: *Sociologische Gids* 22, Heft 3, S. 154-168; neugedruckt in: *Soziologische Aufklärung*, Bd. 2: *Aufsätze zur Theorie der Gesellschaft*, Opladen: Westdeutscher Verlag 1975, S. 193-210.

"The Legal Profession: Comments on the Situation in th Federal Republic of Germany", in: *The Juridical Review* 20, S. 116-132; neugedruckt in: D. N. MacCormick (Hg.), *Lawyers in Their Social Setting*, Edinburgh, S. 98-114.

"Über die Funktion der Negation in sinnkonstituierenden Systemen", in: Harald Weinrich (Hg.), *Positionen der Negativität, Poetik und Hermeneutik VI*, München: Fink, S. 201-218.

"Veränderungen im System gesellschaftlicher Kommunikation und die Massenmedien", in: Oskar Schatz (Hg.), *Die elektronische Revolution*, Graz, S. 13-30; neugedruckt in: *Soziologische Aufklärung*, Bd. 3: *Soziales System, Gesellschaft,*

Organisation, Opladen: Westdeutscher Verlag 1981, S. 309-320.

"Wabuwabu in der Univerisität", in: *Zeitschrift für Rechtspolitik* 8, S. 13 bis 19.

1976

"A General Theory of Organized Social Systems", in: Geert Hofstede und M. Sami Kassem (Hg.), *European Contributions to Organization Theory*, Assen, S. 96-113.

"Ausbildung für Professionen — Überlegungen zum Curriculum für Lehrerausbildung", in: *Jahrbuch für Erziehungswissenschaft*, S. 247 bis 277 (zusammen mit Karl Eberhard Schorr).

"Ausdifferenzierung des Rechtssystems", in: *Rechtstheorie* 7, S. 121-135.

"Comment" (zu: Karl Erik Rosengren, *Malinowski's Magic*), in: *Current Anthropology* 17, S. 679-680.

"Evolution und Geschichte", in: *Geschichte und Gesellschaft* 2, S. 284 bis 309; neugedruckt in: *Soziologische Aufklärung*, Bd. 2: *Aufsätze zur Theorie der Gesellschaft*, Opladen: Westdeutscher Verlag 1975, S. 150 bis 169.

"Generalized Media and the Problem of Contingency", in: Jan J. Loubser, Rainer C. Baum, Andrew Effrat und Victor M. Lidz (Hg.), *Explorations in General Theory in Social Science: Essays in Honor of Talcott Parsons*, New York, Bd. II, S. 507-532.

"Ist Kunst codierbar?" in: Siegfried J. Schmidt (Hg.), *'schön'. Zur Diskussion eines umstrittenen Begriffs*, München, S. 60-95; neugedruckt in: *Soziologische Aufklärung*, Bd. 3: *Soziales System, Gesellschaft, Organisation*, Opladen: Westdeutscher Verlag 1981, S. 245-266.

"Komplexität", in *Historisches Wörterbuch der Philosophie*, Bd. 4, Basel: Schwabe, Sp. 939-941.

"Rechtsprechung als professionelle Praxis", in: Bernhard Gebauer (Hg.), *Material über Zukunftsaspekte der Rechtspolitik.* Politische Akademie Eichholz, Materialien Heft 36, S. 67-71.

"The Future Cannot Begin. Temporal Structures in Modern Society", in: *Social Research* 43, S. 130-152.

"'Theorie und Praxis' und die Ausdifferenzierung des Wissenschaftssystems", in: *Teorie en praxis in de sociologiese teorie, Serie Amsterdams Sociologische Tijdschrift Theorie*, No 1. Amsterdam, S. 28-37.

"Zur systemtheoretischen Konstruktion von Evolution", in: *Zwischenbilanz der Soziologie: Verhandlungen der 17. Deutschen Soziologentages*, Stuttgart, S. 49-52.

1977

"Arbeitsteilung und Moral: Durkheims Theorie", in: Emile Durkheim, *Über die Teilung der sozialen Arbeit*, Frankfurt am Main: Suhrkamp, S. 17-35.

"Der politische Code. Zur Entwirrung von Verwirrungen", in: *Kölner Zeitschrift für Soziologie und Sozialpsychologie* 29, S. 157-159.

"Differentiation of Society", in: *Canadian Journal of Sociology* 2, S. 29 bis 53.

Funktion der Religion, Frankfurt am Main: Suhrkamp.

"Interpenetration — Zum Verhältnis personaler und sozialer Systeme", in: *Zeitschrift für Soziologie* 6, S. 62-76; neugedruckt in: *Soziologische Aufklärung*, Bd. 3: *Soziales System, Gesellschaft, Organisation*, Opladen: Westdeutscher Verlag 1981, S. 151-169.

"Probleme eines Parteiprogramms", in: *Freiheit und Sachzwang. Beiträge zu Ehren Helmut Schelskys*, Opladen: Westdeutscher Verlag, S. 167-181.

"Theoretische und praktische Probleme der anwendungsbezogenen Sozialwissenschaften. Zur Einführung", in: Wissenschaftszentrum Berlin (Hg.), *Interaktion von Wissenschaft und Politik: Theoretische und praktische Probleme der anwendungsorientierten Sozialwissenschaften*, Frankfurt am Main, S. 16-39; neugedruckt in: *Soziologische Aufklärung*, Bd. 3: *Soziales System, Gesellschaft, Organisation*, Opladen: Westdeutscher Verlag 1981, S. 321-334.

1978

"Die Allgemeingültigkeit der Religion", in: *Evangelische Kommentare* 11, S. 350-357 (mit Wolfhart Pannenberg).

"Die Organisationsmittel des Wohlfahrtsstaates und ihre Grenzen", in: Heiner Geißler (Hg.), *Verwaltete Bürger — Gesellschaft in Fesseln*, Frankfurt am Main, S. 112-120.

"Erleben und Handeln", in: Hans Lenk (Hg.), *Handlungstheorien — interdisziplinär*, Bd. 2.1, München, S. 235-253; neugedruckt in: *Soziologische Aufklärung*, Bd. 3: *Soziales System, Gesellschaft, Organisation*, Opladen: Westdeutscher Verlag 1981, S. 67-80.

"Geschichte als Prozeß und die Theorie sozio-kultureller Evolution", in: Karl-Georg Faber und Christian Meier (Hg.), *Historische Prozesse*, München, S. 413-440; neugedruckt in: *Soziologische Aufklärung*, Bd. 3: *Soziales System, Gesellschaft, Organisation*, Opladen: Westdeutscher Verlag 1981, S. 178-197.

"Handlungstheorie und Systemtheorie", in: *Kölner Zeitschrift für Soziologie und Sozialpsychologie* 30, S. 211-227.

"Interpenetration bei Parsons", in: *Zeitschrift für Soziologie* 7, S. 299 bis 302.

Organisation und Entscheidung. Vorträge G 232, Rheinisch-Westfälische Akademie der Wissenschaften, Opladen: Westdeutscher Verlag; neugedruckt in: *Soziologische Aufklärung*, Bd. 3: *Soziales System, Gesellschaft, Organisiation*, Opladen: Westdeutscher Verlag 1981, S. 335-379.

"Soziologie der Moral", in: Niklas Luhmann und Stephan H. Pfürtner (Hg.), *Theorietechnik und Moral*, Frankfurt am Main: Suhrkamp, S. 8-116.

"Temporalization of Complexity", in: Felix Geyer, Johannes van der Zouwen, *Sociocybernetics*, Bd. 2, Leiden, S. 95-111.

1979

"Das Technologiedefizit der Erziehung und die Pädagogik", in: *Zeitschrift für Pädagogik* 24, S. 345-365; neugedruckt in: Niklas Luhmann und Karl Eberhard Schorr (Hg.), *Zwischen Technologie und Selbstreferenz. Fragen an die Pädagogik*, Frankfurt am Main: Suhrkamp, S. 11-40 (mit Karl Eberhard Schorr).

"Grundwerte als Zivilreligion", in: *Kerygma und Mythos* VII, Bd. I , Hamburg, S. 67-79; auch in: *Archivio di Filosofia*, Nr. 2-3, S. 51 bis 71; auch in: Heinz Kleger und Alois Müller (Hg.), *Religion des Bürgers. Zivilreligion in Amerika und Europa*, München, S. 175-194; neugedruckt in: *Soziologische Aufklärung*, Bd. 3: *Soziales System, Gesellschaft, Organisation*, Opladen: Westdeutscher Verlag 1981, S. 293-308.

"Hat die Pädagogik das Technologieproblem gelöst? Bemerkungen zum Beitrag von Dietrich Benner in Heft 3, 1979", in: *Zeitschrift für Pädagogik* 25, S. 799-801 (zusammen mit Karl Eberhard Schorr).

"Identitätsgebrauch in selbstsubstitutiven Ordnungen, besonders Gesellschaften", in: Odo Marquard, Karlheinz Stierle (Hg.), *Identität. Poetik und Hermeneutik* VIII, München: Fink, S. 315-345; neugedruckt in: *Soziologische Aufklärung*, Bd. 3: *Soziales System, Gesellschaft, Organisation*, Opladen: Westdeutscher Verlag 1981, S. 198 bis 228.

"'Kompensatorische Erziehung' unter pädagogischer Kontrolle?", in: *Bildung und Erziehung* 32, S. 551-570 (zusammen mit Karl Eberhard Schorr).

Reflexionsprobleme im Erziehungssystem, Stuttgart: Klett-Cotta; Neudruck mit Nachwort: Frankfurt am Main: Suhrkmp 1988 (zusammen mit Karl Eberhard Schorr).

"Schematismen der Interaktion", in: *Kölner Zeitschrift für Soziologie und Sozialpsychologie* 31, S. 237-255; neugedruckt in: *Soziologische Aufklärung*, Bd. 3: *Soziales System, Gesellschaft, Organisation*, Opladen: Westdeutscher Verlag

1981, S. 81-100.

"Selbstreflexion des Rechtssystems. Rechtstheorie in gesellschaftstheoretischer Perspektive", in: *Rechtstheorie* 10, S. 159-185.

"Theoretiker der modernen Gesellschaft: Talcott Parsons — Person und Werk", in: *Neue Zürcher Zeitung*, Nr. 137, 16./17. Juni.

"Unverständliche Wissenschaft. Probleme einer theorieeigenen Sprache", in: *Deutsche Akademie für Sprache und Dichtung, Jahrbuch*, S. 34-44; neugedruckt in: *Soziologische Aufklärung*, Bd. 3: *Soziales System, Gesellschaft, Organisation*, Opladen: Westdeutscher Verlag 1981, S. 170-177.

"Zeit und Handlung — eine vergessene Theorie", in: *Zeitschrift für Soziologie* 8, S. 63-81; neugedruckt in: *Soziologische Aufklärung*, Bd. 3: *Soziales System, Gesellschaft, Organisation*, Opladen: Westdeutscher Verlag 1981, S. 101-125.

1980

Gesellschaftsstruktur und Semantik. Studien zur Wissenssoziologie der modernen Gesellschaft, Bd. 1, Frankfurt am Main: Suhrkamp.

"Kommunikation über Recht in Interaktionssystemen", in: Erhard Blankenburg u. a. (Hg.), *Alternative Rechtsformen und Alternativen zum Recht*, Opladen: Westdeutscher Verlag, S. 99-112; neugedruckt in: *Ausdifferenzierung des Rechts. Beiträge zur Rechtssoziologie und Rechtstheorie*, Frankfurt am Main: Suhrkamp 1981, S. 53-72.

"Komplexität", in: Erwin Grochla (Hg.), *Handwörterbuch der Organisation*, 2. Aufl., Stuttgart, Sp. 1064-1070.

"L'inflazione del potere", in: *Rinascita* 3, 18. 1. 1980, S. 15; deutsche Übersetzung unter dem Titel "Der Begriff des Politischen" in: *Archimedes und wir. Interviews*, hg. von Dirk Baecker und Georg Stanitzek, Berlin: Merve 1987, S. 2-13.

"Max Webers Forschungsprogramm in typoloischer Rekonstruktion", in: *Soziolo-*

gische Revue 3, S. 243-250.

"Talcott Parsons. Zur Zukunft eines Theorieprogramms", in: *Zeitschrift für Soziologie* 9, S. 5-17.

"Temporalstrukturen des Handlungssystems. Zum Zusammenhang von Handlungs- und Systemtheorie", in: Wolfgang Schluchter (Hg.), *Verhalten, Handeln und System: Talcott Parsons' Beitrag zur Entwicklung der Sozialwissenschaften*, Frankfurt am Main: Suhrkamp, S. 32 bis 67; neugedruckt in: *Soziologische Aufklärung*, Bd. 3: *Soziales System, Gesellschaft, Organisation*, Opladen: Westdeutscher Verlag 1981, S. 126-150.

"Wetgevingswetenschap en bestuurspolitiek", in: *Bestuurswetenschappen* 34, S. 182-190.

1981

Ausdifferenzierung des Rechts. Beiträge zur Rechtssoziologie und Rechtstheorie, Frankfurt am Main: Suhrkamp.

"Communication about Law in Interaction Systems", in: Karin Knorr-Cetina und Aaron V. Cicourel (Hg.), *Advances in Social Theory and Methodology. Toward an Integration of Micro- and Macro-Sociology*, London, S. 234-256.

"Die Ausdifferenzierung von Erkenntnisgewinn. Zur Genese von Wissenschaft", in: Nico Stehr und Volker Meja (Hg.), *Wissenssoziologie.* Sonderheft 22 der *Kölner Zeitschrift für Soziologie und Sozialpsychologie*, S. 101-139.

"Drei Quellen der Bürokratisierung in Hochschulen", in: *Ein Mann von sechzig Jahren. Festschrift Reinhard Mohn*, o. O., o. J., S. 150 bis 155.

"Gesellschaftliche Grundlagen der Macht. Steigerung und Verteilung", in: Werner Kägi, Hansjörg Siegenthaler (Hg.), *Macht und ihre Begrenzung im Kleinstaat Schweiz*, Zürich, S. 37-47; neugedruckt in: *Soziologische Aufklärung*, Bd. 4: *Beiträge zur funktionalen Differenzierung der Gesellschaft*, Opladen: Westdeutcher Verlag 1987, S. 117 bis 125.

Gesellschaftsstruktur und Semantik. Studien zur Wissenssoziologie der modernen Gesellschaft, Bd. 2, Frankfurt am Main: Suhrkamp.

"Gesellschaftsstrukturelle Bedingungen und Folgeprobleme des naturwissenschaftlich-technischen Fortschritts", in: Reinhard Löw, Peter Koslowski und Philipp Kreuzer (Hg.), *Fortschritt ohne Maß: Eine Ortsbestimmung der wissenschaftlich-techischen Zivilisation*, München, S. 113-131; neugedruckt in: *Soziologische Aufklärung*, Bd. 3: *Soziales System, Gesellschaft, Organisation*, Opladen: Westdeutscher Verlag 1981. S. 49-63.

"Ideengeschichte in soziologischer Perspektive", in: Joachim Matthes (Hg.), *Lebenswelt und soziale Probleme, Verhandlungen des 20. Deutschen Soziologentages zu Bremen*, Frankfurt am Main, S. 49 bis 61.

"Kommunikation mit Zettelkästen. Ein Erfahrungsbericht". in: Horst Baier u. a. (Hg.), *Öffentliche Meinung und sozialer Wandel. Für Elisabeth Noelle-Neumann*, Opladen: Westdeutscher Verlag, S. 222-228.

"Machtkreislauf und Recht in Demokratien", in: *Zeitschrift für Rechtssoziologie* 2, S. 158-167; neugedruckt in: *Soziologische Aufklärung*, Bd. 4: *Beiträge zur funktionalen Differenzierung der Gesellschaft*, Opladen: Westdeutscher Verlag 1987, S. 142-151.

Politische Theorie im Wohlfahrtsstaat, München: Olzog.

"Selbstlegitimation des modernen Staates", in: Norbert Achterberg und Werner Krawietz (Hg.), *Legitimation des modernen Staates. Beiheft 15 des Archivs für Rechts- und Sozialphilosophie*, Wiesbaden S. 65-83.

"Selbstreferenz und Teleologie in gesellschaftstheoretischer Perspektive", in: *Neue Hefte für Philosophie* 20, S. 1-30.

Soziologische Aufklärung, Bd. 3: *Soziales System, Gesellschaft, Organisation*, Opladen: Westdeutscher Verlag.

"Syakai Sisutemu Ron Jyoron", in: *Shiso*, No. 680, S. 37-54; französische Übersetzung unter dem Titel "Remarques préliminaires en vue d'une théorie des systèmes sociaux" in: *Critique* 37, S. 995-1014.

"The Improbability of Communication", in: *International Social Science Journal* 23, 1, S. 122-132; deutsche Fassung in: *Soziologische Aufklärung*, Bd. 3: *Soziales System, Gesellschaft, Organisation*, Opladen: Westdeutscher Verlag, S. 25-34.

"Wie ist Erziehung möglich? Eine wissenschaftssoziologische Analyse der Erziehungswissenschaft", in: *Zeitschrift für Sozialisationsforschung und Erziehungssoziologie*, 1, S. 37-54 (zusammen mit Karl Eberhard Schorr).

"Wie ist soziale Ordnung möglich?", in: *Gesellschaftsstruktur und Semantik. Studien zur Wissenssoziologie der modernen Gesellschaft*, Bd. 2, Frankfurt am Main: Suhrkamp, S. 195-285.

1982

"Autopoiesis, Handlung und kommunikative Verständigung", in: *Zeitschrift für Soziologie* 11, S. 366-379.

"Conflitto e diritto", in: *Laboratorio politico* 2, 1, S. 5-25; deutsche Fassung in: *Ausdifferenzierung des Rechts. Beiträge zur Rechtssoziologie und Rechtstheorie*, Frankfurt am Main: Suhrkamp 1981, S. 92 bis 112.

"Die Voraussetzung der Kausalität", in: Niklas Luhmann und Karl Eberhard Schorr (Hg.), *Zwischen Technologie und Selbstreferenz. Fragen an die Pädagogik*, Frankfurt am Main: Suhrkamp, S. 41-50.

"Personale Identität und Möglichkeiten der Erziehung", in: Niklas Luhmann und Karl Eberhard Schorr, *Zwischen Technologie und Selbstreferenz. Fragen an die Pädagogik*, Frankfurt: Suhrkamp, S. 224-261.

"Hypothetik als Wahrheitsform", in: *Zur Debatte* 12, Nr. 6, S. 11 (unautorisierter Druck eines Vortrages).

Liebe als Passion. Zur Codierung von Intimitiät, Frankfurt am Main: Suhrkamp.

Potere e codice politico, Mailand: Feltrinelli

"Territorial Borders as Systems Boundaries", in: Raimondo Strassoldo, Giovanni Delli Zotti (Hg.), *Cooperation and Conflict in Border Areas*, Mailand, S. 235-244.

The Differentiation of Society, New York: Columbia University Press.

"The World Society as a Social System", in: *International Journal of General Systems* 8, S. 131-138; auch in: R. Felix Geyer, Johannes van der Zouwen (Hg.), *Dependence and Inequality. A Systems Approach to the Problems of Mexico and other Developing Countries*, Oxford, S. 259-306.

1983

"Amore con linguaggio", in: *Giornale di Sicilia*, 11. 3. 1983; deutsche Übersetzung unter dem Titel "Intervista siciliana" in: *Archimedes und wir. Interviews*, hg. von Dirk Baecker und Georg Stanitzek, Berlin: Merve 1987, S. 58-60.

"Anspruchsinflation im Krankheitssystem. Eine Stellungnahme aus gesellschafts-theoretischer Sicht", in: Philipp Herder-Dorneich und Alexander Schuller (Hg.), *Die Anspruchsspirale*, Stuttgart, S. 28-49.

"Bürgerliche Rechtssoziologie. Eine Theorie des 18. Jahrhunderts", in: *Archiv für Rechts- und Sozialphilosophie* 69, S. 431-445.

"Das Sind Preise", in: *Soziale Welt* 34, S. 153-170; überarbeitete und erweiterte Fassung in: *Die Wirtschaft der Gesellschaft*, Frankfurt am Main: Suhrkamp 1988, S. 13-42.

"Die Einheit des Rechtssystems", in: *Rechtstheorie* 14, S. 129-154.

"Evolution — kein Menschenbild", in: Rupert J. Riedl und Franz Kreuzer (Hg.), *Evolution und Menschenbild*, Hamburg, S. 193-205.

"Il Welfare State come problema politico e teorico", in: Ester Fano u. a., *Trasformazioni e crisi del Welfare State*, De Donato, S. 349-359.

"Individuum und Gesellschaft", in: *Universitas* 39, S. 1-11.

"Insistence on Systems Theory. Perspectives from Germany", in: *Social Forces*

61, S. 987-998.

"Interdisziplinäre Theoriebildung in den Sozialwissenschaften", in: Christoph Schneider (Hg. für die Deutsche Forschungsgemeinschaft), *Forschung in der Bundesrepublik Deutschland: Beispiele, Kritik, Vorschläge*, Weinheim, S. 155-159.

"Medizin und Gesellschaftstheorie", in: *Medizin, Mensch, Gesellschaft* 8, S. 168-175.

"Mutamento di paradigma nella teoria dei sistemi", in: *Sistemi Urbani* 5, S. 333-347.

"Ordine e conflitto. Un confronto impossibile", in: *Centauro*, 8, S. 3-11.

"Perspektiven für Hochschulpolitik", in: *Sozialwissenschaften und Berufspraxis*, Heft 4, S. 5-16; neugedruckt in: *Soziologische Aufklärung*, Bd. 4: *Beiträge zur funktionalen Differenzierung der Gesellschaft*, Opladen: Westdeutscher Verlag 1987, S. 216-223.

"Scopi e realtà dello Stato del benessere", in: *Achille Ardigò u. a., La società liberal-democratica e le sue prospettive per il futuro*, Rom, S. 19-32.

"Wohlfahrtsstaat zwischen Evolution und Rationalität", in: Peter Koslowski u. a. (Hg.), *Chancen und Grenzen des Sozialstaats*, Tübingen, S. 26-40.

1984

"Das Kunstwerk und die Selbstreproduktion von Kunst", in: *Delfin* 3, S. 51-69.

"Der Staat als historischer Begriff", in: Marcel Storme, *Mijmeringen van een Jurist bij Antwerpen*, S. 139-154.

"Die Differenzierung von Interaktion und Gesellschaft: Probleme der sozialen Solidarität", in: Robert Kopp (Hg.), *Solidarität in der Welt der 80er Jahre. Leistunsgesellschaft und Sozialstaat*, Basel, S. 79-96.

"Die Theorie der Ordnung und die natürlichen Rechte", in: *Rechtshistorisches Journal* 3, S. 133-149.

"Die Wirtschaft der Gesellschaft als autopoietisches System", in: *Zeitschrift für*

Soziologie 13, S. 308-327; überarbeitete und erweiterte Fassung in: *Die Wirtschaft der Gesellschaft*, Frankfurt am Main: Suhrkamp 1988, S. 43-90.

"Helmut Schelsky zum Gedenken", in: *Zeitschrift für Rechtssoziologie* 5, S. 1-3.

"Hoffnung auf die Menschen oder auf Systeme", in: *Tages-Anzeiger* (Zürich) vom 28. 12. 1984, S. 39; unter dem Titel "'1984' — ein Streitgespräch mit Robert Jungk" neugedruckt in: *Archimedes und wir. interviews*, hg. von Dirk Baecker und Georg Stanitzek, Berlin: Merve 1987, S. 99-107.

"I fondamenti sociali della morale", in: Niklas Luhmann u. a., *Etica e Politica. Riflessioni sulla crisi del rapporto fra società e morale*, Mailand, S. 9-20.

"La rappresentanza Politica", in: *Laboratorio di Sociologia* 5, S. 11-28.

"Modes of Communication and Society", in: P. DeWilde und C. A. May (Hg.), *Links for the Future: Science, Systems and Services for Communications. Proceedings of the International Conference on Communications ICC '84*, Amsterdam, Bd 1, S. XXXIV-XXXVII.

"Nachruf auf Helmut Schelsky", in: *Jahrbuch 1984 der Rheinisch-Westfälischen Akademie der Wissenschaften*, Opladen, S. 42-44.

"Organisation", in: *Historisches Wörterbuch der Philosophie*, Bd. 6, Basel: Schwabe, Sp. 1326-1328.

"Orientamento teorico della politica", in: Viana Conti (Hg.), *Sapere e Potere*, Bd. 1, Mailand, S. 9-16.

"Qual'è il reale significato del primato della politica", in: *Aquario* 2-4 (1983/84), S. 4-5.

Soziale Systeme. Grundriß einer allgemeinen Theorie, Frankfurt am Main: Suhrkamp.

"Soziologische Aspekte des Entscheidungsverhaltens", in: *Die Betriebswirtschaft* 44, S. 591-603; überarbeitete und erweiterte Fassung in: *Die Wirtschaft der Gesellschaft*, Frankfurt am Main: Suhrkamp 1988, S. 272-301.

"Staat und Politik: Zur Semantik der Selbstbeschreibung politischer Systeme", in: Udo Bermbach (Hg.), *Politische Theoriengeschichte. Probleme einer Teildisziplin der Politischen Wissenschaft,* Sonderheft 15 der *Politischen Vierteljahresschrift,* S. 99-125; neugedruckt in: *Soziologische Aufklärung,* Bd. 4: *Beiträge zur funktionalen Differenzierung der Gesellschaft,* Opladen: Westdeutscher Verlag 1987, S. 74-103.

"The Self-Description of Society. Crisis Fashion and Sociological Theory", in: *International Journal of Comparative Sociology* 25, S. 59-72.

"The Self-Reproduction of the Law and its Limits", in: Felippe Augusto de Miranda Rosa (Hg.), *Direito e Mundança Social,* Rio de Janeiro, S. 107-128; erweiterte Fassung in: Günter Teubner (Hg.), *Dilemmas of Law in the Welfare State,* Berlin/New York: de Gruyter, S. 111-127.

"Widerstandsrecht und politische Gewalt", in: *Zeitschrift für Rechtssoziologie* 5, S. 34-45; neugedruckt in: *Soziologische Aufklärung,* Bd. 4: *Beiträge zur funktionalen Differenzierung der Gesellschaft,* Opladen: Westdeutscher Verlag 1987, S. 161-170.

"Zum Begriff der sozialen Klasse", in: *Quaderni Fiorentini per la storia del pensiero giuridico moderno* 13, S. 35-78.

1985

"Capitale e lavoro", in: *Prometeo* 3, S. 58-65.

"Complexity and Meaning", in: *The Science and Praxis of Complexity,* Tokyo: United Nations University, S. 99-104.

"Das Problem der Epochenbildung und die Evolutionstheorie", in: Hans Ulrich Gumbrecht, Ursula Link-Heer (Hg.), *Epochenschwellen und Epochenstrukturen im Diskurs der Literatur- und Sprachhistorie,* Frankfurt am Main: Suhrkamp, S. 11-33.

"Der Zettelkasten kostet mich mehr Zeit als das Bücherschreiben", Interview mit Rainer Erd und Andrea Maihofer, in: *Frankfurter Rundschau* vom 27. 4. 1985,

S. ZB 3 (gekürzt); unter dem Titel "Biographie, Attitüden, Zettelkasten" neugedruckt in: *Archimedes und wir. Interviews*, hg. von Dirk Baecker und Georg Stanitzek, Berlin: Merve 1987, S. 125-155.

"Die Autopoiesis des Bewußtseins", in: *Soziale Welt* 36, S. 402-446; neugedruckt in: Alois Hahn und Volker Kapp (Hg.), *Selbstthematisierung und Selbstzeugnis. Bekenntnis und Geständnis*, Frankfurt am Main: Suhrkamp, S. 25-94; auch in: *Soziologische Aufklärung*, Bd. 6: *Die Soziologie und der Mensch*, Opladen: Westdeutscher Verlag 1995, S. 55-112.

"Die Soziologie und der Mensch", in: *Neue Sammlung* 25, S. 33-41; neugedruckt in: *Soziologische Aufklärung*, Bd. 6: *Die Soziologie und der Mensch*, Opladen: Westdeutscher Verlag 1995, S. 265-274.

"Einige Probleme mit 'reflexivem Recht'", in: *Zeitschrift für Rechtssoziologie* 6, S. 1-18.

"El enfoque sociológico de la teoría y práctica de derecho", in: *Anales de la Catedra Francisco Suárez* 25, S. 87-103.

"Erwiderung auf H. Mader", in: *Zeitschrift für Soziologie* 14, S. 333-334.

"Erziehender Unterricht als Interaktionssystem", in: Jürgen Diederich (Hg.), *Erziehender Unterricht — Fiktion und Faktum*, Frankfurt am Main: Gesellschaft zur Förderung pädagogischer Forschung, S. 77-94.

"'Etat' du système politique", in: *Traverses* 33/34, S. 185-191.

"I problemi ecologici e la società moderna", in: *Mondoperaio* 38, 6, S. 29-32.

"Informazione, comunicazione, conversazione: un approccio sistemico: tesi", in: Umberto Curi (Hg.), *La comunicazione umana*, Mailand, S. 202-204.

"Intervista a Niklas Luhmann", in: Segno 10, Nr. 4/5 (48/49), S. 25-33; deutsch unter dem Titel "Vom menschlichen Leben" in: *Archimedes und wir. Interviews*, Berlin: Merve 1987, S. 38-57.

Kann die moderne Gesellschaft sich auf ökologische Gefährdungen einstellen? Vorträge G 278 der Rheinisch-Westfälischen Akademie der Wissenschaften,

Opladen: Westdeutscher Verlag; neugedruckt in: *Protest. Systemtheorie und soziale Bewegungen*, hg. und eingeleitet von Kai-Uwe Hellmann, Frankfurt am Main: Suhrkamp 1996, S. 46-63.

"Läßt unsere Gesellschaft Kommunikation mit Gott zu?", in: Hugo Bogensberger und Reinhard Kögerler (Hg.), *Grammatik des Glaubens*, St. Pölten, S. 41-48; neugedruckt in: *Soziologische Aufklärung*, Bd. 4: *Beiträge zur funktionalen Differenzierung der Gesellschaft*, Opladen: Westdeutscher Verlag 1987, S. 227-235.

"Neue Politische Ökonomie", in: *Soziologische Revue* 8, S. 115-120.

"Society, Meaning, Religion — Based on Self-Reference", in: *Sociological Analysis* 46, S. 5-20.

"Von der allmählichen Auszehrung der Werte: Sind die Zeiten gesellschaftlicher Utopien für immer vorbei?", in Gerd Voswinkel (Hg.), *Mindener Gespräche*, Bd. 2: *Referate und Diskussionen der Universitätswoche*, S. 69-76.

"Zum Begriff der sozialen Klasse", in: Niklas Luhmann (Hg.), *Soziale Differenzierung. Zur Geschichte einer Idee*, Opladen: Westdeutscher Verlag, S. 119-162.

1986

"A proposito della discussione sulla 'Teoria dei sistemi', e Replica", in: Enrico M. Forni (Hg.), *Teoria dei sistemi e razionalità sociale*, Bologna, S. 5-8 und S. 342-356.

"Alternative ohne Alternative: Die Paradoxie der 'neuen sozialen Bewegungen'", in: *Frankfurter Allgemeine Zeitung*, Nr. 149, 2. Juli 1986, S. 29; wieder in: *Protest. Systemtheorie und soziale Bewegungen*, hg. von Kai-Uwe Hellmann, Frankfurt am Main: Suhrkamp 1996, S. 75 bis 78.

"Codierung und Programmierung: Bildung und Selektion im Erziehungssystem", in: Heinz-Elmar Tenorth (Hg.), *Allgemeine Bildung. Analysen zu ihrer Wirkli-*

chkeit, Versuche über ihre Zukunft, München, S. 154-182; neugedruckt in: *Soziologische Aufklärung*, Bd. 4: *Beiträge zur funktionalen Differenzierung der Gesellschaft*, Opladen: Westdeutscher Verlag 1987, S. 182-201.

"Das Kunstwerk und die Reproduktion der Kunst", in: Hans Ulrich Gumbrecht und Karl Ludwig Pfeiffer (Hg.), *Stil. Geschichten und Funktionen eines Kulturwissenschaftlichen Diskurselements*, Frankfurt am Main: Suhrkamp, S. 620-672.

"Das Medium der Kunst", in: *Delfin* 4, S. 6-15; neugedruckt in: Frederick D. Bunsen (Hg.), *'ohne Titel': Neue Orientierungen in der Kunst*, Würzburg, S. 61-71.

"Die Codierung des Rechtssystems", in: *Rechtstheorie* 17, S. 171-203.

"Die Lebenswelt — nach Rücksprache mit Phänomenologen", in: *Archiv für Rechts- und Sozialphilosophie* 72, S. 176-194.

Die soziologische Beobachtung des Rechts, Frankfurt am Main: Metzner.

"Die Welt als Wille ohne Vorstellung. Sicherheit und Risiko aus der Sicht der Sozialwissenschaften", in: *Die politische Meinung* 229, S. 18-21.

"Die Zukunft der Demokratie", in: *Der Traum der Vernunft: Vom Elend der Aufklärung*, Neuwied: Luchterhand, S. 207-217; neugedruckt in: *Soziologishe Aufklärung*, Bd. 4: *Beiträge zur funktionalen Differenzierung der Gesellschaft*, Opladen: Westdeutscher Verlag 1987, S. 126 bis 132.

"'Distinctions directrices'. Über Codierung von Semantiken und Systemen", in: Friedhelm Neidhardt u. a. (Hg.), *Kultur und Gesellschaft*. Sonderheft 27 der *Kölner Zeitschrift für Soziologie und Sozialpsychologie*, S. 145-161; neugedruckt in: *Soziologische Aufklärung*, Bd. 4: *Beiträge zur funktionalen Differenzierung der Gesellschaft*, Opladen: Westdeutscher Verlag 1987, S. 13-31.

"Intersubjektivität oder Kommunikation: Unterschiedliche Ausgangspunkte soziologischer Theoriebildung", in: *Archivio di Filosofia* 54 S. 41-60; neugedruckt in: *Soziologische Aufklärung*, Bd. 6: *Die Soziologie und der Mensch*, Opladen:

Westdeutscher Verlag 1995, S. 169 bis 188.

"Kapital und Arbeit. Probleme einer Unterscheidung", in: Johannes Berger (Hg.), *Die Moderne: Kontinutitäten und Zäsuren*. Sonderband 4 der *Sozialen Welt*, Göttingen, S. 57-78; überarbeitete und erweiterte Fassung in: *Die Wirtschaft der Gesellschaft*, Frankfurt am Main: Suhrkamp 1988, S. 151-176.

"La rappresentazione della società nella società", in: Roberto Cipriani (Hg.), *Legittimazione e società*, Rom, S. 127-137.

Ökologische Kommunikation. Kann die moderne Gesellschaft sich auf ökologische Gefährdungen einstellen?, Opladen: Westdeutscher Verlag.

"Participación y legitimación: ideas y experiencias", in: *La Participación. Anuari de la Facultat de Dret*, Barcelona, S. 11-21.

"Soziologie für unsere Zeit — seit Max Weber", in: Martin Meyer (Hg.), *Wo wir stehen*, Zürich, S. 53-59.

"Systeme verstehen Systeme", in: Niklas Luhmann, Karl Eberhard Schorr (Hg.), *Zwischen Intransparenz und Verstehen. Fragen an die Pädagogik*, Frankfurt am Main: Suhrkamp, S. 72-117.

"Systemtheorie und Systemkritik", Ein Interview mit Heidi Renk und Marco Bruns, in: *die tageszeitung* vom 21. 10. 1986; unter dem Titel "Ein trojanisches Pferd" wieder in: *Archimedes und wir. Interviews*, hg. von Dirk Baecker und Georg Stanitzek, Berlin: Merve, S. 108-124; wieder in: *Protest. Systemtheorie und sozial Bewegungen*, hg. von Kai-Uwe Hellmann, Frankfurt am Main: Suhrkamp 1996, S. 64-74.

"The Autopoiesis of Social Systmes", in: Felix Geyer, Johannes van der Zouwen (Hg.), *Sociocybernetic Paradoxes. Observation, Control and Evolution of Self-Steering Systems*, London, S. 172-192.

"The Individuality of the Individual. Historical Meanings and Contemporary Problems", in: Thomas C. Heller, Morton Sosna und David E. Wellbery (Hg.), *Reconstructing Individualism. Autonomy, Individuality, and the Self in Western*

Thought, Stanford, Cal., S. 313-325.

"The Theory of Social Systems and Its Epistemology. Reply to Danilo Zolo's Critical Comments", in: *Philosophy of the Social Sciences* 16, S. 129-134.

"Vorwort" zu Jürgen Markowitz, *Verhalten im Systemkontext*, Frankfurt am Main: Suhrkamp, S. I-VI.

1987

Archimedes und wir. Interviews, herausgegeben von Dirk Baecker und Georg Stanitzek, Berlin: Merve.

"Autopoiesis als soziologischer Begriff", in: Hans Haferkamp und Michael Schmid (Hg.), *Sinn, Kommunikation und soziale Differenzierung. Beiträge zu Luhmanns Theorie sozialer Systeme*, Frankfurt am Main: Suhrkamp, S. 307-324.

"Con Nicklas Luhmann". Interview mit Franco Volpi, in: *Supplemento ad Alfabeta*, Nr. 95, April 1987, S. VII; deutsche Übersetzung unter dem Titel "Archimedes und wir" in: *Archimedes und wir. Interviews*, hg. von Dirk Baecker und Georg Stanitzek, Berlin; Merve 1987, S. 156-166.

"Delusioni e speranze", in: *Il Mulino* 36, S. 573-583.

"Die gesellschaftliche Differenzierung und das Individuum", in: Thomas Olk und Hans-Uwe Otto (Hg.), *Soziale Dienste im Wandel*, Bd. 1, Neuwied: Luchterhand, S. 121-137; neugedruckt in: *Soziologische Aufklärung*, Bd. 6: *Die Soziologie und der Mensch*, Opladen: Westdeutscher Verlag 1995, S. 125-141.

"Die gesellschaftliche Verantwortung der Soziologie", in: Helmut de Rudder, Heinz Sahner (Hg.), *Wissenschaft und gesellschaftliche Verantwortung. Ringvorlesung der Hochschule Lüneburg*, Berlin, S. 109 bis 121.

"Die Richtigkeit soziologischer Theorie", in: *Merkur* 41, S. 36-49.

"Öffentlichkeit ohne Auftrag. Zum Begriff des Intellektuellen. Niklas Luhmann im Gespräch mit Walter van Rossum", gesendet im *Deutschlandfunk* am 1. 11. 1987, 9. 30-10 Uhr (stark gekürzt); unter dem Titel "Ich nehme mal

Karl Marx" gedruckt in: *Archimedes und wir. Interviews*, hg. von Dirk Baecker und Georg Stanitzek, Berlin: Merve 1987, S. 14-37.

"Paradigmawechsel in der Systemtheorie: Ein Paradigma für Fortschritt?", in: Reinhart Herzog und Reinhart Koselleck (Hg.), *Epochenschwelle und Epochenbewußtsein. Poetik und Hermeneutik*, Bd. XII, München: Fink, S. 305-322.

"Schwierigkeiten mit dem Aufhören", Interview mit Georg Stanitzek, in: *Archimedes und wir. Interviews*, hg. von Dirk Baecker und Georg Stanitzek, Berlin: Merve, S. 74-98.

"Selbstreferentielle Systeme", in: Fritz B. Simon (Hg.), *Lebende Systeme. Wirklichkeitskonstruktionen in der systemischen Therapie*, Berlin, S. 47-53.

"Sicherheit und Risiko aus der Sicht der Sozialwissenschaften" in: *4. Akademie-Forum: Die Sicherheit technischer Systeme*. Vorträge N 351 der Rheinisch-Westfälischen Akademie der Wissenschaften, Opladen, S. 63-66.

"Sozialisation und Erziehung", in: Wilhelm Rotthaus (Hg.), *Erziehung und Theraphie in systemischer Sicht*, Dortmund, S. 77-86; neugedruckt in: *Soziologische Aufklärung*, Bd, 4: *Beiträge zur funktionalen Differenzierung der Gesellschaft*, Opladen: Westdeutscher Verlag 1987, S. 173-181.

Soziologische Aufklärung, Bd, 4: *Beiträge zur funktionalen Differenzierung der Gesellschaft*, Opladen: Westdeutscher Verlag.

"Sprache und Kommunikationsmedien: Ein schieflaufender Vergleich", in: *Zeitschrift für Soziologie* 16, S. 467-468.

"Strukturelle Defizite. Bemerkungen zur systemtheoretischen Analyse des Erziehungswesens", in Jürgen Oelkers und Heinz-Elmar Tenorth (Hg.), *Pädagogik, Erziehungswissenschaft und Systemtheorie*, Weinheim/Basel, S. 57-75.

"Tautologie und Paradoxie in den Selbstbeschreibungen der modernen Gesellschaft", in: *Zeitschrift für Soziologie* 16, S. 161-174; neugedruckt in: *Protest. Systemtheorie und soziale Bewegungen*, hg. von Kai-Uwe Hellmann, Frankfurt am Main: Suhrkamp 1996, S. 79-106.

"'Technik und Ethik' aus soziologischer Sicht", in: *2. Akademie-Forum: Technik und Ethik*. Vorträge G 284 der Rheinisch-Westfälischen Akademie der Wissenschaften, Opladen, S. 31-34.

"The Evolutionary Differentiation between Society and Interaction", in: Jeffrey C. Alexander u. a. (Hg), *The Micro-Macro Link*, Berkeley, Cal., S. 112-131.

"The Morality of Risk and the Risk of Morality", in: *International Review of Sociology* 3, S. 87-101.

"Was ist Kommunikation?", in: *Information Philosophie* 1, S. 4-16; auch in: Fritz B. Simon (Hg.), *Lebende Systeme. Wirklichkeitskonstruktionen in der systemischen Therapie*, Berlin, S.10-18; neugedruckt in: *Soziologische Aufklärung*, Bd. 6: *Die Soziologie und der Mensch*, Opladen: Westdeutscher Verlag 1995, S. 113-124.

1988

"Closure and Openness: On Reality in the World of Law", in: Gunther Teubner (Hg.), *Autopoietic Law: A New Approach to Law and Society*, Berlin, S. 335-348.

"Das Ende der alteuropäischen Politik", in: *Tijdschrift voor de Studie van de Verlichting en van het Vrije Denken* 16, S. 249-257.

"Die 'Macht der Verhältnisse' und die Macht der Politik", in: Heinrich Schneider (Hg.), *Macht und Ohnmacht*, St. Pölten, S. 43-51.

"Die Unterscheidung von 'Staat und Gesellschaft'", in : Stavros Panou u. a. (Hg.), *Contemporary Conceptions of Social Philosophy: Verhandlungen des 12. Weltkongresses der Internationalen Vereinigung für Rechts- und Sozialphilosophie, Athen*, Wiesbaden, S. 61-66; neugedruckt in: *Soziologische Aufklärung*, Bd. 4: *Beiträge zur funktionalen Differenzierung der Gesellschaft*, Opladen: Westdeutscher Verlag 1987, S 67-73.

Die Wirtschaft der Gesellschaft, Frankfurt am Main: Suhrkamp.

Erkenntis als Konstruktion, Bern: Benteli.

"Familiarity, Confidence, Trust. Problems and Alternatives", in: Diego Gambetta (Hg.), *Trust: Making and Breaking Cooperative Relations*, Oxford, S. 94-107.

"Fonction", in: *Dictionnaire encyclopédique de théorie et de sociologie du droit*, Paris, S. 160-161.

"Frauen, Männer und George Spencer Brown", in: *Zeitschrift für Soziologie* 17, S. 47-71; neugedruckt in: *Protest. Systemtheorie und soziale Bewegungen*, hg. von Kai-Uwe Hellmann, Frankfurt am Main: Suhrkamp 1996, S. 107-155.

"La funzione dell'arte", in: *Immaginazione* 58, S. 8.

"La teoria sistemica come descrizione della società", in: Giuseppe Barbieri, Paolo Vidali (Hg.), *La ragione possibile: per una geografia della culture*, Mailand, S. 131-139.

"Modernità e differenziazione sociale", in: Giovanni Mari (Hg.), *Moderno postmoderno*, Mailand, S. 88-97.

"Neuere Entwicklungen in der Systemtheorie", in: *Merkur* 42, S. 292 bis 300.

"Observing and Describing Complexity", in: Karl Vak (Hg.), *Complexities of the Human Environment: A Cultural and Technological Perspective*, Wien, S. 251-255.

"Organisation", in: Willi Küpper und Günther Ortmann (Hg.), *Mikropolitik. Rationalität, Macht und Spiele in Organisationen*, Opladen: Westdeutscher Verlag, S. 161-185.

"Positivität als Selbstbestimmtheit des Rechts", in: *Rechtstheorie* 19, S. 11-27.

"Sozialsystem Familie", in: *System Familie* 1, S. 75-91; erweiterte Fassung in: *Soziologische Aufklärung*, Bd. 5: *Konstruktivistische Perspektiven*, Opladen: Westdeutscher Verlag 1990, S. 196-217.

"Strukturelle Bedingungen von Reformpädagogik. Soziologische Analysen zur Pädagogik der Moderne", in: *Zeitschrift für Pädagogik* 34, S. 463-488 (zusammen mit Karl Eberhard Schorr).

"Sthenographie", in: *Delfin* 10, S. 4-12.

"The Third Question. The Creative Use of Paradoxes in Law and Legal History", in: *Journal of Law and Society* 15 S. 153-165.

"Über 'Kreativität'", in: Hans-Ulrich Gumbrecht (Hg.), *Kreativität —Ein verbrauchter Begriff?*, München, S. 13-19

"Warum AGIL?", in: *Kölner Zeitschrift für Soziologie und Sozialpsychologie* 40. S. 127-139.

"Wie ist Bewußtsein an kommunikation beteiligt?", in: Hans Ulrich Gumbrecht und K. Ludwig Pfeiffer (Hg.), *Materialität der Kommunikation*, Frankfurt am Main: Suhrkamp, S. 884-905; neugedruckt in: *Soziologische Aufklärung*, Bd, 6: *Die Soziologie und der Mensch*, Opladen: Westdeutscher Verlag 1995, S. 37-54.

1989

"Complessità social i opiniò pública", in: *periodística* 1, S. 9-22.

"Der Ursprung des Eigentums und seine Legitimation. Ein historischer Bericht", japanische Übersetzung in: Mitsuhumi Yazaki u. a. (Hg.), *Law in the Changing World*, Tokyo: Kobusai Shoin.

"Die Französische Revolution ist zu Ende. Individuum und Gesellschaft nach 1789", in: *Neue Zürcher Zeitung*, 20./21. Mai, S. 69.

Gesellschaftsstruktur und Semantik. Studien zur Wissenssoziologie der modernen Gesellschaft, Bd. 3, Frankfurt am Main: Suhrkamp.

"Individuum, Individualität, Individualismus", in: *Gesellschaftsstruktur und Semantik: Studien zur Wissenssoziologie der modernen Gesellschaft*, Bd. 3, Frankfurt am Main: Suhrkamp, S. 149-258.

"La moral socíal y su reflexión ética", in: X. Palacíos und F. Jaranta (Hg.), *Razón, Ética y Politica: El conflicto de las sociedades modernas*, Barcelona, S. 47-58.

"La religione è indispensabile?:, in: *Prometeo* 7, S. 9-22.

"Law as a Social System", in: *Northwestern University Law Review* 83 (1988/89), S. 136-150.

"Le droit comme système social", in: *Droit et société* 11-12, S. 53-67.

"Ökologie und Kommunikation", in: *Lucien Criblez und Philipp Gonon* (Hg.), *Ist Ökologie lehrbar?*, Bern, S. 17-30.

"Ökologische Kommunikation", in: Joschka Fischer (Hg.), *Ökologie im Endspiel*, München, S. 31-37.

"Prefazione", in: Claudio Baraldi, Giancarlo Corsi und Elena Esposito, *GLU. Glossario dei termini della teoria dei sistemi di Niklas Luhmann*, Urbino, Montefeltro, S. 5-8

"Politische Steuerung. Ein Diskussionsbeitrag", in: *Politische Vierteljahresschrift* 30, S. 4-9.

Reden und Schweigen, Frankfurt am Main: Suhrkamp (mit Peter Fuchs).

"Systemansatz und Strukturkonzept", in: *Philosophisches Jahrbuch* 96, S. 97-100.

"Theorie der politischen Opposition", in: *Zeitschrift für Politik* 36, S. 13-26.

"Wahrnehmung und Kommunikation sexueller Interessen", in: Rolf Gindorf, Erwin J. Haeberle (Hg.), *Sexualitäten in unserer Gesellschaft*, Berlin, S. 127-138; neugedruckt in: *Soziologische Aufklärung*, Bd, 6: *Die Soziologie und der Mensch*, Opladen: Westdeutscher Verlag 1995, S. 189-203.

"Wer sagt das? Eine Replik", in: *Delfin* 12, S 90-91.

"Zeit und Ewigkeit", in: Niklas Luhmann und Peter Fuchs, *Reden und Schweigen*, Frankfurt am Main: Suhrkamp, S. 7-20.

"Zwei Seiten des Rechtsstaates", in: *Conflict and Integration. Comparative Law in the World Today: The 40th Anniversary of The Institute of Comparative Law in Japan*, Tokyo: Chuo University, S. 493-506.

1990

"Anfang, und Ende. Probleme einer Unterscheidung", in: Niklas Luhmann, Karl Eberhard Schorr (Hg.), *Zwischen Anfang und Ende. Fragen an die Pädagogik*, Frankfurt am Main: Suhrkamp, S. 11-23.

"Dabeisein und Dagegensein. Anregungen zu einem Nachruf auf die Bundesrepublik", in: *Frankfurter Allgemeine Zeitung* vom 22. 8. 1990; neugedruckt in: *Protest. Systemtheorie und soziale Bewegungen*, Frankfurt am Main: Suhrkamp 1996, S. 156-159.

"Das Erkenntnisprogramm des Konstruktivismus und die unbekannt bleibende Realität", in: *Soziologische Aufklärung*, Bd. 5: *Konstruktivistische Perspektiven*, Opladen Westdeutscher Verlag 1990, S. 31-58.

"Der medizinische Code", in: *Soziologische Aufklärung*, Bd. 5: *Konstruktivistische Perspektiven*, Opladen: 1990: Westdeutscher Verlag, S. 183-195.

"Die Homogenisierung des Anfangs: Zur Ausdifferenzierung der Schulerziehung", in: Niklas Luhmann und Karl Eberhard Schorr (Hg.), *Zwischen Anfang und Ende. Fragen an die Pädagogik*, Frankfurt am Main: Suhrkamp, S. 73-111.

"Die Stellung der Gerichte in Rechtssystem", in: *Rechtstheorie* 21, S. 459-473.

Die Wissenschaft der Gesellschaft, Frankfurt am Main: Suhrkamp.

"Die Zukunft kann nicht beginnen. Temporalstrukturen der modernen Gesellschaft", in: Peter Sloterdijk (Hg.), *Vor der Jahrtausendwende. Berichte zur Lage der Zukunft*, Bd. 1, Frankfurt am Main: Suhrkamp, S. 119-150.

Essays on Self-reference, New York: Columbia University Press.

"General Theory and American Sociology", in: H. J. Gans (Hg.), *Sociology in America*, Newbury Park, Cal., S. 253-264.

"Gleichzeitigkeit und Synchronisation", zuerst in: *Soziologische Aufklärung*, Bd. 5: *Konstruktivistische Perspektiven*, Opladen: Westdeutscher Verlag 1990, S. 95 bis 130.

"Glück und Unglück der Kommunikation in Familien", in: R. Königswieser und Christian Lutz (Hg.), *Das systemische evolutionäre Management. Der neue

Horizont für Unternehmer, Wien, S. 299-307; zuerst in: *Soziologische Aufklärung*, Bd. 5: *Konstruktivistische Perspektiven*, Opladen: Westdeutscher Verlag 1990, S. 218-227.

"Ich sehe das, was Du nicht siehst", in: Ph. van Engeldorp Gastelaars und S. L. Magala (Hg.) *Wirkungen. Kritische Theorie und kritisches Denken*, Rotterdam: Universitaire Pers, S. 117-124; zuerst in: *Soziologische Aufklärung*, Bd. 5: *Konstruktivisitische Perspektiven*, Opladen: Westdeutscher Verlag 1990, S. 228-234.

"Identität — was oder wie?", in: L'argomento ontologico. Scritti di Marco M. Olivetti u. a., *Archivio di filosofia* 58, S, 579-596; zuerst in: *Soziologische Aufklärung*, Bd. 5: *Konstruktivistische Perspektiven*, Opladen: Westdeutscher Verlag 1990, S. 14-30.

"Interesse und Interessenjurisprudenz im Spannungsfeld von Gesetzgebung und Rechtsprechung", in: *Zeitschrift für neuere Rechtsgeschichte* 12, S. 1-13.

"Introduzione generale. Economia e diritto: problemi di collegamento strutturale", in: *L'informazione nell'economia e nel diritto. Congresso internazionale*, 30./31. März, Mailand, S. 27-45.

"Kommunikationssperren in der Unternehmensberatung", in: R. Königswieser und Christian Lutz (Hg.), *Das systemische evolutionäre Management: Der neue Horizont für Unternehmer*, Wien, S. 237-250.

Paradigm lost. Über die ethische Reflexion der Moral. Rede von Niklas Luhmann anläßlich der Verleihung des Hegel-Preises 1989, Frankfurt am Main: Suhrkamp, S. 7-48. (Laudatio von Robert Spaemann: S. 49 bis 73).

Soziologische Aufklärung, Bd, 5: *Konstruktivistische Perspektiven*, Opladen: Westdeutscher Verlag.

"Sthenographie", in: Niklas Luhmann, Humberto Maturana, Mikio Namiki, Volker Redder und Francisco Varela, *Beobachter. Konvergenz der Erkenntnistheorien?*, München: Fink, S. 119-137.

"Sthenography", in: *Stanford Literature Review* 7, S. 133-137.

"Technology, Environment, and Social Risk: A Systems Perspective", in: *Industrial Crisis Quarterly* 4, S. 223-231.

"The Cognitive Program of Constructivism and a Reality that Remains Unknown", in: Wolfgang Krohn u. a. (Hg.), *Selforganization. Portrait of a Scientific Revolution*, Dordrecht: Klüwer, S. 64-85.

"The Future of Democracy", in: *Thesis Eleven* 26, S. 46-53.

"The Paradox of System Differentiation and the Evolution of Society", in: J. C. Alexander und P. Colomy (Hg.), *Differentiation Theory and Social Change: Comparative and Historical Perspectives*, New York: Columbia University Press, S. 409-440.

"Über systemtheoretische Grundlagen der Gesellschaftstheorie", in: *Deutsche Zeitschrift für Phliosophie* 38, S. 277-284.

"Umweltrisiko und Politik", zuerst in: *Protest. Systemtheorie und soziale Bewegungen*, hg. von Kai-Uwe Hellmann, Frankfurt am Main 1996, S. 160-174.

"Verfassung als evolutionäre Errungenschaft", in: *Rechtshistorisches Journal* 9, S. 176-220.

"Wege und Umwege deutscher Soziologie", in: *Rechtstheorie* 21, S. 209 bis 216.

"Weltkunst", in: Niklas Luhmann, Frederick D. Bunsen und Dirk Baecker, *Unbeobachtbare Welt. Über Kunst und Architektur*, Bielefeld: Haux, S. 7-45.

1991

"Am Ende der Kritischen Soziologie", in: *Zeitschrift für Soziologie*, S. 147-152.

"Complessità senza appigli", in: *Iride* 7, S. 138-154.

"Das Kind als Medium der Erziehung", in: *Zeitschrift für Pädagogik* 37, S. 19-40; neugedruckt in: *Soziologische Aufklärung*, Bd. 6: *Die Soziologie und der Mensch*, Opladen: Westdeutscher Verlag 1995, S. 204 bis 228.

"Das Moderne der modernen Gesellschaft", in: Wolfgang Zapf (Hg.), *Die Moder-*

nisierung moderner Gesellschaften: Verhandlungen des 25. Soziologentages in Frankfurt am Main, Frankfurt am Main, S. 87 bis 108.

"Der Gleichheitssatz als Form und Norm", in: *Archiv für Rechts- und Sozialphilosophie* 77, S. 435-445.

"Die Form 'Person'", in: *Soziale Welt* 42, S. 166-175; neugedruckt in: *Soziologische Aufklärung*, Bd. 6: *Die Soziologie und der Mensch*, Opladen: Westdeutscher Verlag 1995, S. 142-154.

"Die Geltung des Rechts", in: *Rechtstheorie* 22, S. 273-286.

"Die Welt der Kunst", in: Wolfgang Zacharias (Hg.), *Schöne Aussichten? Ästhetische Bildung in einer technisch-medialen Welt*, Essen, S. 49-63.

"Ende des Fortschritts — Angst statt Argumente", in: U. Lohmar und P. Lichtenberg (Hg.), *Kommunikation zwischen Spannung, Konflikt und Harmonie*, Bonn, S. 117-128.

"Ich denke primär historisch", in: *Deutsche Zeitschrift für Philosophie* 39, S. 937-956.

"Mein 'Mittelalter'", in: *Rechtshistorisches Journal* 10, S. 66-70.

"Politik und Moral. Zum Beitrag von Otfried Höffe", in: *Politische Vierteljahresschrift* 32, S. 497-500.

"Probleme der Forschung in der Soziologie", in: *Forschung an der Universität Bielefeld* 3, S. 40-42.

"Religion und Gesellschaft", in: *Sociologia Internationalis* 29, S. 133-139.

"Schwierigkeiten bei der Beschreibung der Zukunft", in: Albert Arnold Scholl (Hg.), *Zwischen gestern und morgen*, München, S. 56-59.

"Selbstorganisation und Information im politischen System", in: *Selbstorganisation* 2, S. 11-26.

Soziologie des Risikos, Berlin/New York: de Gruyter.

"Steuerung durch Recht? Einige klarstellende Bemerkungen", in: *Zeitschrift für Rechtssoziologie* 12, S. 142-146.

"Sthenographie und Euryalistik", in: Hans Ulrich Gumbrecht und K. Ludwig Pfeiffer (Hg.), *Paradoxien, Dissonanzen, Zusammenbrüche. Situtationen offener Epistemologie*, Frankfurt am Main: Suhrkamp, S. 58-82.

"Verständigung über Risiken und Gefahren — Hilft die Moral bei der Konsensfindung?", in: *Politische Meinung* 36, S. 86-95; ebenfalls in: *Das Problem der Verständigung. Ökologische Kommunikation und Risikodiskurs*, Rüschlikon: Gottlieb Duttweiler Institut, S. 93-110.

"Wie lassen sich latente Strukturen beobachten?", in: Paul Watzlawick. Peter Krieg (Hg.), *Das Auge des Betrachters — Beiträge zum Konstruktivismus. Festschrift für Heinz von Foerster*, München, S. 61-74.

1992

Beobachtungen der Moderne, Opladen: Westdeutscher Verlag.

"Europäische Rationalität", in: *Beobachtungen der Moderne*, Opladen: Westdeutscher Verlag, S. 51-92.

"Die Beobachtung der Beobachter im politischen System, Zur Theorie der öffentlichen Meinung", in: Jürgen Wilke (Hg.), *Öffentliche Meinung. Theorie, Methoden, Befunde. Beiträge zu Ehren von Elisabeth Noelle-Neumann*, Freiburg, S. 77-86.

"Die operative Geschlossenheit psychischer und sozialer Systeme", in: Hans Rudi Fischer u. a. (Hg.), *Das Ende der großen Entwürfe*, Frankfurt am Main: Suhrkamp, S. 117-131; neugedruckt in: *Soziologische Aufklärung*, Bd. 6: *Die Soziologie und der Mensch*, Opladen: Westdeutscher Verlag 1995, S. 25-36.

"Die Unbeliebtheit der politischen Parteien", in: *Die politische Meinung* 37, S. 5-11.

"Die Universität als organisierte Institution", in: A. Dress, E. Firnhaber, H. von Hentig und D. Storbeck (Hg.), *Die humane Universität. Bielefeld 1969-1971. Festschrift für Karl Peter Grotemeyer*, Bielefeld: Westfalen Verlag, S. 54-61.

"Donne/uomini", Istituto di Studi Euroafricani, Paris-Lecce.

"Gibt es ein 'System' der Intelligenz?", in: Martin Meyer (Hg.), *Intellektuellendämmerung? Beiträge zur neuesten Zeit des Geistes*, München: Hanser, S. 57-73.

"Immer noch Bundesrepublik? — Das Erbe und die Zukunft", in: Otthein Rammstedt, Gert Schmidt (Hg.), *BRD — ade! Vierzig Jahre in Rück-Ansichten von Sozial- und Kulturwissenschaftlern*, Frankfurt am Main: Suhrkamp, S. 95-100.

"Operational Closure and Structural Coupling. The Differentiation of the Legal System", in: *Cardozo Law Review* 13, S. 1419-1441.

"Rischio ambientale e politica", in: *Ambiente, etica, economia e istituzione. Congresso internazionale 21./22. Marzo*, Mailand, S. 186-198.

"Stellungnahme", in: Werner Krawietz. und Michael Welcker (Hg.), *Kritik der Theorie sozialer Systeme: Auseinandersetzungen mit Luhmanns Hauptwerk*, Frankfurt an Main: Suhrkamp, S. 371-386.

"System und Absicht der Erziehung", in: Niklas Luhmann und Karl Eberhard Schorr (Hg.), *Zwischen Absicht und Person: Fragen an die Pädagogik*, Frankfurt am Main: Suhrkamp, S. 102-124.

Teoria della società, Mailand: Angeli (mit Raffaele de Giorgi).

"The Concept of Society", in: *Thesis Eleven* 31, S. 67-80.

"The Direction of Evolution", in: Han Haferkamp und Neil J. Smelser (Hg.), *Social Change and Modernity*, Berkeley, Cal., S. 279-293.

"The Form of Writing", in: *Stanford Literature Review* 9, S. 25-42.

Universität als Milieu, hg. von André Kieserling, Bielefeld: Haux.

"Wahrnehmung und Kommunikation an Hand von Kunstwerken", in: H. Lux und P. Ursprung (Hg.), *Stillstand switches*, Zürich, S. 64-74.

"Wer kennt Will Martens? Eine Anmerkung zum Problem der Emergenz sozialer Systeme", in: *Kölner Zeitschrift für Soziologie und Sozialpsychologie* 44, S. 139-142.

"Wirtschaft als autopoietisches System. Bemerkungen zur Kritik von Karl-Heinz Brodbeck", in: *Zeitschrift für Politik* 39, S. 191-194.

"Zeichen der Freiheit — oder Freiheit der Zeichen?", in: G. J, Lischka (Hg.), *Zeichen der Freiheit*, Bern: Benteli, S. 55-77.

"Zum Geleit", in: *Elena Esposito, L'operazione di osservazione. Costruttivismo e teoria dei sistemi sociali*, Mailand: Angeli, S. 7-11.

Zwischen Absicht und Person. Fragen an die Pädagogik, Frankfurt am Main (Hg., zusammen mit Karl Eberhard Schorr).

1993

"Bemerkungen zu 'Selbstreferenz' und zu 'Differenzierung' aus Anlaß von Beiträgen im Heft 6 der ZfS", in: *Zeitschrift für Soziologie* 22, S. 141-144.

"Das Paradox der Menschenrechte und drei Formen seiner Entfaltug", in: *Rechtsnormen und Rechtswidrigkeit: Festschrift Werner Krawietz*, Berlin, S. 539-546; neugedruckt in: *Soziologische Aufklärung*, Bd. 6: *Die Soziologie und der Mensch*, Opladen: Westdeutscher Verlag 1995, S. 229-236.

Das Recht der Gesellschaft, Frankfurt am Main: Suhrkamp.

"Das Volk steigt aus", in: *Die politische Meinung* 38, S. 91-94.

"Die Beschreibung der Zukunft", in: Rudolf Maresch (Hg.), *Zukunft ohne Ende. Standpunkte, Analysen, Entwürfe*, S. 469-478.

"Die Ehrlichkeit der Politiker und die höhere Amoralität der Politik", in: Peter Kemper (Hg.), *Opfer der Macht. Müssen Politiker ehrlich sein?*, Frankfurt am Main, S. 27-41.

"Die Evolution des Kunstsystems", in: *Kunstforum* 124, S. 221-228.

"Die Moral des Risikos und das Risiko der Moral", in: Gotthard Bechmann (Hg.), *Risiko und Gesellschaft. Grundlagen und Ergebnisse der interdisziplinären Risikoforschung*, Opladen: Westdeutscher Verlag, S. 327-338.

"Die Paradoxie der Form", in: Dirk Baecker (Hg.), *Kalkül der Form*, Frankfurt am Main: Suhrkamp, S. 197-215.

"Zeichen als Form", in: Dirk Baecker (Hg.), *Probleme der Form*, Frankfurt am Main: Suhrkamp, S. 45-69.

"Die Paradoxie des Entscheidens", in: *Verwaltungsarchiv* 84, S. 287 bis 310.

"Die Unbeliebtheit der politischen Parteien", in: Siegfried Unseld (Hg.), *Politik ohne Projekt? Nachdenken über Deutschland*, Frankfurt am Main: Suhrkamp, S. 43-53.

"Gesellschaftstheorie und Normentheorie", in: Paul Trappe (Hg.), *Gesellschaftstheorie und Normtheorie. Theodor Geiger Symposium*, Basel, S, 15-44.

Gibt es in unserer Gesellschaft noch unverzichtbare Normen?, Heidelberg: Müller.

"La société face à l'environnement: une intégration possible?", in: Dominique Bourg (Hg.), *La nature en politique, ou l'enjeu philosophique de l'écologie*, Paris, S. 73-85.

"lecito tutto ciò che è possibile?", in: *Bollettino dell'Università degli Studi di Bologna*, März-April, S. 5-7.

"Observing Re-entries", in: *Graduate Faculty Philosophy Journal* 16, S. 485-498.

"Politische Steuerungsfähigkeit eines Gemeinwesens", in: Reinhard Göhner (Hg.), *Die Gesellschaft für Morgen*, München, S. 50-65.

"The Code of the Moral", in: *Cardozo Law Review* 14. S. 995-1009.

"Was ist der Fall, was steckt dahinter? — Die zwei Soziologien und die Gesellschaftstheorie", in: *Zeitschrift für Soziologie* 22, S. 245-260.

"Wirtschaftsethik — als Ethik?", in: Josef Wieland (Hg.), *Wirtschaftsethik und Theorie der Gesellschaft*, Frankfurt am Main: Suhrkamp, S. 137-147.

1994

"Der radikale Konstruktivismus als Theorie der Massenmedien? Bemerkungen zu einer irreführenden Debatte", in: *Communicatio Socialis* 27, S. 7-12.

"Die Tücke des Subjekts und die Frage nach den Menschen", in: Peter Fuchs und Andreas Göbel (Hg.), *Der Mensch — das Medium der Gesellschaft?*, Frankfurt am Main: Suhrkamp, S. 40-56; neugedruckt in: *Soziologische Aufklärung*, Bd. 6: *Die Soziologie und der Mensch*, Opladen: Westdeutscher Verlag 1995, S. 155-168.

"Europa als Problem der Weltgesellschaft", in: *Berliner Debatte* 2, S. 3-7.

"Metamorphosen des Staates", in: *Information Philosophie* 4, S. 5-21; neugedruckt in: *Gesellschaftsstruktur und Semantik, Studien zur Wissenssoziologie der modernen Gesellschaft*, Bd. 4, Frankfurt am Main: Suhrkamp 1995, S. 101-137.

"Systemtheorie und Protestbewegungen", Interview mit Kai-Uwe Hellmann, in: *Forschungsjournal Neue Soziale Bewegungen* 7, Heft 2, S. 53-69; neugedruckt in: *Protest. Systemtheorie und soziale Bewegungen*, hg. von Kai-Uwe Hellmann, Frankfurt am Main, 1996, S. 175 bis 200.

1995

"Die Behandlung von Irritationen: Abweichung oder Neuheit?", in: *Gesellschaftsstruktur und Semantik. Studien zur Wissenssoziologie der modernen Gesellschaft*, Bd. 4, Frankfurt am Main: Suhrkamp, S. 55 bis 100.

"Die Gorgonen und die Musen. Zur Dekonstruktion einer Unterscheidung", in: Wolf R. Dombrowsky, Ursula Pasero (Hg.), *Wissenschaft, Literatur, Katastrophe: Festschrift zum sechzigsten Geburtstag von Lars Clausen*, Opladen, S. 219-224.

Die Kunst der Gesellschaft, Frankfurt am Main: Suhrkamp.

Gesellschaftsstruktur und Semantik. Studien zur Wissenssoziologie der modernen Gesellschaft, Bd. 4, Frankfurt am Main: Suhrkamp.

"Konzeptkunst. Brent Spar oder Können Unternehmen von der Öffentlichkeit lernen?", in: *Frankfurter Allgemeine Zeitung* vom 19. 7. 1995.

"Inklusion und Exklusion", in: *Soziologische Aufklärung*, Bd. 6: Die *Soziologie und der Mensch*, Opladen: Westdeutscher Verlag, S. 237 bis 264.

Soziologische Aufklärung, Bd. 6: *Die Soziologie und der Mensch*, Opladen: Westdeutscher Verlag.

1996

"Das Erziehungssystem und seine Umwelten", in: Niklas Luhmann und Karl Eberhard Schorr (Hg.) *Zwischen System und Umwelt. Fragen an die Pädagogik*, Frankfurt am Main: Suhrkamp, S. 14-52.

Die neuzeitlichen Wissenschaften und die Phänomenologie. Vortrag im Wiener Rathaus am 25. Mai 1995, Wien: Picus 1996.

"Die Sinnform Religion", in: *Soziale Systeme* 2, S. 3-33.

Protest. Systemtheorie und soziale Bewegungen, hg. und eingeleitet von Kai-Uwe Hellmann, Frankfurt am Main: Suhrkamp.

"Statistische Depression. Zahlen in den Massenmedien", in: *Frankfurter Allgemeine Zeitung* vom 20. 3. 1996.

"The Sociology of Moral and Ethics", in: *International Sociology* 11, S. 27-36.

1997

Die Gesellschaft der Gesellschaft, 2 Bde., Frankfurt am Main: Suhrkamp.

| 옮긴이의 말 |

　대학원 시절 처음 니클라스 루만 텍스트를 읽기 시작했는데, 한 문장씩 곱씹어 보아도 좀체 나아가기 어려워 쩔쩔맸던 기억이 지금도 선명하다. 그때 함께 접한 이 『루만 개념사전』 원서 역시 난공불락의 성벽과도 같았다. 그럼에도 그 당시 들었던 생각은 루만 체계이론을 전체적으로 파악하기 위해서는 그 핵심 개념들에 대한 이해가 선행되어야 한다는 것이었다. 바로 이 점이 이 책을 번역하게 된 배경이다.

　이 책의 최초 간행본은 이탈리아어 판본(1989년)인데, 여기에는 루만이 직접 쓴 서문도 실려 있다. 즉 세 명의 저자들이 각 항목에 대한 원고를 쓰고 루만이 직접 이를 검토 내지 감수함으로써 공신력 있는 루만 개념사전의 기틀을 닦은 셈이다. 그 후 이 책은 1997년에 독어본 초판이, 그리고 2019년에 9판이 출간되어 현재까지 이십여 년 이상 루만 체계이론 이해를 위한 교과서 내지 필독서 구실을 하고 있다. 본 국역본은 이 독어본을 저본으로 삼았지만, 번역을 거의 다 완료할 즈음인 2021년에 영역본이 새로 간행되어 독어본과 영역본을 상호 대조할 기회를 갖게 되었다. 그런데 영역본의 경우 부분적으로 내용 보완,

문장 첨삭, 일부 항목 추가 등이 이루어져 있는 것이 확인되었고, 이는 세 명의 저자들 자신에 의한 최신 개정이라고 간주하여 이 국역본에서도 최대한 이를 반영하고자 했다.

끝으로 이 책의 활용과 관련하여 몇 마디 도움말을 덧붙이고자 한다. 무엇보다도 강조해야 할 것은 한 항목을 정독하면서 동시에 다른 참조 항목들을 부단히 관찰 내지 고려하는 독서 방식이 긴요하리라는 점이다. 즉 말 그대로 '사전'을 대할 때처럼 끊임없이 이리저리 뒤적이면서 읽을 필요가 있다. 다행히 이를 위해 본문 내용 곳곳에는 다른 참조 항목들이 지시되어 있는데(소괄호 안에 '「……」, 참조' 등으로 표기됨), 이를 적절히 활용한다면 체계이론 개념들의 순환성 및 그 유기적 이해에 좀 더 빨리 근접하게 될 것이라 믿는다. 그다음 두 번째로는 특정 항목을 한 차례 정독한 뒤 그다음 후속 독서를 하는 경우인데 이때는 먼저 읽은 항목이 속해 있는 해당 군群 및 그 앞뒤 순서에 의거하여 읽어가는 것이 바람직하다는 점이다. 이렇게 읽어야 할 이유 및 총 아홉 개의 군에 대해서는 책의 서두에 있는 「이 책을 읽는 방법」에 자세히 서술되어 있지만, 여기서는 재차 강조하려는 취지에서 아래에 다시 한 번 적어두기로 한다(괄호 안 숫자는 이 책에서의 쪽수를 가리킨다).

|제1군| 의미(228) − 복잡성(110) − 세계(177) − 의미차원(237) −

귀속(72) – 부정(116)

|제2군| 체계/환경(308) – 자기생산(251) – 작동/관찰(265) – 자기준거(258) – 역설(213) – 비대칭화(123) – 중복/변이(297) – 구조(57) – 과정(44)

|제3군| 학문(324) – 구성주의(50) – 작동/관찰(265) – 동일성/차이(90) – 정보(276) – 재진입(273) – 반성(101) – 합리성(329) – 사회학적 계몽(155) – 기능적 분석(76)

|제4군| 이중 우연성(247) – 기대(79) – 소통(184) – 사회적 체계(151) – 사회(138) – 사회분화(141) – 의미론(233) – 상호작용(167) – 조직(286) – 갈등(36) – 상호침투(172) – 구조적 연동(61) – 심리적 체계(198) – 포함/배제(313)

|제5군| 분화(119) – 사회분화(141) – 약호(202) – 프로그램(320) – 교육(46) – 예술체계(223) – 의료체계(242) – 정치(280) – 법(104) – 종교(291) – 가족(29) – 경제체계(40) – 학문(324) – 리스크/위험(96)

|제6군| 소통(184) – 형식/매체(332) – 약호(202) – 언어(208) – 확산매체(336) – 상징적으로 일반화된 소통매체(158) – 소유/화폐(180) – 예술(219) – 사랑(133) – 권력(67) – 진리(299) – 가치(33) – 도덕(86)

|제7군| 의미차원(237) – 시간(192) – 사건(128) – 구조(57) – 과정(44) – 진화(303)

- 지은이

C. 바랄디는 이탈리아 주립대학인 모데나 및 레조 에밀리아대학교의 언어문화학과 교수이다. 그의 연구영역은 주로 소통체계들, 특히 언어 간 및 문화 간 중재, 갈등 관리 등과 관련된 상호작용 체계들에 관한 것이다.

G. 코르시는 볼로냐대학교에서 정치학 학위를, 독일 빌레펠트대학교에서 사회학 박사학위를 받았다. 그는 교육사회학, 법과 정치, 조직이론 문제에 대한 여러 논문을 발표했으며 현재 매체이론, 국가 및 헌법을 연구하고 있다.

E. 에스포지토는 사회적 체계이론을 연구하는 이탈리아 사회학자이다. 그녀는 볼로냐대학교에서 사회학 및 철학을 공부했고 독일 빌레펠트대학교에서 사회학 박사학위를 받았다. 박사과정 때 지도교수가 니클라스 루만이었다. 현재는 빌레펠트대학교에서 사회학을, 이탈리아 모데나대학교에서 소통사회학을 가르치고 있다.

- 옮긴이

심철민은 연세대학교 철학과를 졸업하고 독일 트리어대학교에서 수학했으며 서울대학교 대학원 미학과에서 석사·박사 학위를 받았다. 옮긴 책으로는 『계몽 혁명 낭만주의』, 『기술적 복제시대의 예술작품』, 『독일 낭만주의의 예술비평 개념』, 『상징형식으로서의 원근법』, 『상징형식의 철학 II: 신화적 사고』, 『상징 신화 문화』 등이 있다.

루만 개념사전

초판 1쇄 발행 | 2022년 2월 15일

지은이 C. 바랄디 / G. 코르시 / E. 에스포지토 | 옮긴이 심철민 | 펴낸이 조기조
펴낸곳 도서출판 b | 등록 2003년 2월 24일 제2006-000054호
주소 08772 서울특별시 관악구 난곡로 288 남진빌딩 302호
전화 02-6293-7070(대) | 팩시밀리 02-6293-8080
홈페이지 b-book.co.kr | 이메일 bbooks@naver.com

ISBN 979-11-89898-67-0 93160
값 28,000원